Thomas Welker

Beratungspsychologie in der Augenoptik

Kommunikation, Methodik und Praxis kunden- und klientenzentrierter Gesprächsführung

Ein Lernbuch

PABST SCIENCE PUBLISHERS
Lengerich, Berlin, Bremen, Miami,
Riga, Viernheim, Wien, Zagreb

Bibliografische Information der Deutschen Nationalbibliothek
Die Deutsche Nationalbibliothek verzeichnet diese Publikation in der Deutschen Nationalbibliografie; detaillierte bibliografische Daten sind im Internet über <http://dnb.ddb.de> abrufbar.

Produktion & Satz: Claudia Döring, Pabst Science Publishers
Druck: KM Druck, D-64823 Groß Umstadt
ISBN 978-3-89967-353-1

Inhaltsverzeichnis

Vorwort

Ein Buch über die Beratungspsychologie insbesondere in der Augenoptik zusammenzustellen, ist ein spannendes Unterfangen. Die Psychologie der Beratung kann allein durch das Lesen eines Buchers oder das Studieren von Tabellen nicht erlernt werden. Im Mittelpunkt einer Beratung stehen sich immer zwei Menschen gegenüber – der eine, der Rat sucht, der andere, der sich in der sicheren Lage fühlt, dieses Bedürfnis auch zufrieden stellen zu können.

Im Mittelpunkt der Ausführungen im Buch und in der Ausbildung steht das einfühlsame Einlassen und Eingehen auf die Person des Klienten, auf seine Persönlichkeit und seine Probleme. Diese Fähigkeit kann nicht durch die Literatur allein erworben werden, Bücher sind bestenfalls eine nützliche theoretische Voraussetzung, die vertieft werden kann durch eine Vielzahl konkreter aus der Praxis genommenen Beispielen.

In der Person des Beraters kann die Fähigkeit des empathischen Einfühlungsvermögens nur durch Selbsterfahrung gewonnen werden. Ein Berater kann die innere Problematik des Sehens und des Aussehens eines Klienten nur erkennen und verstehen, wenn er sich kennt, seine Möglichkeiten und Grenzen, auf den anderen, seinen Klienten adäquat einzugehen, wenn er sich seines empathischen Einfühlungsvermögens bewusst ist. Er wird für seinen Klienten ein verständiger und seine Situation nachvollziehbarer Begleiter auf dem Weg des guten Sehens sein.

Der Hintergrund

In den Rahmenbedingungen zum Handwerk der Augenoptik steht in der Präambel erfreulicherweise geschrieben, dass es drei Voraussetzungen für denjenigen mitzubringen gäbe, der diesen Beruf künftig ausüben wolle:

1. Handwerkliche und technische Fähigkeiten
2. Ästhetisches Verständnis und
3. Psychologisches Einfühlungsvermögen

Erstaunlich ist allerdings, dass der Punkt drei in der Grundausbildung zum Augenoptikergeselle nirgends vorkommt, während der erste Punkt, die Handwerklichen und technischen Fähigkeiten den Hauptteil der Ausbildung beinhaltet und das Modebewusstsein von Punkt zwei mit Unterweisungen zur „Farbe, Form und Fassung“ im Bereich Design abgedeckt ist. Erst in der Ausbildung zum staatlich geprüften Augenoptiker und Meister im Gesundheitshandwerk Augenoptik wurde das Fach Angewandte Psychologie an der Fachakademie für Augenoptik in München ins Programm mit aufgenommen. An den anderen höheren Fachschulen und Fachhochschulen für Augenoptik in Köln, Berlin und Jena ist die angewandte Beratungspsychologie in anderen Fächern „versteckt“, was sehr bedauerlich ist, da das wesentliche Instrument des Augenoptikers zur Ausübung seiner Tätigkeit seine *Sprache* ist.

Überzeugt von der Notwendigkeit, in der augenoptischen Beratung eine Beratungspsychologie zum Nutzen und Wohlbefinden der Klienten zu implementieren, die über die üblicherweise geführte Verkaufsberatung hinausgeht, ist Zweck dieses Buches.

Kapitelübersicht

Insgesamt umfasst das Buch zur Beratungspsychologie in der Augenoptik acht Kapitel, die auf einander aufgebaut sind und einen inneren Leitfaden beinhalten. Die Abschnitte und Themen sind entstanden aus dem kontinuierlichen Zusammentragen und der Vorbereitungen zur Vorlesung und Übungen im Fach Angewandte Psychologie Theorie mit Übungen an der Fachakademie für Augenoptik in München. Während die Themen in der Vorlesung meist nur rudimentär präsentiert werden können, werden hier weitere Erklärungen, Verknüpfungen und wesentliche intensiverer Bezüge zur Praxis hergestellt.

Manche Abschnitte sind manchmal erst zu verstehen, wenn vorhergehende Kapitel studiert worden sind. Nichtsdestotrotz ist ein „Querlesen“ ebenso sinnvoll, weil es den Leser anregt, entweder weiter nach vorne zu blättern oder aber zum Weiterlesen zu ermutigen.

1. Beratungspsychologie

Eine Psychologie der Beratung beruht auf der Selbsterkenntnis des eigenen Tuns in der Beratung und der Wahrnehmung eines kontinuierlich stattfindenden Geschehens in einer Beratung.

Einen anderen, seinen Klienten bedingungslos anerkennen und seine Mitarbeit fördern zu können sind zwei existenzielle Tugenden der Beratungskompetenz. Offen zu sein und ein Feedback entgegen nehmen steigert den Grad der Reflexion über sich selbst und lässt daraus auch die Bereitschaft zur Selbstbeobachtung (Selbstmonitoring) entstehen, die schließlich dem Klienten zu Gute kommt.

Seinem Gesprächspartner die Bereitschaft zur Mitarbeit zu entwickeln, die Lernbereitschaft zu stützen und zu fördern sowie Entscheidungsprozesse zu einem guten Ende zu bringen, ist der zweite Teil einer klientenorientierten Zuwendung.

Die Grundlagen bilden dazu die Basisverhaltenweisen *Gesprächsbereitschaft*, *Aufmerksamkeit*, *professionelle Sachlichkeit* und *Empathie*, die unumstößliche Voraussetzung für den Erfolg in der Gesprächsführung sind.

2. Kommunikation und soziale Interaktion

Die Tatsache, dass zwischenmenschliche Beziehungen über die Kommunikation bestimmt werden, macht es notwendig, die Geheimnisse der kommunikativen Prinzipien einmal aufzudecken. Wie läuft eigentlich die Kommunikation zwischen zwei Menschen ab, die zu- oder abgewandt sind, wie kann eigentlich eine Harmonie im Gespräch erreicht und aufrechterhalten werden, welchen alltäglichen kommunikativen Fallen sind die Menschen täglich ausgeliefert?

Neben den Bahn brechenden kommunikativen Grundsätzen von Watzlawick werden auch die Nachrichten und Informationen nach Schulz von Thun *anatomisch,* d.h. nach ihren wahrnehmbaren Möglichkeiten zerlegt, um zu sehen, auf welchen Ebenen die Menschen recht unterschiedlich sich bemühen sich wechselseitig zu verstehen.

3. Methoden der Rückmeldung, Feedback und Aktives Zuhören

Der Kommunikationsprozess als ein nicht enden wollenden Kreislauf. Jeder Mensch nimmt daran teil, in dem er kontinuierliche aus diesem Kreislauf aussteigt oder einsteigt. Das Prinzip dieses Ein- und Aussteigens ist die Rückmeldung, das Feedback. Erläutert werden die Umgangsformen mit dem Feedback. Das Prinzip des Zuhörens, welches sich unterscheidet vom akustischen Hören, ist eine besondere Aktivität in der Zuwendung zu einem anderen Menschen, deren Grundregeln uns dem gegenseitigen Verstehen entschieden näher bringen.

4. Klientenzentrierte Gesprächsführung

Das Prinzip der klientenzentrierten Gesprächsführung wird beschrieben und erläutert, um erleben zu können, wie man eine Person in den Mittelpunkt eines Gespräches stellt. Die dafür notwendigen Voraussetzungen sind das Wissen um die vielen Verhinderungstechniken eines intensiven Gesprächs und um die alltäglichen Gesprächskiller. Um ein klientenzentriertes Gespräch führen zu können, ist das Wissen um den systematischen Aufbau der Gesprächsmethodik und der Gesprächsförderer notwendig. Mit der Methode der Spiegelung werden schließlich das systematische Vorgehen und die wesentlichen Elemente, die in einem klientenzentrierten Gespräch zur Anwendung kommen können, entwickelt. Klientenzentrierte Gesprächsführung ist das Kernstück der Beratung.

5. Methodik des Fragens und des Antwortens

Die Menschen fragen Belangloses oder Wissenswertes, antworten lapidar oder lehrreich und informativ. Fragen und Antworten kennzeichnen eine unmittelbare und direkte Beziehung zu einem Gesprächspartner. Sie sind Beziehungs-, Dialog- und Gesprächsfördernd. Mit Hilfe der Methodik zum Antworten ist das Antworten keine Frage der Kunst mehr, ebenso wie mit Hilfe der Vielzahl der Fragetechniken für fast alle Gelegenheiten der Kommunikation die richtige Frage gestellt werden kann. Methodisch aufbereitet werden die jeweiligen Fragetypen mit den Vorteilen und Nachteilen beschrieben.

6. Einwandbehandlung

Man sagt und vor allem hört man immer wieder, dass Verkäufer und Berater Klienteneinwände meiden wie das Feuer. Warum bloß? Denn es gibt keine günstigeren Gelegenheiten als aus den Einwänden der Klienten geldwerte Informationen zu entnehmen. Das Wissen um den bedeutungsvollen Unterschied zwischen Vorwand und Einwand, die Kenntnis über die vielfältigen Einwände, die Erkenntnis über ihre Arten und Ursachen sowie die Prinzipien zum Nutzen eines Einwands ermöglichen einen adäquaten Umgang mit den Einwänden. Mit der Anwendung der verschiedenen Methoden zur Einwandbehandlung wird ein Beratungsgespräch individuell abgestimmt und gestützt.

7. Das Preis- und Reklamationsgespräch

Den Preis eines zu erwerbenden Produktes will jeder Interessent wissen. Die Argumentation mit dem Preis unterliegt bestimmten Prinzipien, um einen fehlerhaften Umgang zu vermeiden. Mit der Auswahl einer individuell ausgerichteten und angemessenen Methode zur Preisargumentation wird ein positives Verhalten von Achtsamkeit und Offenheit zum Ausdruck gebracht, welches dem Klienten den Preis leichter akzeptieren lässt.

Nicht weniger Wichtig ist die Phase einer Reklamation, die man im Grunde als die Fortsetzung eines unglücklich verlaufenen Beratungsgesprächs betrachten könnte. Welche Ursachen führen zu einer Beschwerde, welche Emotionen spielen eine Rolle in der Reklamation, wie kann eine Reklamation vernünftig bearbeitet werden und unter welchen Aspekten kann eine Reklamation als etwas Positives betrachtet werden? – sind Fragen, die zum Thema einer aktiv vorgetragenen Beschwerde beantwortet werden.

8. Vom Anfang, von Pausen und vom Ende eines Gespräches

Jedes Gespräch hat eine innere Struktur, die es einen zusammenhält bietet. Vom unausweichlichen Anfang eines Gespräches bis hin zum nie enden wollenden Gespräch werden die wichtigsten Elemente des Gesprächseinstiegs und der Beendigung eines Gesprächs beschrieben und mit praktischen Anregungen abgerundet.

Schwer fällt vielen Beratern der Umgang mit Gesprächspausen. Die Wirkungen der Gesprächspausen für beide Gesprächsteilnehmer und was die Gesprächspause einem aufmerksamen Zuhörer mitteilt, wird ebenso erläutert wie auch ein negativer Umgang mit ihnen.

Lernhinweise

Jedes Kapitel ist bestückt mit einer Vielzahl von direkten oder indirekten Redewendungen. Negative und ungünstige Redewendungen sind von mir auf meinen diversen „Spaziergängen“ durch die Institutionen der Augenoptik gesammelt worden. Redewendungen im positiven Sinne sind bereits im Berufsalltag erfolgreich verwendete Vorschläge, sie gelten als Anregungen, die jeder für sich ausprobieren, abwandeln oder weglegen kann. Manche Gesprächsbeispiele mögen dem einen oder anderen in der schriftlichen Form ungewohnt vorkommen, aber selbst ausgesprochen und vor allem die Reaktion des Klienten abwartend, können sie überzeugen. Manche Beispiele sind auch bewusst konstruierte, die in dieser Form im alltäglichen Sprachgebrauch so direkt nicht vorkommen werden, sie machen jedoch den Sinnzusammenhang der Intension des Beispiels deutlich.

Viele Wissensbestandteile in verschiedenen Kapiteln können sich wiederholen – es wurde bewusst auf ständige Querverweise verzichtet. Der Wiederholungseffekt stärkt die Merkfähigkeit und fördert die Behaltensrate, wie die Lernpsychologie schon lange herausgefunden hat.

1. Das Lesen –

selbst sollte so gestaltet werden, dass neben dem reinen Lesevorgang immer wieder innegehalten werden sollte, um sich zu vergegenwärtigen, was davon auf einen selbst zutrifft in Sinne einer schlechten Angewohnheit oder im Sinne einer förderlichen Selbsterkenntnis und Bestätigung, die eine oder andere Gesprächstugend schon zu beherrschen und anzuwenden.

2. Die Übungen –

sind als Anregungen zu verstehen, die in der Praxis mit einem vertrauten Menschen durchgegangen werden können, In manchen Übungen sind die Ergebnis leicht nachvollziehbar, während andere wiederum Lösungshinweise in den Anmerkungen erhalten.

3. Die Testfragen –

werden in unterschiedlicher Anzahl in vier verschiedenen Formen verabreicht:

a) Auf *offene Fragen* werden Antworten erwartet, in denen schriftlich oder mündlich das dazu notwendige Wissen dargelegt wird. Die Kriterien einer richtigen Antwort ergeben sich aus dem vermittelten Lehrstoff sowie aus der Vollständigkeit des wiedergegebenen Wissens. Da sie aus dem Text des Kapitels selbst beantwortbar sind, bleiben sie im Sinne von Selbstkontrollfragen ohne schriftliche Lösungsvorgaben.

b) Auf die Fragestellungen der Einfachauswahlaufgaben folgen in der Regel 4 bis 5 Antwortalternativen, wovon nur eine Antwortalternative die richtige Antwort ist.

c) *Mehrfachauswahlaufgaben*, bei denen mehrere Lösungen richtig sein können; werden die Fragestellung als *Aussagekombinationsfragen* gestellt, ist die Richtigkeit mehrerer Antworten ist zu prüfen. Aus den von a) bis e) vorgegebenen Möglichkeiten ist die einzig richtige Antwort anzukreuzen!

d) Bei *Verknüpfungsfragen* besteht die Aufgabe aus drei Teilen: der Aussage 1, der Aussage 2, und der kausalen Verknüpfung (weil, da). Jede Aussage kann richtig oder falsch sein; wenn beide Aussagen richtig sind, kann die Verknüpfung richtig oder falsch sein. Der einzig richtige Lösungsbuchstabe ist anzukreuzen bzw. herauszufinden.

4. Die Lösungen –

zu den Selbstkontrollfragen und Hinweise sind unter den Anmerkungen zu den jeweiligen Kapiteln zu finden.

Mein Dank

Einer Vielzahl von Studierenden der letzten Jahre an der Fachakademie für Augenoptik in München möchte ich meinen Dank zum Ausdruck bringen und auf diesem Wege mitteilen. Sie haben mir immer wieder Mut gemacht, die aus den Vorlesungen und Übungen zusammengetragenen Skripten in einem Buch zu veröffentlichen.

Mein besonderer Dank gilt Frau Claudia Bayer, die mit Ideenreichtum zur Gestaltung beigetragen und mit viel Geduld und mit eigenen Augen das Manuskript durchgearbeitet und etliches an Fehlerteufeln hinausgeworfen hat. Ebenso gilt Herrn Johann Richert jun. mein Dank, der mit den Augen eines Studierenden sich über den Text gebeugt hat und aus der Sicht des Studenten für manche Klarheit sorgte.

Sollte der Leser dennoch Rechtschreib- und/oder Grammatikfehler entdecken, so schenke ich sie ihm und würde mich freuen, eine für das Buch förderliche Resonanz zu erhalten.

Meiner Kollegin Marai Fless-Özülker sei gleichermaßen gedankt für ihren Beitrag, den Lernstoff in einem anderem Bundesland und in einem anderen beruflichen Fachgebiet eingesetzt zu haben, und damit deutlich gemacht hat, dass die Grundideen der Beratungspsychologie in diesem Buch auch in anderen beruflichen Schulen gelehrt und gelernt werden kann.

Nicht zu letzt möchte ich mich beim meinem Verleger Pabst Science Publishers, Herrn Wolfgang Pabst, und seiner Produktionsleiterin Claudia Döring für die freundliche Unterstützung und die viele Geduld zur Realisierung dieses Projektes bedanken.

San Marzano Oliveto (AT), Italien im August 2006
Thomas Welker

1 Beratungspsychologie in der Augenoptik

„Bedenke mein Freund,
bevor Du sprichst,
wer du bist"(J. W. Goethe, Egmont)

Alle zwischenmenschlichen Bereiche des Agierens und Reagierens sowie der kontinuierlichen wechselseitigen Einflussnahme werden als Interaktionen bezeichnet. Die in Beziehung unter einander stehenden Menschen interagieren. In diesen Interaktionen werden insbesondere die sprachlichen und nichtsprachlichen Beziehungen der Individuen als Kommunikation bezeichnet.

Diese menschlichen Interaktions- und Kommunikationsprozesse und ihre vielschichtigen Formen des Informationsaustausches - mit dem Ziel der wechselseitigen Verständigung, die oft genug nicht erreicht wird - sind Gegenstand und Thematik der Beratungspsychologie. In den Wechselwirkungen des sozialen Lebens und der individuellen Existenz erstreckt sich ihre Anwendung auf alle gesellschaftlichen, öffentlichen, wirtschaftlichen und privaten Bereiche. In diesen Bereichen suchen Personen mit einem Anliegen oder einem Problem um Lösungen nach, von der sie meinen, sie selbst nicht finden zu können. Mit empirischen Methoden untersucht die wissenschaftlich orientierte Psychologie die Beratungsabläufe in Wirtschaft, Ausbildung und Klinik, um Beratungsanlässe systematisch zu erklären; sie fördert und entwickelt nützliche und wirksame Methoden zur Beratung und ihrer Gestaltung.

In einem optimal angelegten Beratungsgespräch wird auf die individuelle Beziehung zum Klienten allen größten Werts gelegt werden. Diese *Individualisierung* des Klienten kann mit der Methode der *kundenorientierten* und *klientenzentrierten Gesprächsführung*[1] erreicht werden.

Diese Methode stellt in der aktuellen Situation den Klienten mit seinen

Vorstellungen, mit seinen Wünschen und Bedürfnissen, seinen Problemen, seinen Emotionen sowie Ängsten und Depressionen in den Mittelpunkt des Gesprächs.

Die Anwendung der Methode *klientenzentrierten Gesprächsführung* setzt allerdings voraus, dass die beratende Person eine Reihe von Beratervariablen kennt und beherrscht, mit denen sie zielgerichtet eine interpersonale Beziehung aufbauen und damit eine Vertrauensatmosphäre schaffen kann. Zu diesen grundlegenden *Beratervariablen* zählen die persönliche Haltung der Akzeptanz gegenüber dem Klienten und die Förderung der Komplianz des Klienten[2].

Die Akzeptanz des Augenoptiker und die Komplianz des Klienten bestimmen den Grad der Wirksamkeit einer optimalen augenoptischen Beratung.

Sowohl die Akzeptanz des Klienten durch den Beratenden als auch die Förderung der Komplianz des Klienten setzt ein hohes Maß an ungeteilter Aufmerksamkeit und ein aktives Zuhören auf Seiten des Augenoptikers voraus.

1.1 AKZEPTANZ

Akzeptanz des Klienten durch den Augenoptiker bezeichnet die Anerkennung, Wertschätzung und Zuwendung, das aufmerksame Zuhören, das einfühlsame Fragen und Antworten sowie das Annehmen des Klienten in seiner Eigenart, so wie er sich in seiner Person darstellt.

Das System der Akzeptanz

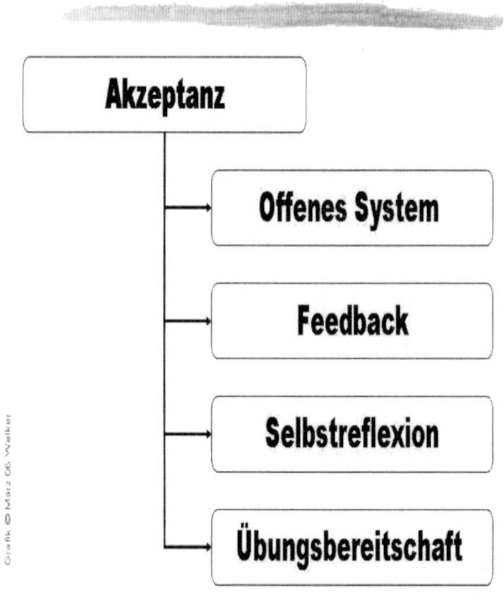

Die Verhaltensvariable "Akzeptanz des Klienten" verlangt vom Berater ein akzeptierendes Gesprächsverhalten, aktives Zuhören und verbale und nonverbale Äußerungen, welche den Klienten unterstützen. Die erstrebenswerten Voraussetzungen auf Seiten des beratenden Augenoptikers sind demnach:

- Das Wissen um die klientenzentrierte Gesprächsführung.
- Die Befähigung zum aktiven, wahrnehmungsbereiten und handlungsorientierten Vorgehen.
- Die Bereitschaft, den Klienten zu akzeptieren.
- Die Fertigkeit, bestimmte Formen und Techniken der Gesprächsführung anzuwenden.
- Die Beherrschung der Technik zur direkten Beeinflussung sowie ein dosierter Umgang mit ihr.
- Die Fähigkeit zur offenen Kommunikation.
- Die Berücksichtigung des zeitlichen wie räumlichen Rahmens.

Vier Gründe sprechen für die Akzeptanz eines Klienten:

1.1.1 Offenes System

Im Gegensatz zu den üblichen (vagen und in der Regel sehr allgemein gehaltenen) Verhaltensanregungen[3] bietet das mitarbeiter-, klienten- und kundenorientierte Konzept exakte und behutsam ausgewählte Verhaltensanweisungen für die aktuelle Gesprächssituation eines Augenoptikers, ohne ihn dabei inhaltlich auf bestimmte oder vorgeschriebene Problemlösungen festzulegen. Der Augenoptiker erlernt damit ein Verfahren, das operationalisiert und empirisch abgesichert ist. Außerdem kann er seine praktische Beratungstätigkeit immer wieder neu kontrollieren und so seine Selbstwahrnehmung und die Offenheit seiner Klientel und seinen Mitarbeitern gegenüber verbessern. Er kann sich damit vor gewohnheitsmäßiger, langweiliger oder auch aufreibender Routine bewahren.

1.1.2 Feedback

Die mitarbeiter-, klienten- und kundenorientierte Gesprächsführung kann der Augenoptiker auch als Feedback, als Rückmeldung über sein Verhalten und seine Einfühlsamkeit verstehen und benützen. Er kann die offenen und/oder verschlüsselten Mitteilungen eines Klienten an ihn wahrnehmen lernen, sowie auch seinen Klienten Feedback geben, um deren positive Verhaltensweisen im Sinne der Komplianz zu fördern. Positiv genutztes Feedback gilt heute als wesentliches Element einer kommunikativen Kompetenz.

1.1.3 Selbstreflexion

Die mitarbeiter-, klienten- und kundenorientierte Gesprächsführung bietet des weiteren die Grundlage für die Selbstkontrolle einer Beratung.

Die unmittelbar an eine Beratung anschließende Selbstreflexion vermittelt ihm nützliche Informationen über die Art und Weise, wie er seine Beratung geführt hat.

Die Nützlichkeit dieser selbst reflektierenden Rückmeldung besteht schließlich für einen Augenoptiker darin, dass er so seine positiven Verhaltensweisen fördert und unterstützt. Sie bietet die Möglichkeit, Verhaltensweisen zu korrigieren, die ihm weiterhelfen, wenn die tatsächlichen Verhaltensweisen mit der eigentlichen Absicht, mit der bestimmtes verbales und motorisches Verhalten praktiziert wird, nicht übereinstimmen. Und es hilft ihm schließlich, seine von ihm eingenommene Beziehung zu seinen Klienten besser und wirksamer wahrnehmen, verstehen und handeln zu können.

1.1.4 SELBSTMONITORING

Die Bereitschaft, sich zu entwickeln, eine Veränderung des persönlichen Beratungsverhaltens vorzunehmen und vor allem sie zu erreichen und auch selbst wahrzunehmen, braucht seine Zeit. In diesem Zusammenhang macht es Sinn, sich in Geduld zu üben – ein erster Schritt einer Verhaltensänderung ist, mit Ruhe, Gelassenheit, Achtsamkeit und Geduld seinem Klienten zu begegnen.

Noch ist kein Meister vom Himmel gefallen - auch nicht in der Beratung! Eine häufige Ursache dafür, warum keine wahrnehmbare Verbesserung in der Beratungstätigkeit erreicht wird, besteht in der geringen Bereitschaft zur Übungsausdauer und sich nicht seiner eigenen Beratungstätigkeit mit Hilfe einer Supervision zu „stellen". Beratungsvorschläge werden ein- bis zweimal ausprobiert. Stellt sich dann der erwünschte Erfolg nicht sogleich ein, gibt man enttäuscht auf.

Das Prinzip des Selbstmonitorings (Selbstbeobachtung und Selbstkontrolle) fordert Zeit und Übung, um Unerwünschte Verhaltensweisen in einer Beratung zu verändern. Sich Vorschläge anzuhören oder zu lesen, die Ursachen der eigenen Wünsche, Vorstellungen und Probleme praktisch anzugehen, macht einen reich an Erfahrung und bringt daher eine Erleichterung im Umgang mit seinen Klienten.

1.2 KOMPLIANZ

Unter Komplianz des Klienten versteht man dessen Bereitschaft zur aktiven Mitarbeit bei der Umsetzung des Wunsches zum besseren Sehen, bei der Auswahl der Brillenfassung, der Gläser, der Kontaktlinsen. Dazu gehört auch die Entscheidungswilligkeit und die nicht bloß theoretisch geäußerte Einwilligung, den Anweisungen Folge zu leisten und um der Verbesserung der visuellen Leistungsfähigkeit willen die angebotenen Verfahrensweisen im Umgang mit dem neu erworbenen Produkt anzuwenden.

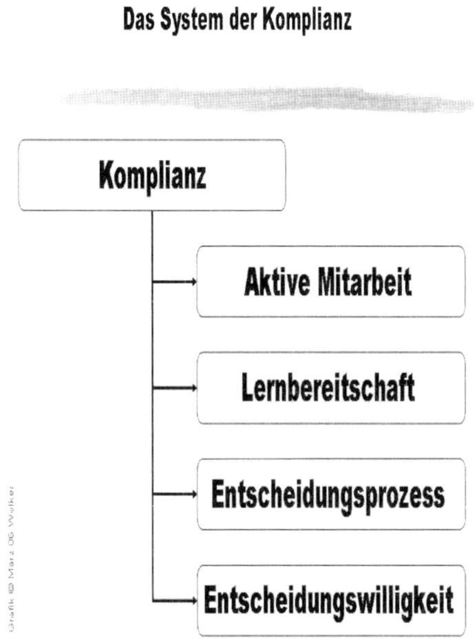

Für den Berater verlangt die Verhaltensvariable "Komplianz des Klienten" die Vermeidung von Imperativen, die Förderung der Eigenaktivität und ungeteilte Aufmerksamkeit durch den Augenoptiker. Die erstrebenswerten Voraussetzungen seitens des beratenden Augenoptikers sind:

- Die Bereitschaft zur Erläuterung und Erklärung.
- Die Befähigung, emotional und affektiv bedingte Zu- und Abneigungen wahrzunehmen und behutsam aufzugreifen.
- Das Wissen um die Möglichkeiten von Lernbereitschaft und Lernverhalten.
- Die Bereitschaft, die Lernwilligkeit des Klienten zu fördern sowie die Selbstmotivation zu initiieren.
- Die Fähigkeit, Manipulationsverhalten zu beobachten und wahrzunehmen.
- Die Beherrschung, die Technik didaktischer Lernmethoden anzuwenden.

Vier Gründe sprechen für die Berücksichtigung der Komplianz des Klienten:

Zunächst gilt es die geistige und seelische Mitarbeit zu aktivieren, die Bereitschaft zum Lernen zu wecken, schließlich Entscheidungsprozesse und die Entscheidungswilligkeit zu fördern.

1.2.1 Aktive Mitarbeit

Die aktive geistige und seelische Mitarbeit des Klienten besteht in der Umsetzung seines Wunsches nach Verbesserung der visuellen Leistungsfähigkeit. Die geforderte aktive Mitarbeit besteht auch in der Auswahl aus der Vielzahl modisch geprägter Brillenfassungen und auf ihn individuell abgestimmter Gläser sowie in der Einübung eines komfortablen Tragens von Kontaktlinsen.

1.2.2 Lernbereitschaft

Gelingt es, den Klienten zur aktiven Mitarbeit zu bewegen, wird kontinuierlich die Neugier geweckt und mit ihr seine Lernbereitschaft gefördert. Im Grunde ist jeder Klient bereit, sich von einem Berater informieren zu lassen, sich über etwas Bestimmtes aufklären zu lassen, also - kurz gesagt - etwas zu lernen. Die umzusetzende Lernphase beginnt in der Regeln dann, wenn er sein visuelles System auf die neuen Glas- oder Kontaktlinsenbedingungen einstellen muss.

1.2.3 Entscheidungsprozess

Mit der Lernbereitschaft des Klienten entwickelt sich im Verlauf seiner Zusammenarbeit mit seinem Berater ein Prozess der Entscheidung, die in der Beratung erlebten Erfahrungen selbst umzusetzen, selbst auszuprobieren und regelmäßig anzuwenden. Während des Entscheidungsprozesses wird zugehört, gefragt, geantwortet, abgewogen, präsentiert, argumentiert und bestärkt. Dieser Entscheidungsprozess ist darauf ausgelegt, die Entscheidungswilligkeit herauszuarbeiten, zu stützen und schließlich auch eine Entscheidung zu treffen.

1.2.4 Entscheidungswilligkeit

Ein weiterer Schritt der Komplianz besteht in der Förderung der Entscheidungswilligkeit und der nicht bloß theoretisch geäußerte Einwilligung, den Anweisungen im Umgang mit seiner Sehhilfe, sei es die Pflege von Fassungen und Gläser, von Kontaktlinsen oder den Anweisungen zur Durchführung eventueller Übungen des Visualtrainings Folge zu leisten. Um der Verbesserung der visuellen Leistungsfähigkeit willen werden schließlich die angebotenen Verfahrensweisen im Umgang mit dem neu erworbenen Produkt optimal angewendet. Eine Entscheidungswilligkeit wird grundsätzlich erhöht, wenn der Umgang mit einem zu erwerbenden Produkt vergleichsweise einfach und nachvollziehbar erscheint.

1.3 Das Beratungsverhalten

Eine der großen Leistungen der Psychologie, vor allen der Klinischen Psychologie, ist die Entwicklung einer Methodik zur Gesprächsführung, die in fast allen Bereichen, in denen es auf intensive und zielgerichtete Beratungen ankommt, verwendet werden kann.

Insofern kommen dem Augenoptiker als agierende Person in einem Gesprächskreislauf[4] mit seinem Klienten einige besondere Verhaltensweisen zu, die seiner Rolle als Berater und/ oder Führungskraft soziale und kommunikative Kompetenz verleihen. Diese besonderen Verhaltenweisen bezeichnet man auch als *Basisverhalten*.

1.3.1 Merkmale eines Gespräch

Es gibt eine Vielzahl von intensiven Beratungen: die allgemeine Klientenberatung, die mit einer notwendigen Erhebung (Anamnese) verbundenen augenoptische Erstberatung von Klienten, die Beratung in einer Arztpraxis, die psychologische und psychotherapeutische Beratung in einer Praxis für Psychotherapie, die Erziehungsberatung in öffentlichen oder privaten Einrichtungen, die Schuldnerberatung, die Konfliktberatung sowie die Beratung von Mitarbeitern in einem Führungsgespräch, nicht zuletzt auch die meist anonym durchgeführten Beratungen de telefonischen Seelsorge. Jede Art dieser Beratung ist von vier wesentlichen Merkmalen geprägt.

Diese Merkmale einer Beratung sind die Person, die Situation, das Gesprächsthema und der Umgang mit diesen Merkmalen.

- Die Personen, die am Gespräch teilnehmen,
- Die Situation, in der das Gespräch stattfindet
- Das Gesprächsthema, welches in

Merkmale einer Beratung

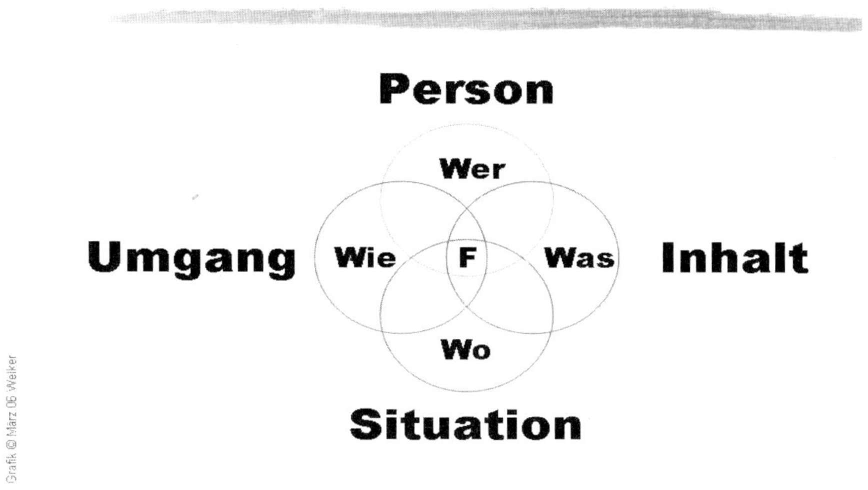

der Regel den Anlass zur Beratung liefert

- Der Umgang mit diesen Merkmalen, wie die Beteiligten diese Situation mit dem erwünschten Thema erleben und behandeln.

Diese vier Merkmale stehen also in einem sehr engen Verhältnis zu einander. Im Feld F fokussieren sie das Gespräch. Andererseits zeigt die Grafik auch den enormen Hintergrund der einzelnen Merkmale, die manche Beratung sehr kompliziert erscheinen lässt. Daher lässt sich die nachfolgende Definition einer Beratung leichter nachvollziehen.

1.3.2 Definition "Beratung"

Unter *Beratung* versteht man einen kommunikativen Dialog oder ein interaktives Gespräch. Sie wird unter Anleitung einer fachlich kompetenten Person in einer Weise geführt, die dem Rat suchenden Gesprächsteilnehmer zu einer Anregung oder Lösung für seine Anliegen, Wünsche, Bedürfnisse, Probleme, Konflikte verhilft. Dies stellt ihn zufrieden, unterstützt und optimiert seine Eigenbemühungen und verbessert seine

Kompetenz zur Bewältigung der anstehenden Aufgaben und Probleme.[5]

Die Beratung ist ein intensiver kommunikativer Dialog unter fachlich kundiger Anleitung.

Jede Beratung entwickelt im Ablauf und in der Gestaltung ihre Eigengesetzlichkeit und eigene Dynamik.

Allen Beratungen liegen Elemente und Eigenschaften zugrunde, deren Berücksichtigung durch den Gesprächsführenden eine unabdingbare Voraussetzung ist, um im Gesprächsverlauf ein optimales Gesprächsziel erreichen zu können.

Die *Beratungselemente* und Eigenschaften betreffen die Merkmale der kommunikativen *Fähigkeit des Beraters*. Dies sind keine angeborenen persönlichen Eigenschaften, sondern sie gehören zu einer erlernbaren Professionalität jedes Beraters.

Spezielle Verhaltensweisen, die *Beraterverhalten,* auch *Basisverhalten* genannt, sollten in der augenoptischen Beratung realisiert werden können. Dieses Basisverhalten besteht in der Gesprächsbereitschaft, der Aufmerksamkeit, der professionellen Sachlichkeit und der einfühlsamen Empathie.

Hinzu kommen noch die Kenntnisse der Kriterien zur *Verständlichkeit*, und das Wissen darum, mit welchen Methoden welche Gesprächssituationen zu bewältigen sind und wie *Kritik* ertragen und geübt werden kann.

1.3.3 Das Basisverhalten

Eine fundierte Beratung unterscheidet sich von einer normalen Unterhaltung darin, dass dem Gesprächsführenden eine besondere Aufgabe und Funktion zukommt, die sich mit den vier Qualitäten des Beraters, dem *Basisverhalten*, umschreiben lässt. Die *Beraterqualitäten* sind die Bereitschaft zum Gespräch, die Aufmerksamkeit in der Wahrnehmung, die professionelle Sachlichkeit und die Fähigkeit, einfühlsam und empathisch auf den Klienten eingehen zu können.

1.3.3.1 Gesprächsbereitschaft

Nicht jeder, der ein Gespräch führen soll, hat dazu gerade Lust und ist entsprechend engagiert. Das ist leicht daran erkennbar, dass der Gesprächspartner seine Blicke umherschweifen lässt, auf andere Situationen oder Objekte seine Aufmerksamkeit lenkt.

Schließlich ist das Handy-Klingeln eine willkommene Unterbrechung eines unleidlich geführten Gesprächs. Man muss auf diese Weise nicht direkt auf das eingehen, was sein Gegenüber gerade sagte.

Die *Gesprächsbereitschaft* wird vermittelt durch Offenheit, mit der man sich dem Gesprächspartner zuwendet, und durch Ernsthaftigkeit, mit der man sich dem Gesprächspartner widmet, durch ein aktives Bemühen und innere Anteilnahme.

Als Prinzip gilt:

- Frei von Hetze
- Keine Ablenkung
- Ohne Nebenbeschäftigung
- Keine Unterbrechung

Gesprächsbereit sein bedeutet...

- sich Zeit nehmen,
- sich nicht stören lassen,
- dem Gesprächspartner offen gegenüber sein,
- Situationen strukturieren,
- sich dem Gesprächspartner deutlich zuwenden.

Die persönliche Gesprächsbereitschaft ist abhängig von der grundlegenden Einstellung und Haltung des Beraters zum Beratungsziel. Eine vorweggenommene negative Einschätzung des Gesprächsziels beeinflusst die Gesprächsbereitschaft, und zwar unabhängig von der weiteren Bereitschaft, das Gespräch noch weiter und offen führen zu wollen. Emotionale und deutliche Zuwendung zu den Beschwerden und Belangen eines Klienten äußert sich nicht nur in verbalen Verhaltensweisen, sondern auch im Ausdruck der Körperhaltung.

Eine besondere Sympathiebezeugung wird erreicht, wenn man sich leicht in Richtung seines Gesprächspartners vorlehnt, ihm gegenüber sitzt und ihn ruhig und wohlwollend anblickt. Die situativen Rahmenbedingungen sind so zu gestalten und zu strukturieren, dass sie die emotionale Zuwendung unterstreichen. Es muss deutlich gemacht werden, wie viel Zeit zur Verfügung steht, indem man sich ihm uneingeschränkt widmen kann.

Übung:
Stellen Sie sich bei geschlossenen Augen für ein paar Minuten vor, wie und womit Sie Ihre Gesprächsbereitschaft einem Klienten vermitteln oder signalisieren können. Sie können sich zum Beispiel vorstellen, wie Sie ihn mit Ruhe und Achtsamkeit ansehen.

1.3.3.2 Aufmerksamkeit

Die *Aufmerksamkeitsleistung* im Beratungsgespräch ist eine aktuelle Wahrnehmungseinstellung, die einen erhöhten und konzentrierten Einsatz der bewussten und geistigen Verarbeitung erfordert.

Dem Prinzip der Aufmerksamkeit liegt die Konzentration zugrunde, die als das aktive Hinwenden der Aufmerksamkeit auf bestimmte Objekte oder Gegenstände verstanden wird.

Als Prinzip gilt:

- Keine Überlegenheit
- Keine störenden Gewohnheiten
- Keine Unbedachtsamkeit
- Keine Müdigkeit

Aufmerksam zuhören bedeutet...

- möglichst wenig sprechen
- wach und bewusst sein
- aktiv aufmerken
- Gesprächspartner unterstützen.

Die Zeitdauer ist relativ begrenzt, wie lange man ausgewählte Beobachtungsobjekte unmittelbar bemerken und wahrnehmen, beobachten und konzentrieren kann. So ist es sinnvoll, sich dieser persönlichen *Aufmerksamkeitsspanne* bewusst zu werden.

Mit dieser auf ein Objekt gerichteter Bewusstseinshaltung kann zum Beispiel die Aufmerksamkeitsspanne des Gesprächspartners sowie die eigene Aufmerksamkeit besser wahrgenommen werden und daher auch der Grad der Aufmerksamkeit des Gesprächspartners besser berücksichtigt werden.

Übung:

Stellen Sie sich mit geschlossenen Augen einige Minuten vor, wie lange Sie Ihre Aufmerksamkeit auf nur eine einzige Sachen richten können, z. B. einem kochenden Ei 4 Minuten zusehen.

1.3.3.3 Professionelle Sachlichkeit

Professionelle Sachlichkeit kennt die inhaltlichen und emotionalen Beziehungsaspekte der Kommunikation sowie die Symmetrie und Komplementarität innerhalb eines Gesprächs[6].

Als Prinzip gilt:

- Keine unnötiges Eindringen in die Individualsphäre
- Keine Verletzung der Privatsphäre
- Ohne Emotionsübertreibung
- Keine Hemmungen aufbauen

Sachlich bleiben bedeutet...

- nicht voreilig werten und urteilen,
- den Gesprächspartner ermutigen,
- seine Emotion zulassen können,
- ihm Partner sein können.

Mit professioneller Sachlichkeit nimmt man einerseits Rücksicht auf die emotionale Individualität des Gesprächspartners und betont auch seine Erlebnisqualitäten, andererseits wird mit professioneller Sachlichkeit fachliche Kompetenz zum Ausdruck gebracht. Sie schlägt sich nieder in der Beherrschung des Beratungsinhalts, in der Berücksichtigung der Rahmenbedingungen. Sie erweist sich erfolgreich in der Rücksichtnahme des Gesprächpartners und im Beratungsziel.

Übung:
Stellen Sie sich bei geschlossenen Augen für ein paar Minuten vor, ob Sie Ihren Gesprächspartner fundiert und sachlich beraten können ohne sich durch mehrere Gegenfragen aus der Fassung bringen zu lassen.

1.3.3.4 Einfühlsame Empathie

Die *Empathie* ist das einfühlende Verstehen seines Gesprächspartners und die fortwährende Aufrechterhaltung des Gesprächsrahmens, in dem sich die Gesprächspartner gegenüber stehen oder sitzen. Im Vordergrund steht das Bemühen, den anderen zu verstehen, um die wechselseitige offene Mitteilung umzusetzen. Empathie beschreibt die Fähigkeit, sich in die Welt des Klienten hineinzuversetzen, sich in die persönliche Welt des Sehens, des Seherlebens einfühlen zu können. So ist es notwendig, dass der Berater auf die Erwartungen (Wünsche, Problemlösewege, etc.) des Klienten verständnisvoll eingeht – vor allem dann, wenn sie unausgesprochen bleiben.

Als Prinzip gilt:
- Gefühlsverletzungen vermeiden,
- Abweisende Haltungen und Zurückweisungen unterlassen,
- Falsche Kritik oder versteckte Angriffe unterbinden,
- nicht auf Randbemerkungen eingehen,
- nicht einfach zustimmen.

Einfühlsame Empathie bedeutet...
- ihn wertschätzen und aktivieren
- den Gesprächspartner aus seiner Sicht verstehen.
- den Gesprächspartner mitwirken lassen,
- sein Selbstwertgefühl stärken
- Verständnis zeigen für den Wunsch nach Rat
- durch Informationen entlasten
- Gesprächspausen differenzieren

Empathisches Verstehen beinhaltet das aufmerksame, sensible und achtsame Erspüren der Bedeutungen dessen, was der Gesprächspartner sagt und wie er handelt.

Mit Empathie werden die Gedanken und Gefühle des Gesprächspartners wahrgenommen und deren Bedeutsamkeit erkannt. Sprachliche Auseinandersetzungen mit dem Gesprächspartner sind grundsätzlich zu vermeiden. Wenn sich bei einem Berater Widerspruch regt, ist er oft durch eigene Wertungen, Stellungnahmen und Bedürfnissen geleitet und steht so der Empathie entgegen. Auseinandersetzungen lenken prinzipielle von einem empathischen Verhalten ab.

Übung:
Stellen Sie sich bei geschlossenen Augen für ein paar Minuten vor, ob Sie das Gefühl haben, Ihren Gesprächspartner aus seiner Sicht heraus emotional und rational verstanden zu haben und ob Sie sich dies von ihm bestätigen lassen könnten.

2 KOMMUNIKATION UND SOZIALE INTERAKTION

„Wir können nicht nicht kommunizieren“
(P. Watzlawick)

Wir sprechen und reden miteinander. Für jeden ist das selbstverständlich. An dieser zwischenmenschlichen Kommunikation nimmt jeder von uns täglich teil. Keiner kann sich ihr entziehen. Eine Kunden- und Klientenberatung oder ein Mitarbeitergespräch sind solche kommunikativen Ereignisse. Die allenthalben geforderte kommunikative Kompetenz erlangt, wer die „Geheimnisse“ des Kommunikationsprozesses mit seinen Bestandteilen, deren wechselseitigen Wirkungen und Einflüsse kennt und beherrscht.

Jede zwischenmenschliche Beziehung, in der die Individuen miteinander kommunizieren, ist eine *soziale Interaktion*. Die Beziehung zwischen den Individuen als der eigentliche Träger sozialen Geschehens wird als *Kommunikationsprozess* bezeichnet. Am Zustandekommen einer wirksamen Kommunikation sind mindestens zwei Gesprächspartner beteiligt. Selbst ein innerer Dialog wird als Kommunikation innerhalb einer Person betrachtet. Im Alltag kennen wir dies als Zwiegespräch. Die Kommunikation lässt sich relativ leicht beschreiben, wenn ihre Elemente systematisch erfasst sind.

2.1 ELEMENTE DER KOMMUNIKATION

- Der Sprecher (Sender):

  Der Sprecher ist das Subjekt im Gespräch, welches etwas mitteilen möchte, seine Nachricht codiert und abschickt.
- Der Inhalt:

  Der Inhalt der Kommunikation ist das *Kommuniqué*.

- Die Verständigungsmittel:

  Mit Hilfe ihrer sprachlichen oder nichtsprachlichen Mittel transportieren beide Kommunikationsteilnehmer den Inhalt ihrer Kommunikation.
- **Der Zuhörer** (Empfänger):

  Der Zuhörer ist jene Person, welche die Nachricht aufnimmt und sie decodiert.
- Die Verständigung:

  Sie hat stattgefunden, wenn die gesendete Nachricht mit der empfangenen einigermaßen übereinstimmt.
- Die Rückmeldung:

  Mit ihr reagiert der Empfänger auf den Sprecher und wird so selbst zum Sprecher. Die Rückmeldung oder auch die Rückwirkung des Empfängers nennt man Feedback.
- Die Verzerrung:

  Durch wechselseitiges Senden und Empfangen beeinflussen die Mitglieder einer sozialen Gruppe sich gegenseitig. In der sozialen Interaktion hat dieser Vorgang allerdings verschiedene Auswirkungen auf die Gesprächsteilnehmer.

Ein erstes Ergebnis:

Die zwischenmenschliche Kommunikation ist ein kontinuierlicher Kreislauf ohne Anfang und Ende. Jeder von uns nimmt in irgendeiner Weise daran teil, ob er will oder nicht.

Einfaches lineares Kommunikationsmodell

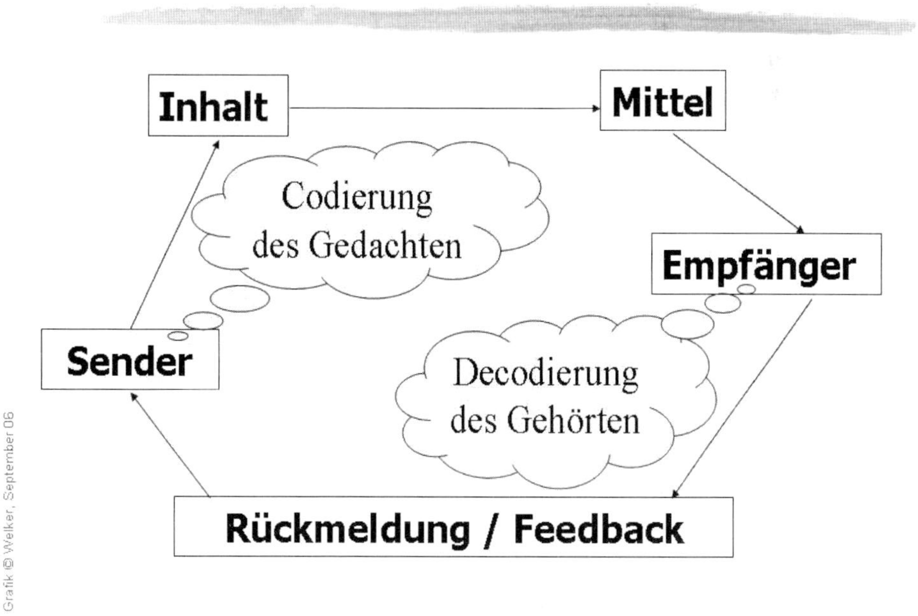

2.1.1 Der Sprecher (Sender)

Den Ausgangspunkt der Kommunikation nimmt der Sprecher. Es handelt sich um das *WER*. Der Sprecher hat seine Gedanken, Ideen, Vorstellungen oder Wissen und Erfahrungen in seinem Kopf. Er möchte sie als Mitteilung oder Information einem anderen zukommen lassen.

Der Sprecher hat seine eigenen Gefühle und Empfindungen. Er möchte sie dem anderen gegenüber zum Ausdruck bringen. Der Sprecher möchte also einen bestimmten Inhalt vermitteln. Wie geht das?

Bevor er seinen Gedanken einfach aussprechen oder sich dementsprechend verhalten wird, erbringt er eine Vorleistung.

Seine Gedanken und Gefühle muss er nämlich in eine bestimmte Form bringen, damit der andere Gesprächsteilnehmer überhaupt die Möglichkeit bekommt, sie wahrnehmen zu können.

Der Sprecher verschlüsselt seine Gedanken und Gefühle. Die von ihm vorgenommene Art der Codierung ist abhängig von seinen sprachlichen und nichtsprachlichen Fähigkeiten sowie von der Auswahl seiner Ausdrucksmöglichkeiten. In der sozialen Interaktion unterscheidet man den *restringierten Code*, den häufig in einkommensschwachen Schichten der Gesellschaft vorkommenden eingeschränkten Sprachcode, vom *elaborierten Code*, dem ausgebauten Sprachcode mit wesentlich mehr Ausdrucks- und Verstehensmöglichkeiten in der Kommunikation. Dieser wird eher in der Mittel- und Oberschicht der Gesellschaft angetroffen.

Schließlich sendet der Sender die codierte Mitteilung aus. Mit seinen verschiedenen Ausdrucksmöglichkeiten versucht der Sprecher, seinen Inhalt dem Empfänger zu übermitteln und damit eine bestimmte Wirkung zu erzielen.

2.1.2 Der Inhalt des Gesprächs

Der Inhalt der Kommunikation ist das *Kommuniqué*. Die Inhalte der Kommunikation sind sehr vielfältig. Sie bestehen aus Meinungen und Ansichten, aus Aussagen und Tatsachenschilderungen, aus Nachrichten und Informationen, aus Gefühlsausdrücken und emotionalen Äußerungen.

Der Inhalt betrifft also das *Was* der Kommunikation:

- *Was* möchte ich mitteilen!
- *Was* möchte ich dem anderen sagen!
- *Was* möchte ich dem anderen gegenüber zum Ausdruck bringen!

In jeder Kommunikation ist es daher wichtig, Überlegungen anzustellen, welche Informationen man dem anderen zukommen lassen will. Der Inhalt wird stets in einer codierten

Form transportiert, wozu der Sprecher sich seiner ihm zur Verfügung stehenden sprachlichen Mittel der Kommunikation bedient.

In Anlehnung an die Informatik wird in den kommunikationstheoretischen Überlegungen die kleinste Informationseinheit *Bit* genannt.

2.1.3 Die Mittel der Verständigung

Eine kommunikative Verständigung kann nur stattfinden, wenn der Sprecher über sprachliche und nichtsprachliche Verhaltensweisen als Mittel der Verständigung verfügt. Mit ihnen codiert er seine Gedanken, Gefühle, Informationen, um sie überhaupt vermitteln zu können. Insbesondere verfügt der Mensch über sprachliche und nichtsprachliche Mittel:

- Die *sprachlichen, verbalen* Mittel sind die Sprache selbst, das sind die Zeichen, die Laute und Töne, die Signale, Symbole und die Schrift.
- Die *nichtsprachlichen, nonverbalen* Mittel: das sind Mimik und Gestik, die Körperhaltungen und die unwillkürlichen Körpervorgänge wie z. B. Schwitzen, Erröten, Zittern.

Die Mittel der Kommunikation betreffen das *WIE* der Kommunikation:

- *Wie* wird die Mitteilung codiert!
- *Wie* wird ein Vortrag/ein Referat dargeboten!
- *Wie* wird die Mitteilung präsentiert!
- *Wie* werden die verfügbaren Zeichenvorräte genutzt!
- *Wie* sage ich es „meinem Kind“!

Bei der Auswahl aus seinem Zeichenvorrat wird der Sprecher darauf achten, dass auch der Empfänger, der Zuhörer also über den gleichen *Zeichenvorrat* verfügt. Das ist, wie wir sehen werden, nicht immer der Fall ist.

2.1.4 Der Zuhörer (Empfänger)

Den formalen Endpunkt der Kommunikation bildet der Zuhörer: das *Wen* der Kommunikation. Der Zuhörer, der die Nachricht empfängt, nimmt entsprechend seinen sprachlichen und nichtsprachlichen Fähigkeiten eine Dekodierung der Nachricht vor.

Damit wird der Empfänger gleichzeitig zu einer Art Filter. Er nimmt nur das auf, was er wahrgenommen und verstanden hat und was er wahrnehmen und verstehen will. Diesen Vorgang des Filterns zu bemerken und sich bewusst zu machen, erfordert vom Empfänger einen hohen Grad an Aufmerksamkeit, Bewusstheit und Wachheit. Daher trägt der Zuhörer mit seiner Wahrnehmung bereits zur Verzerrung der Kommunikation bei.

Entsprechend der Art und Weise, wie der Inhalt gefiltert wurde, wird der Empfänger auf den Sender reagieren und antworten. Je besser der Empfänger aufmerksam und achtsam zuhört, umso deutlicher und intensiver wird er den Sender verstehen.

Mit seiner Antwort bezieht sich der Zuhörer nun seinerseits auf den ursprünglichen Sender und wird selbst zum Sender. Es findet ein kleiner Rollentausch statt, da der Zuhörer in die Rolle des Sprechers schlüpft und nun ebenso wie der Sprecher verfährt.

Mit den ihm zur Verfügung stehenden Verständigungsmitteln leitet er die Rückmeldung (Feedback) ein. Auch er möchte mit seiner Mitteilung eine bestimmte Wirkung hervorrufen, verwandelt seine Gedanken in *Codes*, wählt ein bestimmtes sprachliches und / oder nichtsprachliches Mittel und liefert eine Rückmeldung.

2.1.5 Die Rückmeldung - Feedback

Der fortwährende Kommunikationskreislauf wird mit einer Rückmeldung beendet. Dies wird als *Feedback-Schleife* bezeichnet. In der Kommunikation liegt in der Regel dann eine erfolgreiche Verständigung vor, wenn die beim Zuhörer hervorgerufene Wirkung der Absicht des Sprechers entspricht.

Anders ausgedrückt: Der Empfänger teilt in der Rückmeldung mit, wie

Kommunikationskreislauf mit Verzerrungswinkel und Feedback-Schleife

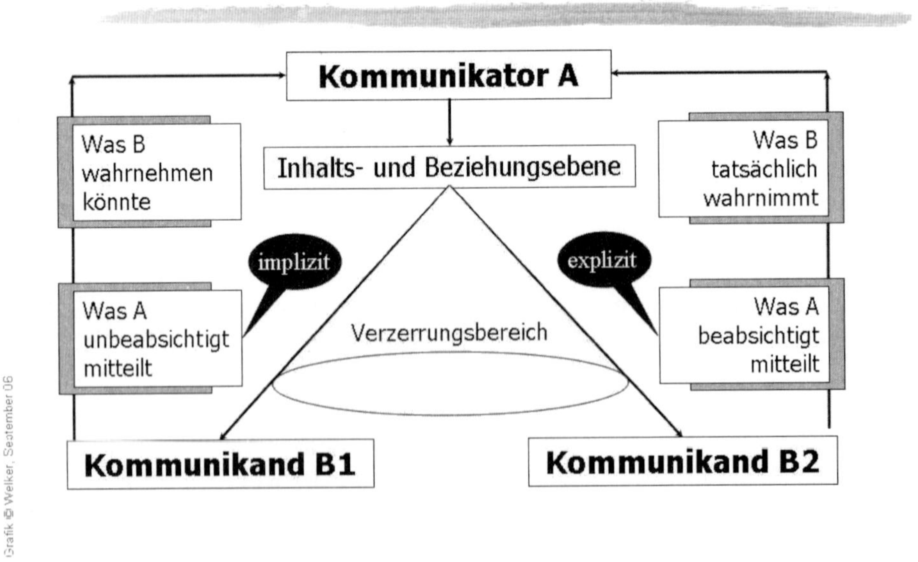

er die Nachricht entschlüsselt hat und wie sie bei *ihm* angekommen ist, also wie und ob er sie vollständig verstanden hat und was er zurück zu senden gedenkt. Ob die gesendete Nachricht mit der empfangenen übereinstimmt oder nicht, kann der ursprüngliche Sprecher im Feedback feststellen. Dieser reagiert entweder mit Anerkennung, mit einer Korrektur, einer Ergänzung oder mit dem Signal, dass er den anderen verstanden hat.

Zusammenfassend lässt sich festhalten, dass der Kommunikationskreislauf mit der Rückmeldung in Wirklichkeit nicht zu Ende ist. Die Kommunikation ist in der Tat ein zeitlich nacheinander ablaufender Prozess ohne Anfang und Ende. Mit dem Feedback wird eine Wechselbeziehung, die soziale Interaktion zwischen beiden Gesprächsteilnehmern hergestellt. Ein Informationsaustausch hat stattgefunden. Doch ist zu fragen, welche und wie viel Information ausgetauscht wurden und wie sie von beiden Kommunikationsteilnehmern aufgenommen wird. Häufig genug gibt es keine genaue Übereinstimmung zwischen Empfänger und Sender. In diesen Fällen unterliegt die Kommunikation einer Verzerrung.
Worauf beruht diese Verzerrung?
Warum gibt es relativ selten in einem Gespräch eine Übereinstimmung?
Was können dafür die Gründe sein?

2.2 Die Harmonie im Gespräch

Der Kommunikationsprozess ist genau genommen kein einfacher linearer Prozess, sondern einer, der sich kontinuierlich verzweigt und verästelt. Obgleich das Harmoniebedürfnis in der Kommunikation sehr ausgeprägt ist, kommt es immer wieder zur ständigen wahrnehmbaren Verzerrung des kommunikativen Prozesses. Jeder Mensch ist bestrebt, in seinem Sinne verstanden werden und ist doch jedes Mal von neuem erstaunt, wenn dem nicht so ist.

Im Abschnitt Feedback wurde darauf hingewiesen, dass der Sprecher nicht immer im beabsichtigten Sinne die erwünschte Wirkung erreicht, weil der Empfänger Mitteilungen, Informationen, etc. stets filtert und damit „verzerrt" (vgl. Abbildung: Verzerrungswinkel).

Diese kontinuierliche Verzerrung ist nicht als Vorwurf an den Empfänger zu verstehen, sie ist eine wahrnehmungsphysiologische und wahrnehmungspsychologische Tatsache. Jeder Mensch ist zum Schutz vor Reizüberflutung mit Wahrnehmungsfilter ausgestattet. Diese Prozesse laufen beim Menschen in der Regel unbewusst ab, können aber mit aufdeckenden Verfahren bewusst gemacht werden.

Fünf kommunikative Prinzipien können die stetigen Harmoniebedürfnisse des Menschen verdeutlichen –

oder - warum die Realisierung des Harmoniebedürfnisses besser gelingt, wenn man die Hintergründe dieser Prinzipien kennt:

- Das Prinzip der Übereinstimmung
- Das Prinzip der impliziten und expliziten Mitteilung
- Das Prinzip der 4 Sender in einem
- Das Prinzip der 4 Empfänger in einem
- Das Prinzip der Verzerrung

2.2.1 Prinzip der Übereinstimmung

Eine völlige Übereinstimmung zwischen der gesendeten Mitteilung und Information und der empfangenen Mitteilung liegt selten vor. Neben einer teilweisen Übereinstimmung von gesendeter und empfangener Mitteilung gibt es Informationsanteile, die gesendet, aber nicht empfangen wurden. Jeder Sprecher sendet grundsätzlich mehr Informationen aus, als er gemeinhin wahrhaben will und vor allem mehr als der Empfänger überhaupt aufnimmt.

Es gibt auch jene Informationsanteile, die empfangen, aber gar nicht

Ausprägungsgrad der Übereinstimmung und Nichtübereinstimmung von Informationen

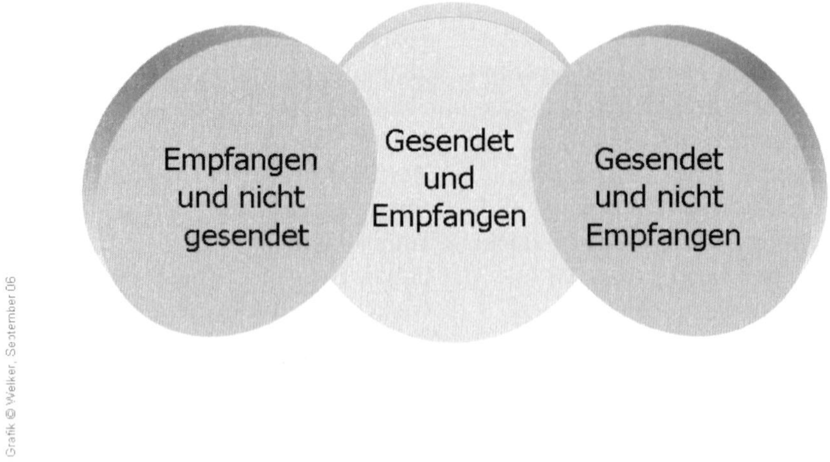

gesendet wurden. Jeder Empfänger hat die Neigung, wahrgenommene Informationsteile zu vervollständigen. Daraus entstehen eigene Bilder oder Wissensbestandteile, von denen angenommen wird, dass sie ja nur vom anderen Gesprächspartner aufgenommen wurden.

Nach neueren Untersuchungen der Neurobiologie wird angenommen, dass der übereinstimmende Informationsanteil („Gesendet und empfangen") insgesamt etwa 35 bis 45 % der gesamten ausgetauschten Informationen beträgt, obgleich Sprecher und Zuhörer der Ansicht sind, dass sie fast 95 % ihrer Gesamtinformation mitgeteilt bzw. empfangen hätten.

Der Ausprägungsgrad der Übereinstimmung und Nichtübereinstimmung von Informationen kann von Mensch zu Mensch variieren. Je höher der Grad der Aufmerksamkeit ist, der einem Gesprächspartner entgegengebracht wird, desto mehr übereinstimmende, kongruente Anteile werden im Gespräch gefunden.

Übung:
Vergewissern Sie sich im nächsten Gespräch, wie oft eine vollkommene Übereinstimmung zwischen Ihnen und Ihrem Gesprächspartner vorlag.

2.2.2 Prinzip der impliziten und expliziten Mitteilung

In jeder Mitteilung kann das, was man mitteilen möchte, *implizit* oder *explizit* stecken. Was bedeuten diese beiden Begriffe?

Explizit bedeutet:

In der Mitteilung wird *ausdrücklich* ausgesprochen, was man will oder meint.

Beispiel:

Klientin:

„Zeigen Sie mir bitte einige Fassungen!"

In dieser Aussage wird eine Aufforderung klar und deutlich ausgesprochen.

Implizit bedeutet:

Ohne dass eine Botschaft ausdrücklich formuliert wird, kann sie der Aussage entnommen werden.

Beispiel:

Klientin:

„Ich sehe hier keine Fassungen."

Die Aussage kann bedeuten, dass die Klientin eigentlich Fassungen sehen will, aber auch dass sie verärgert ist, weil sie keine zu sehen bekommt.

Je expliziter eine Mitteilung formuliert wird, desto klarer und eindeutiger fällt das Verstehen aus. Die Sprache der Diplomatie bedient sich impliziter Formulierungen, denn sie bieten wesentlich mehr Möglichkeiten, sich sprachlich offen halten zu können und trotzdem gleichzeitig sehr absichtsvoll uneindeutige Eindeutigkeiten formuliert zu haben.

Übung:

Vergegenwärtigen Sie sich vor Ihrem geistigen Auge, wie Sie mit impliziten und expliziten Mitteilungen umgehen.

2.2.3 Prinzip der vier Sender in einem

Der Sprecher sendet implizit oder explizit grundsätzlich auf vier Kanälen gleichzeitig. Das wird an folgender Klientenformulierung deutlich:

„Zeigen Sie mir bitte einige Fassungen!“

Diese Aussage wird unter vier Aspekten betrachtet, was sie eigentlich beinhalten?

Kanal 1:

Auf Kanal 1 wird gesagt, *wer* etwas will, wer etwas ausgesprochen, geäußert u. ä. hat. Da auf dieser Ebene die persönliche Kundgabe zum Vorschein kommt, wird sie auch als Ebene der Selbstoffenbarung bezeichnet.

Beispiel der Klientin:

„Zeigen Sie mir bitte einige Fassungen!“

Hier können wir leicht erkennen, dass sie zum Ausdruck bringt:

Die sendende Interaktion zum Brillenkauf: Jemand möchte Brillenfassungen ansehen.		
Klientenäußerung und ihre Bedeutung	**Implizit** **"Gibt es hier denn keine Fassungen!"**	**Explizit** **"Zeigen Sie mir Fassungen!"**
Kanal 1 *Selbstoffenbarung*	***Ich*** **möchte bedient und über Fassungen beraten werden.**	**Zeigen Sie *mir* Fassungen**
Kanal 2 *Inhalt*	**Ich möchte *Fassungen* sehen**	**Zeigen Sie mir *Fassungen***
Kanal 3 *Beziehung*	**Ich möchte *von Ihnen* beraten werden**	**Zeigen *Sie* mir Fassungen**
Kanal 4 *Appell*	**Ich *fordere* Sie auf, mir Fassungen zu zeigen.**	***Zeigen*** **Sie mir Fassungen**

Tabelle 1: Übersicht der vier Sendekanäle

*„**Ich möchte** einige Fassungen sehen.“*

Kanal 2:

Auf Kanal 2 geht es zur Sache: mitgeteilt wird, um *was* es geht. Es handelt sich um die Sache, den Gegenstand, das Objekt. Diese Ebene wird deshalb auch Inhaltsebene bezeichnet.

Das Beispiel der Klientin:

*„Zeigen Sie mir bitte **einige Fassungen**!“*

bedeutet, es geht um Fassungen.

Kanal 3:

Auf Kanal 3 wird die zwischenmenschliche Beziehung angesprochen. In der Mitteilung wird definiert, mit *wem* in Kontakt getreten wird. Hier handelt es sich um die Ebene der Beziehung.

Am Beispiel der Klientin:

„Zeigen Sie mir bitte einige Fassungen!“

bedeutet das:

*„Ich möchte die Fassungen von **Ihnen** gezeigt bekommen.“*

oder

*„**Sie** werden mir schon die richtigen zeigen.“*

Kanal 4:

Kanal 4 appelliert: *tu* etwas, *mach* etwas, *sag* etwas. In der Mitteilung kommt die grundsätzliche Aufforderung an den anderen zum Ausdruck, in irgendeiner Weise zu reagieren oder zu handeln. Diese Ebene wird als *Appellebene* bezeichnet.

Am Beispiel der Klientin:

*„**Zeigen Sie** mir bitte einige Fassungen!“*

wird die Aufforderung direkt, also explizit angesprochen.

*„**Tu** etwas, damit ich bei Dir kaufen kann.“*

Die Übersicht in Tabelle 1 verdeutlicht den Gesamtzusammenhang der vier Sendekanäle, die als Anatomie einer Nachricht weiter hinten im Buch vertieft werden.

Übung:
Vergegenwärtigen Sie sich, auf welchen Interaktionsebenen Sie selbst als Sender bevorzugt agieren.

2.2.4 Prinzip der vier Empfänger in einem

Dem Empfänger stehen in seiner Kommunikation mit dem Sender vier Kanäle zur Verfügung, auf denen entweder explizit oder implizit Mitteilungen gesendet werden. Der Empfänger (der Zuhörer) kann auf allen diese Kanäle empfangen, was im übrigen einen sehr achtsamen und aufmerksamen Zuhörer auszeichnet. In der Regel wählt der Empfänger während des Kommunikationsablaufes denjenigen Mitteilungskanal aus, der ihm persönlich wichtig ist und auf den er sich schließlich einlassen will.

Wie kann nun eigentlich die gesendete Information

„Zeigen Sie mir einige Fassungen!“

auf 4 Kanälen empfangen werden?

Zu jedem Kanal wird nun eine negative und positive Empfangsmöglichkeit aufgeführt, mit Beispielen belegt und erklärt.

Kanal 1:

Auf Kanal 1 wird wahrgenommen, *wer* etwas von mir will und wie sich jemand mir gegenüber implizit oder explizit darstellt.

Am Beispiel der Klientin:

„Zeigen Sie mir einige Fassungen!“

kann entweder wahrgenommen werden als

*„Trotz **ihres** Befehlstons könnte sie zumindest bitte sagen.“*

oder als

*„Gut, dass **die Klientin** direkt sagt, was **sie** will.*

Der Gesprächspartner offenbart sich mir mit einem Wunsch.

Kanal 2:

Auf Kanal 2 geht es zur Sache, die empfangen wird: der Zuhörer nimmt wahr, um *was* es geht, welche Inhalte

Die empfangende Interaktion zum Brillenkauf Jemand möchte Brillenfassungen ansehen.		
Klientenäußerung und ihre Wirkung	***<u>Negativ</u>*** ***"Gibt es hier denn keine Fassungen!"***	***<u>Positiv</u>*** ***"Zeigen Sie mir Fassungen!"***
Kanal 1 Selbstoffenbarung	***„Trotz ihres Befehlstons kann sie genauer sagen, welche Fassungen sie eigentlich will.“***	***„Gut, dass die Klientin direkt sagt, was sie will.“***
Kanal 2 Inhalt	***„Kann sie nicht genauer sagen, welche Fassungen sie eigentlich will.“***	***„Gut dass die Klientin zuerst auf die Fassungen zu sprechen kommt.“***
Kanal 3 Beziehung	***„Ausgerechnet diese Klientin will von mir beraten werden.“***	***„Schön, dass die Klientin mir die Gelegenheit gibt, sie zu beraten.“***
Kanal 4 Appell	***So lasse ich mich nicht herum kommandieren.***	***Der Aufforderung komme ich gerne nach***

Tabelle 2: Übersicht der vier Empfangskanäle

transportiert werden.

Am Beispiel der Klientin:

„Zeigen Sie mir bitte einige Fassungen!"

kann entweder wahrgenommen werden als

*„Kann sie nicht genauer sagen **welche Fassungen** sie eigentlich will."*

oder als

*„Gut dass die Klientin zuerst auf die **Fassungen** zu sprechen kommt."*

Der Gesprächspartner teilt mir ein bestimmtes Thema mit.

Kanal 3:

Auf Kanal 3 bemerkt der Zuhörer, dass die zwischenmenschliche Beziehungsebene angesprochen wird.

Am Beispiel der Klientin:

„Zeigen Sie mir bitte einige Fassungen!"

kann entweder wahrgenommen werden als

*„Ausgerechnet diese Klientin will **von mir** beraten werden."*

oder als

„Schön, dass die Klientin **mir** die Gelegenheit gibt, sie zu beraten."

Der Gesprächspartner wendet sich mir zu.

Kanal 4:

Der Zuhörer nimmt auf Kanal 4 den Appell auf, dass er etwas tun oder reagieren soll.

Am Beispiel der Klientin:

„Zeigen Sie mir bitte einige Fassungen!"

kann entweder wahrgenommen werden als

*„So lasse ich mich nicht **herumkommandieren**."*

oder als

*„Der **Aufforderung** komme ich gerne nach."*

Der Gesprächspartner will etwas von mir.

Während des Kommunikationskreislaufes kann der Zuhörer den Mitteilungskanal stets wechseln und einen anderen Kanal als vorrangig betrachten. Da der Empfänger relativ freie Wahl hat, gestaltet sich die Kommunikation oft so schwierig.

Die Übersicht in der Tabelle 2 zu den vier Empfangskanälen verdeutlicht mögliche empfangende Wahrnehmungen durch den Zuhörer. (Weitere Ausführungen dazu im Abschnitt „Anatomie einer Nachricht").

Übung:

Vergegenwärtigen Sie sich, auf welcher Interaktionsebene Sie selbst als Empfänger bevorzugt wahrnehmen.

2.2.5 PRINZIP DER VERZERRUNGEN

Eine Mitteilung enthält also nach neuerer wissenschaftlicher Sichtweise immer vier Kanäle. Sie wird explizit und/oder implizit vorgetragen. Daher ist der Kommunikationsprozess geprägt von einer Vielzahl von kommunikativen Verzerrungen.

Der Grad der Nichtübereinstimmung, wie er bereits mit dem Verzerrungswinkel beschrieben wurde, hat viele Erklärungsansätze geliefert. Grundsätzlich ist jeder Mensch zum Schutz vor Reizüberflutung mit Wahrnehmungsfilter ausgestattet. Die beim Menschen in der Regel unbewusst ablaufenden Prozesse der Verzerrungen haben verschiedene Ursachen:

a) Die *wahrnehmungsphysiologische* Tatsache - der Sehvorgang liefert keine Abbildung der Außenwelt, sondern ein Konstrukt des Gehirns auf der Grundlage der eintreffenden Informationen. Unser Gehirn baut sich aktiv unsere Wahrnehmungswelt aus den einzelnen Elementen der abstrakten Verarbeitung der Sinnesrezeptoren zusammen – unbewusst und mit einem enormen Aufwand.

b) Die wahrnehmungspsychologische Tatsache - Informationen oder Signale sind zunächst einmal einer prinzipiellen Mehrdeutigkeit ausgesetzt. Diese Mehrdeutigkeiten bestimmen sich wiederum durch unterschiedliche Einstellungen, Erfahrungen und Interessen der Kommunikationspartner, die schließlich den Verlauf des Kommunikationsprozesses zwischen zwei oder mehreren Gesprächsteilnehmern kontinuierlich beeinflussen.

Übung:
Überprüfen Sie Ihr nächstes Gespräch, wie oft Sie selbst zu Verzerrungen beitragen, d.h. wie oft der Gesprächspartner versucht, Sie zu korrigieren.

2.3 Die kommunikativen Fallen

Kommunikation ist also ein vielschichtiger und damit ein störanfälliger Prozess. Dies wird besonders in Gesprächssituationen deutlich, in denen mehr als zwei Personen beteiligt sind. Aufgabenzentrierte Gruppen, die länger zusammenarbeiten (Kollegen und Mitarbeitergruppen, Studiengruppen, etc.), sind ständig mit zwei Kommunikationsebenen konfrontiert:

Einerseits hat so eine Gruppe eine Aufgabe zu erfüllen und andererseits kommen die zwischenmenschlichen Beziehungen in dieser Gruppe ständig zum Tragen.

Die Inhalts-, Arbeits- und Handlungsebene sowie die emotionale Ebene, die in einem Arbeitsteam oder in einer Beratungssituation nebeneinander bestehen, beeinflussen sich gegenseitig. Die gefühlsmäßigen Einstellungen der Gesprächsteilnehmer zueinander und die Haltung zur Bewältigung der Aufgaben nehmen Einfluss auf Ausmaß und Qualität der gesteckten Ziele.

Außerdem gibt es viele Ziele und Absichten, die nicht jederzeit offen und für alle Beteiligten durchsichtig sind. Manche Ziele werden nicht erkannt, obgleich sie für die Dynamik eines Gespräches jedoch mindestens genauso wirksam sind. Diese nicht erkannten Ziele werden als *versteckte Handlungsaktionen* (*hidden agenda*) bezeichnet.

Beispiel:

Ein Teilnehmer ist sich nicht im vollen Umfang all der Ziele bewusst, die seine Kommunikation eigentlich bestimmen. Davon überzeugt, nur seine Kenntnisse zu verbreiten, verschafft er sich eigentlich nur Geltung innerhalb seiner sozialen Gruppe. Im Hinblick auf dieses versteckte Handlungsziel kann sein kommunikatives Bemühen ein völliger Fehlschlag werden, weil er sich in Unkenntnis dieser Ziele falscher Mittel bedient. Er schränkt den Aktionsradius der anderen ein, die sich ihrerseits nicht in vollem Umfang bewusst sind, welche Menge sie an nicht gesendeten Informationen aufnehmen, mit der sie wiederum die Kommunikation nachhaltig beeinflussen.

Im Folgenden werden einige Beispiele möglicher Störungen für den Kommunikationsprozess zusammengefasst und erläutert sowie mit Redewendungen ergänzt.

2.3.1 Technische Störungen

Die sprachlichen wie nichtsprachlichen Kommunikationsmittel, die zur Übertragung von Daten- und Informationen verwendet werden, sind nicht ausreichend oder gestört.

Als technische Störungen zählen auch funktionelle Störungen des Sprechens, die Sprechhemmung (z.B. Stottern). Unruhige Gestik trägt ebenfalls zu Missverständnissen bei.

Ebenso können uneinheitliche Zeichenvorräte wie zum Beispiel verschiedene Dialekte oder unterschiedliche Sprachcodes der Kommunikationspartner vorliegen.

Beispiel:

„Klient Meier versteht meine Sprache nicht.“

„Wir sprechen zwei verschiedene Sprachen.“

„Wir haben aneinander vorbeigeredet.“

„Wir verstehen uns nicht.“

Diese oder ähnliche Redewendungen stehen oft dafür, dass beide Gesprächspartner nicht die gleiche Sprachebene gefunden haben.

2.3.2 MEHRDEUTIGE INFORMATION

Der mitgeteilten Information können - tatsächlich oder vermeintlich - mehrere Bedeutungen entnommen werden. Die subjektive Auswahl der Informationsbedeutung durch den Empfänger bestimmt den weiteren positiven oder negativen Verlauf der Kommunikation.

Beispiel:

„Sie sind ja eine ganz nette Beraterin.“

„So einen Berater habe ich schon lange nicht mehr erlebt.“

Unabhängig vom Kontext, von der Situation können diese beiden Sätze zweideutig aufgefasst werden. Sie können als Lob oder als Geringschätzung verstanden werden. Auf der nichtverbalen Ebene kann Schwitzen Angst, Unsicherheit oder Angespanntheit bedeuten, aber es kann auch eine erhöhte Raumtemperatur oder die aktive Regelung des körpereigenen funktionalen Thermostats signalisieren.

2.3.3 ART DER VERSCHLÜSSELUNG

Stimmlage, Tonfall, Wortwahl, Mimik sowie begleitende Körperbewegungen können beabsichtigte Signale verändern. Das ist zum Beispiel gegeben, wenn unterschiedliche Einstellungen, Erfahrungen und Interessen der Kommunikationspartner, die ständig zum Tragen kommen, unbeabsichtigt anders betont werden.

Beispiel:

Ein typische Situation liegt vor, wenn man bemerkt, dass man sich im Tonfall vergriffen haben oder dies direkt gesagt bekommt:

„Jetzt hast du dich aber im Ton vergriffen.“

Der Gesprächspartner hat keinen Einwand gegen den Inhalt des Gesagten geäußert, er verwahrt sich jedoch mit dieser Äußerung nur gegen den Ton und die Art und Weise, wie er mitgeteilt wurde.

2.3.4 PSYCHISCHE BELASTUNGEN

Neben den inhaltlichen Aussagen und den Informationen spielt in der zwischenmenschlichen Kommunikation die emotionale Beziehung eine wesentliche Rolle. Wie sind die Kommunikationspartner psychisch aufeinander eingestellt?

Ausgesprochen oder unausgesprochen kann eine psychische Belastung den Ausprägungsgrad von Sympathie oder Antipathie beeinflussen.

Beispiel:

„Klient Meier hat nicht meine Wellenlänge."

„Ich finde zu Klient Meier keinen Draht."

„Ich kann Klient Meier nicht riechen."

In der Selbstreflexion mit den Metaphern „Wellenlänge", „Riechen", „Draht", etc., wird wahrgenommen, dass der Kontakt zu einem Gesprächspartner beeinträchtigt ist, und zwar zunächst ganz unabhängig vom Ausprägungsgrad der Beeinträchtigung.

2.3.5 VERMUTETE ANGRIFFE

Eine Mitteilung wird als Angriff auf das Selbstbild des Zuhörers verstanden und interpretiert. Der Zuhörer fühlt sich in seinen Gefühlen verletzt, missachtet oder gekränkt. Die Rückmeldung wird eine deutlich auffälligere emotionale Ebene ansprechen.

Beispiel:

„Also, das gehört sich nicht, dass Sie mich so angreifen."

„Jetzt bin ich aber verletzt."

„Du hast mich aber jetzt tief enttäuscht."

Neben der Tatsache, dass jedes Verhalten, wenn es als Angriff vermutet oder interpretiert wird, eine *Kränkungsreaktion* auslösen kann, ist in der Regel festzuhalten: Wenn sich jemand gekränkt fühlt, hat dies zunächst mehr mit ihm zu tun, als mit dem vermeintlichen Kränkenden. Dabei sind gespielte von echten Kränkungen zu unterscheiden[7]. Echte Kränkungen wirken auf den Betroffenen intensiv und langwierig, weil sie meistens emotional erlebt werden.

2.3.6 EIGENE WERTUNGEN

Eigene Wertungen werden mit dem empfangenen Inhalt verbunden und die Informationen nach eigenen Wertmaßstäben interpretiert und beurteilt. Diese „verwandelten" Informationen gelten als die eigentlichen Mitteilungsinhalte und diese angelegten eigenen Maßstäbe vergrößern die Divergenz der Kommunikation.

Beispiel:

„Das, was der Klient Meier macht, tut man doch nicht!"

„Kind, was sollen denn die Nachbarn sagen!"

Die Informationen sind den eigenen Einstellungen und persönlichen Haltungen unterworfen und werden dadurch nicht selten verfälscht. Die Informationen werden selektiv wahrgenommen, durch den Maßstab eigener Werthaltungen gefiltert und schließlich auch für richtig und wahr gehalten.

Die Stabilität des Wertmaßstabs weitet sich aus, je mehr der Betrachter in seiner Informationsverarbeitung sich bestätigt sieht, völlig gleichgültig vom Inhalt und Wahrheitsgehalt seiner Ansicht. Dieses Phänomen wird als selektive Wahrnehmung bezeichnet.

2.3.7 Übertragung

Die psychische Dimension der Übertragung, eine Variante der *psychischen Abwehrmechanismen*[8], bedeutet, dass ein Gesprächspartner erlebte Gefühle und Emotionen, die er mit früheren oder vorherigen Bezugspersonen erfahren hat, auf sein jetziges Gegenüber überträgt.

Beispiel:

„Keiner akzeptiert mich."

„Klient Meier war sauer auf mich und aggressiv, der jetzige Klient Huber ist es auch!"

„Überhaupt, alle Welt ist aggressiv gegen mich."

Dabei war der Gesprächspartner vielleicht nur „kurz angebunden" oder hat „trocken" reagiert. Solche selbst entwickelten Übertragungen verwandeln sich leicht und unmerklich in selbst bedauernde und sich selbst bemitleidende Verallgemeinerungen.

2.3.8 Projektionen

Die Projektion ist ebenfalls eine psychische Dimension der Abwehrmechanismen. Sie bedeutet, dass unbewusst aktuelle eigene Gefühle, Empfindungen, Wünsche oder Impulse weniger bei sich selbst wahrgenommen werden. Stattdessen werden sie vermeintlich dem Kommunikationspartner zugeschrieben. Die Person ist schließlich auch davon überzeugt, diese Wünsche und Impulse stets beim anderen zu entdecken seien.

Beispiel:

Das eigene Magengeschwür wird oftmals im Gesicht seines Gegenübers entdeckt.

„Ich bin doch zur Klientin Huber nett, also muss sie doch auch nett zu mir sein."

„Ich bin enttäuscht, weil Klientin Meier von der Fassung nicht begeistert ist, die mich doch selbst begeistert. Klientin Meier sollte doch auch begeistert sein."

Ein Kind erklärt, wegen eines Vergehens gescholten, dass nicht es selbst, sondern irgendein anderes – häufig erfundenes – Kind dies getan habe.

Der psychischen Dimension der Projektion liegt die unbewusste Annahme zugrunde, dass der Kommunikationspartner genauso fühlen und empfinden müsste, wie man es schließlich von ihm erwartet. Die Fähigkeit der Person zur Realitätsprüfung ist erheblich beeinträchtigt. Eigene unerwünschte Verhaltensweisen und unerwünschte Impulse werden bei sich selbst verworfen, dadurch dass sie anderen zugeschrieben werden.

2.3.9 Stereotypie

Vom Stereotyp spricht man, wenn eine Mitteilung nicht als das aufgenommen wird, was sie ist, sondern eigenen starren und wenig flexiblen Maßstäben unterworfen wird. Meist beruht das Stereotyp auf Vorurteilen, die mit nichts begründet werden können. Der Mitteilung über eine Gruppe von Personen (z.B. Kundentypen, Bevölkerungsgruppen) wird nur das entnommen, was den eigenen meist, frei ersonnenen Vorstellungen über diese Personengruppe entspricht.

Die eigenen Vorstellungen und Ansichten über bestimmte Merkmale einer Personengruppe werden bestätigt und sehr gleichförmig und unbeweglich verstärkt. Hier handelt es sich um Äußerungen, die oft immer in der gleichen Form wiederholt werden.

In der sozialen Interaktion zeichnen sich stereotype Verhaltenswiesen und Bewegungen durch ihre geringe Beeinflussbarkeit aus – sie „widerstehen" auch gegenteiligen Erfahrungen sehr nachhaltig.

Die typischen Stereotype sind Vorurteile, vorgefertigte oder unerschütterliche Meinungen sowie das Pochen auf langjährige Erfahrungen – obgleich dies alles jedoch nur selbst gedachte und persönlich erlebte Meinungen sind, werden sie gerne als objektive Aussage verstanden.

Beispiel:

„Haben wir immer schon so gemacht."

„Schon wieder ein Techniker!"

Der Klient Meier war Techniker und der das Geschäft betretende Klient Huber hat ebenfalls einen technischen Beruf. Obgleich beide Klienten zwei verschiedene Individuen sind, tritt die hemmende Assoziation des Beraters in Erscheinung, es hier wieder mit einem Techniker zu tun zu haben, die immer alles ganz genau wissen wollen.

2.3.10 Zusammenfassung

Die Kommunikation ist ein nicht endender Kreislauf, an der sich mindestens zwei Personen beteiligen. Auf ihren verschiedenen Mitteilungsebenen beeinflussen sie sich gegenseitig. Die Mitteilungsebenen werden durch ihre gegenseitige Beeinflussung qualifiziert. Für den Sprecher wie für den Zuhörer stehen verschiedene Verständigungsmittel sprachlicher und nichtsprachlicher Art zur Verfügung. Jeder Zuhörer filtert die empfangene Nachricht. Die wahrnehmenden Eigenarten und die divergierende Auffassungsbereitschaft der Kommunikationsteilnehmer führen zu Wahrnehmungsverzerrungen, die den Ablauf der Kommunikation beeinträchtigen können.

2.4 Fallbeispiele

Die Fallbeispiele zeigen einige der typischen Verzerrungen und Beeinträchtigungen in der zwischenmenschlichen Kommunikation. Sie wirken sich im Gespräch sehr störend aus.

- Lerngruppe
- Kundenberatung
- Ausbilder
- Vorstellungsgespräch

2.4.1 Fall: Lerngruppe

In einer Lerngruppe von Auszubildenden wirken ihre persönlichen Beziehungen untereinander mit.

Die gefühlsmäßigen Einstellungen von Gruppenmitgliedern zur Bewältigung von Aufgabenstellungen haben einen großen Einfluss auf das Ausmaß und die Qualität der Lernleistung.

◆ Der Fall:

Derjenige Lernende mit einer durchschnittlichen Leistung möchte die Aufgaben schnell erledigen. Der Schlechtere Schüler will die Aufgaben gründlich machen. Der Gute möchte eigentlich die Aufgaben auch vertiefen, orientiert sich aber am schnellen Ziel. Als Gruppe möchten sie alle ins Kino, was allen bekannt ist.

■ **Skizze** zum Verhalten des guten Schülers:

Er stellt viele weiterführende Fragen, die vom schlechten Schüler zwar interessiert als Anregung aufgenommen werden. Er kann sie jedoch nicht genügend bearbeiten, weil der gute Schüler sie schon als erledigt abhakt und die nächste Frage stellt. Sein eigentliches verstecktes Ziel könnte sein, schnell fertig zu werden. Daher zeigt der Gute ein vermeintliches Interesse an der Vertiefung der Aufgaben dadurch, dass er dem anderen sofort lobend bestätigt, es schon verstanden zu haben.

● Fazit:

Eine Vielzahl von Gruppenzielen und individuellen Zielen sind also nicht jederzeit offen und für alle Beteiligten durchsichtig. Manche versteckten Handlungsaktionen und Ziele in einer sozialen Gruppe oder die von Einzelnen innerhalb der Gruppe werden nicht erkannt, obgleich sie für die

Dynamik der Lerngruppe jedoch mindestens genauso wirksam sind. Wenn der schlechte Schüler nicht seine Interessen in dieser Lerngruppe deutlich zum Ausdruck bringt, wird er das Nachsehen in der Wirksamkeit des gemeinsamen Lernens haben.

2.4.2 Fall: Klientenberatung

Eine versteckte Handlungsaktion (hidden agenda) kann in einem Beratungsgespräch vorliegen, die den Klienten unbewusst beeinflussen.

◆ Der Fall.

Der Berater greift zu indirekten Manipulationstechniken, wie Überredungsversuchen, suggestiven Bemerkungen oder zu schnellen unbegründbaren Behauptungen. Der Klient möchte genügend Zeit zur Überlegung haben.

■ **Skizze** zum Verhalten des Klienten:

Dem Klienten ist die Zielrichtung der beratenden Person oft nicht deutlich und erkennbar. Er wird misstrauisch und blockiert den Gesprächsverlauf, zieht sich mit seiner Einstellung und seiner Gesprächsbereitschaft zurück und beendet schließlich das Gespräch.

● Fazit:

Ein Berater muss mit höchster Aufmerksamkeit in der Wahl seiner Kommunikationsmittel oder seiner Argumentation darauf achten, dass er nach Möglichkeit widerspruchsfreie, nicht verzerrbare Wirkungen hervorruft und dazu beiträgt, Misstrauen des Klienten abzubauen. In diesem Fall wären für den Klienten deutlich hervorgehobene Denkpausen angebracht gewesen.

2.4.3 Fall: Ausbilderverhalten

Ein Ausbilder ist sich häufig nicht im vollen Umfang all der Ziele bewusst, die seine Kommunikation in einer Ausbildungssituation eigentlich bestimmen.

◆ Der Fall:

Der Ausbilder ist davon überzeugt, in seiner Ausbildung nur eine sachliche Information zu vermitteln oder dem Auszubildenden einen Sachverhalt klären zu helfen. Aufgrund seines Geltungsstrebens beeinträchtigt er jedoch den Aktionsradius der Gruppenleistung. Der Auszubildende fühlt sich unter Umständen überfordert und schaltet ab.

■ **Skizze** zum Verhalten des Ausbilders:

Im Grunde strebt der Ausbilder danach, seine Kenntnisse zu verbreiten, um sich damit Geltung innerhalb der sozialen Gruppe zu verschaffen. Im Hinblick auf dieses versteckte Handlungsziel kann seine Kommunikation vielleicht ein völliger Fehlschlag sein, weil er sich in Unkenntnis dieses Zieles falscher Mittel bedient hat und die Überforderung des Auszubildenden nicht bemerkt hat.

● Fazit:

Von einem Ausbilder wird eine hohe kommunikative Kompetenz erwartet, damit seine Handlungsabsichten, anderen etwas zu vermitteln, von den Auszubildenden auch klar erkannt und nachvollzogen werden können.

2.4.4 FALL: VORSTELLUNGSGESPRÄCH

In einem Bewerbungsgespräch werden häufig Assoziationen aktiviert, die schließlich zu ungerechtfertigten Entscheidungen führen können.

◆ Der Fall:

Zu Beginn eines Vorstellungsgesprächs hört der Chef einer kleinen dynamischen Firma den Bewerber sich mit folgendem Namen vorstellen: „Traugott Langsam". Mit dieser empfangenen Information ruft er blitzartig Assoziationen hervor, die unterschwellig einen Informationscharakter bekommen können.

■ **Skizze** zum Verhalten des Chefs:

So assoziiert der Chef den Namen „Langsam" mit der Arbeitsgeschwindigkeit des Bewerbers mit dem unbewusst vorweg genommenen Ergebnis, dass der Bewerber wahrscheinlich nicht geforderte Leistung erbringen werden wird.

Das führt dazu, dass die eigentlich flüssige Redeweise des Bewerbers in ungerechtfertigter Weise als zäh und bedächtig erlebt wird. Dementsprechend lehnt er die Bewerbung ab. Er ist sich nicht bewusst, welche Menge an Informationen er aufnimmt, die gar nicht gesendet wurde, aber seine Kommunikation nachhaltig beeinflusst hat.

● Fazit:

In jedem Vorstellungsgespräch sollten im wesentlichen die Fähigkeiten, Fertigkeiten, Vorstellungen und Erwartungen des Bewerbers zur Sprache kommen und nicht selbst gestrickte Assoziationen!

2.5 FÜNF GRUNDSÄTZE MENSCHLICHER KOMMUNIKATION

Jeder menschlichen Kommunikation liegen nach P. Watzlawick, dem bekanntesten Kommunikationstheoretiker[9] des letzten Jahrhunderts, fünf Grundsätze zu Grunde.

Wenn die beschriebenen Prinzipien des Kommunikationsmodells umgesetzt und Störungen vermieden bzw. reduziert werden sollen, ist es nun sinnvoll, fünf menschlichen Grundsätze der Kommunikation[10] zu berücksichtigen, um die Wirkmechanismen der Kommunikationskreisläufe besser verstehen zu können. Die Grundsätze haben einen inneren Zusammenhang und sind mit Beispielen dargestellt.

2.5.1 GRUNDSATZ 1: MAN KANN NICHT NICHT KOMMUNIZIEREN.

Die Bestandteile der zwischenmenschlichen Kommunikation unterliegen einem ständigen Informationsaustausch. Jedes Verhalten hat einen Mitteilungscharakter. Selbst das

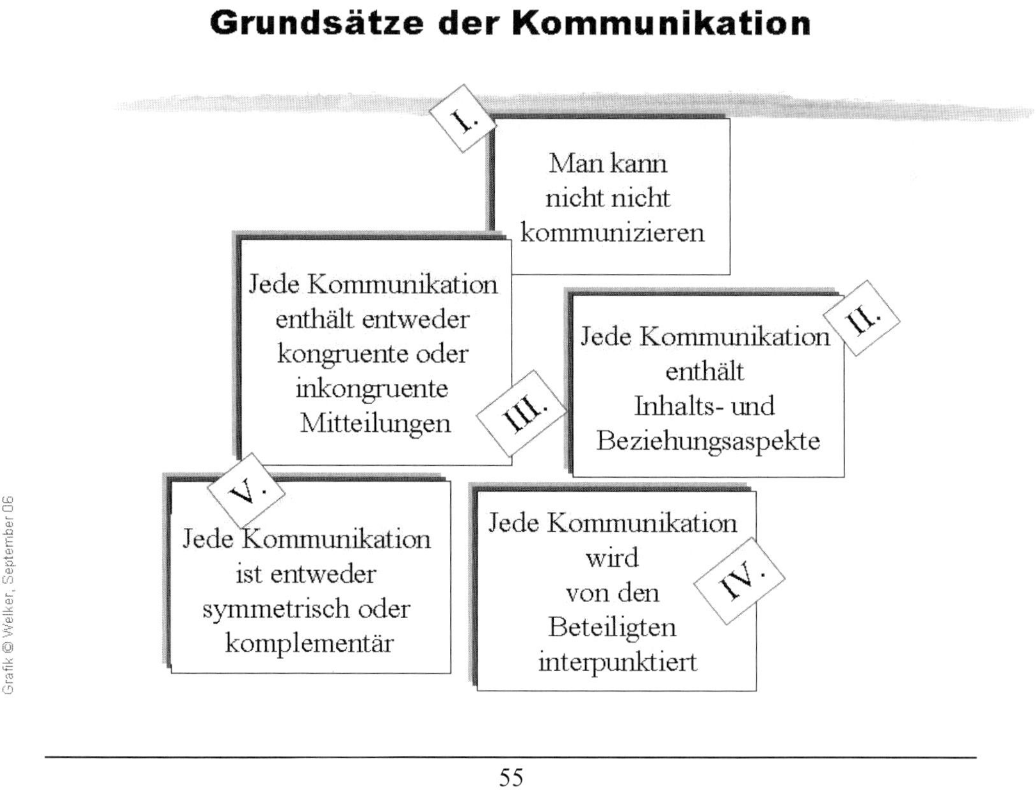

Schweigen eines Menschen bedeutet für die anderen eine (manchmal sehr!) wichtige Information. Das bedeutet:

Das Verhalten des Menschen kennt kein Gegenteil - man kann sich nicht nicht verhalten. Handeln oder Nichthandeln, Worte oder Schweigen, Bewegung oder Stillstand - stets haben die sprachlichen wie nichtsprachlichen (nonverbalen) Verhaltensweisen einen Mitteilungscharakter, jeder kommunikativer Bezug hat eine Bedeutung.

Beispiel:

Ein Schüler bringt einen inhaltlich falschen Beitrag zum Unterricht. Der Lehrer reagiert nicht auf den falschen Beitrag, um dem Schüler nicht das Gefühl zu geben, dass er kritisiert wird.

Das Nichtreagieren des Lehrers ist jedoch für den Schüler sehr wohl eine Reaktion, über deren Bedeutung er jetzt nachdenkt: "Warum sagt er nichts? War etwas falsch? Was war falsch? Was ist mit mir?"

Der Lehrer konnte also nicht nicht mit dem Schüler kommunizieren. In seinem Bemühen, den Schüler nicht zu korrigieren, ließ er ihn gleichzeitig im Ungewissen.

2.5.2 Grundsatz 2: Jede Kommunikation enthält Inhalts-und Beziehungsaspekte

Informationen, die ausgetauscht werden, haben immer einen Inhaltsaspekt, eine inhaltliche Bedeutung. Aus der Perspektive des menschlichen Kommunikationssystems enthält einund dieselbe Äußerungen jedoch noch weitere Bedeutungen.

Jede inhaltliche Mitteilung enthält eine weitere Information, die über den Inhalt hinausgeht, und die sich auf das Verhältnis zum Gesprächspartner bezieht.

Jede Mitteilung enthält jenen Aspekt, wie der Sender seine Beziehung, sein Verhältnis zum Empfänger sieht und wie der Sender sie verstanden wissen will. Mit dem Beziehungsaspekt wird das Verhältnis des Senders zum Empfänger definiert.

Beispiel:

Ein Meister fragt den Auszubildenden "Wie meinen Sie das genau, erklären Sie mir das bitte."

Mit dieser Frage geht es einmal um einen bestimmten Inhalt, um eine konkrete Sache. Zugleich drückt der Meister auch noch etwas über sein Verhältnis zum Auszubildenden aus.

Das könnte entweder heißen:

„Ich traue ihm zu, diese Frage beantworten zu können, zu ihm habe ich das Vertrauen'.

Oder aber:

„Jetzt bin ich gespannt, ob er die Antwort schafft, jetzt will ich mal sehen, ob er wirklich so klug ist!“

Hat der Auszubildende bei der Frage den Eindruck, dass der Meister ihm Vertrauen entgegenbringt, so wird er bereitwillig mit seiner Antwort auf den Inhalt eingehen. Hat er aber den Eindruck, dass der Meister ihm eine Fangfrage stellt, ihn "hereinlegen" will, so wird er den Inhalt seiner Antwort so formulieren, dass er der Falle ausweichen kann.

Wenn umgekehrt die Aufforderung "*erklären Sie mir das bitte*" vom Auszubildenden an den Meister gerichtet wird, wird dies in der Regel vom Meister akzeptiert: Es gehört aus dessen Sicht zur Erziehung, dass der Auszubildende ihn zu einem bestimmten Verhalten auffordert. Er ist mit dieser Beziehungsdefinition einverstanden. Kommt die Aufforderung jedoch vom Meister an den Auszubildenden, so fühlt sich möglicherweise der Auszubildende verunsichert und angegriffen.

Der Auszubildende wird vielleicht diese Beziehungsebene aufgreifen, möglicherweise ärgerlich werden oder sich eingeschüchtert fühlen, er kann eine Ablehnung durch den Meister erfahren: Er wird die Beziehungsdefinition des Meisters auf keinen Fall akzeptieren und sich dagegen auflehnen.

Je nachdem, wie das Verhältnis der beiden zueinander im Allgemeinen oder auch in einer besonderen konkreten Situation beschaffen ist, kann die vom Meister gestellte Frage verschiedene Bedeutungen haben:

Der Inhalt wird stark von dem Beziehungsaspekt dominiert. Je nachdem, wie der Empfänger die Beziehung definiert, wird er auch den Inhalt einer Mitteilung einordnen und darauf reagieren.

Erst aus dem Beziehungsrahmen und dem vermeintlichen Inhalt erschließt sich der wirklich gemeinte Sinn der einzelnen inhaltlichen Informationen sowie die Stellung der Kommunikationspartner zueinander.

Nimmt man Grundsatz eins und Grundsatz zwei zusammen, so folgt: In jeder Gesprächsgruppe besteht zu jedem Zeitpunkt eine (latente) Kommunikation über die Beziehungen innerhalb dieser Gruppe. Es kommt nicht selten vor, dass der Beziehungsaspekt dabei eine übergeordnete Rolle spielt.

Ist die Beziehung zwischen den Gesprächspartnern intakt und aufeinander abgestimmt, dann ist man sich der Beziehungsebene kaum bewusst. Die Beziehung zwischen den beiden Personen entsteht und existiert in einem kommunikativen angenehmen Verhältnis. Erst in einem gestörten Beziehungsverhältnis werden die auf der Beziehungsebene ausgesendeten Mitteilungen sehr schnell zum eigenen Thema der Verständigung. Denn die Art, wie der Partner seine Beziehung zu anderen definiert, berührt den anderen in seinem eigenen Selbstverständnis.

2.5.3 Grundsatz 3: Jede Kommunikation enthält entweder kongruente oder inkongruente Mitteilungen

Bei der Besprechung des Begriffs "Verzerrungswinkel" ist deutlich geworden, dass es sehr viele Möglichkeiten gibt, über sprachliche und nichtsprachliche Kanäle Mitteilungen zu transportieren. Die Mitteilungsebenen können übereinstimmen oder sich widersprechen, sich ergänzen oder ausschließen, sich unterstützen oder ausgrenzen.

Eine *kongruente Mitteilung* liegt vor, wenn die Inhaltsebene und die emotionalen Ebene in dieselbe Richtung weisen und übereinstimmen.

Inkongruenten Mitteilungen sind Nichtübereinstimmungen im sprachlichen sowie nichtsprachlichen Ausdrucksverhalten. Eine typische inkongruente Mitteilung bestünde in einer verbalen Zustimmung bei gleichzeitiger abwertender Handbewegung.

Auf der nonverbalen Ebene der Kommunikation (Mimik, Gebärde, Tonfall, Blick, Sprechstil, Körperhaltung) gibt es keine eindeutigen Regeln, wie die Zeichen der Vermittlung entschlüsselt werden sollen, so wie etwa in der Sprache die Grammatik. Obgleich der Gesichtsmimik fast alle menschenähnlichen Gefühlsausdrücke zugeschrieben werden können, neigen verschiedene Gesprächspartner dazu, die nonverbalen Mitteilungen in unterschiedlicher Weise zu interpretieren, nicht selten auch sehr gegensätzlich. Ein Lächeln drückt nur ungefähr den zugrunde liegenden Gefühlszustand aus. Es kann Sympathie und Zufriedenheit, Sicherheit oder Verächtlichkeit bedeuten.

☞ Beispiel aus der Beratung:

Der Berater lächelt nach einem Beitrag seines Klienten. Der Klient weiß damit nicht genau, ob das Lächeln ein Akzeptieren oder Verächtlichkeit ausdrückt.

Wird der Gefühlszustand auch noch in verbaler Weise ausgedrückt ("ich freue mich"), so ist die parallel abgelaufene nonverbale Äußerung dazu kongruent, die nonverbale und die verbale Mitteilungsebene stimmen überein: Das Lächeln kann man eindeutig als zufriedenes Lächeln verstehen. Erst die direkte verbale Rückmeldung durch den Berater kann dem Klienten eindeutig klar machen, wie er sein Lächeln verstanden haben will. Die Interpretation der Körpersprache zu beherrschen ist ein sehr aufwendiges Feld, da die beobachtbaren Körperreaktionen in den seltensten Fällen eindeutig zu interpretieren wären.[11]

2.5.4 Grundsatz 4: Jede Kommunikation wird von Beteiligten interpunktiert.

Kommunikation verläuft in Kreisprozessen. Nun ist ein kommunikativer Kreislauf objektiv gesehen ohne Anfang und Ende. Jede Kommunikation läuft zugleich in der Zeit nacheinander ab.

Beispiel aus der Beratung

Vor dem Berater meint die Mutter, sie müsse immer mit dem Kind schimpfen, weil es nie die Brille ordentlich trage. Das Kind wehrt diesen Vorwurf mit dem Argument ab, dass die Mutter nie zufrieden sei, wenn es sie trage, und schimpfe. Deshalb wolle es die Brille jetzt auch nicht mehr tragen.

Im diesem Beispiel setzen Mutter wie Kind ihren jeweiligen Anhaltspunkt für den Beginn der Auseinandersetzung.

Der kontinuierliche Kommunikationsablauf wird aus der unterschiedlichen Sicht der Kommunikationsteilnehmer in eine lineare zeitliche Kette zerlegt; dadurch werden eigene Ansatz- und Anfangspunkte gesetzt. So kommt es zum Beispiel im Streitfall vor, dass dem anderen Gesprächspartner der Vorwurf gemacht wird, mit dem Streit angefangen zu haben.

Beispiel aus dem Betrieb:

Die Chefin nörgelt immer am Mitarbeiter herum, weil er nachlässig und motivationslos seine Arbeit erledigt.

Der Mitarbeiter arbeitet lustlos und ohne jeglichen Ansporn, weil die Chefin an ihm immer herumnörgelt.

In diesem Beispiel definieren Chefin und Mitarbeiter sich gegenseitig als Grund für die mangelnde Arbeitsmotivation. Man kann jedoch schnell erkennen, dass jede Handlung sowohl auf eine vorausgehende reagiert als auch auf die folgende auslösend wirkt.

Diese Phänomene bezeichnet man in der Kommunikation als *Interpunktion*. Durch diese Interpunktion der Gesprächspartner erhält das Gespräch eine subjektive Struktur (i. S.: "einer hat angefangen"), die aber objektiv nicht gegeben ist. Jeder nimmt sein Verhalten nur als Reaktion auf, aber nicht als Ursache für die Haltung der anderen Person.

In beiden Beispielen sind die Akteure nicht in der Lage, ihr eigenes Verhalten als Voraussetzung für das Verhalten des anderen zu begreifen. Sie müssten in der Lage sein, die Interpunktion der Ereignisfolgen so zu ändern, dass ein Gespräch über ihre Kommunikationssituation möglich wird.

Im ersten Beispiel ist es die Aufgabe der Mutter, eine neue Kommunikationsmöglichkeit mit dem Kind zu schaffen, weil sie als Erwachsene dazu in der Lage wäre.

Im zweiten Fall ist es Aufgabe der Chefin, ihre Nörgelei zu überprüfen, wenn sie eine Veränderung bei ihrem Mitarbeiter erreichen will (siehe auch Grundsatz 5).

Die Interpunktion von Ereignisfolgen ist ein Vorgang, der vom Inhaltsaspekt der Kommunikation unabhängig ist. Sie ist prinzipiell unvermeidlich und kann im Grunde als stets andauernde Absprache auf der Beziehungsebene regulierbar sein. Die Beziehung innerhalb der Kommunikation wird durch die Interpunktion der Kommunikationsabläufe von den Gesprächspartnern beeinflusst, d.h. jeder versucht, seine Akzente und Schwerpunkte in der Weise zu setzen, dass es so aussieht, als wäre einer dominant und vorherrschend, während der andere unterlegen und nachgiebig sei. Es findet laufend eine wechselseitige Anpassung der menschlichen Beziehung statt, die nach einmal gebildeten Spielregeln vor sich geht.

Diese Spielregeln entfalten eine Eigendynamik, die von den Kommunikationspartnern gepflegt und nicht mehr hinterfragt werden. Jeder ist von seinem Argument "überzeugt", und zwar so sehr, dass die Wahrnehmung des Gesprächspartners aus dem Bewusstsein ausgeblendet wird, d.h. die Möglichkeit, dass der Gesprächspartner die Dinge auch anders sehen könnte.

2.5.5 Grundsatz 5: Jede Kommunikation ist entweder symmetrisch oder komplementär

Symmetrische und komplementäre Kommunikation ist davon abhängig, ob die Beziehung auf einer Gleichheit oder auf einer hierarchischen Unterschiedlichkeit der Kommunikationspartner beruht. Die Gesprächspartner definieren ihre Positionen nicht ohne Bezug auf die Position des anderen.

Versuchen nun Gruppenmitglieder oder Gesprächspartner, sich ständig im Verhalten anzugleichen (z. B. beide wollen dominieren oder beide wollen sich zurückhalten), dann verhalten sie sich sozusagen spiegelbildlich. Je mehr der eine ein bestimmtes Verhalten (z.B. partnerschaftliches Verhalten) praktiziert, um so mehr übt sich der andere in diesem Verhalten. Die Kommunikation wird in diesem Fall als symmetrisch bezeichnet. Als komplementäre Form der Kommunikation wird sie bezeichnet, wenn jemand ein Verhalten (z.B. autoritäres Verhalten) praktiziert, dessen Gegenpol ein anderer (z.B. untertäniges Verhalten) übernimmt. Gibt der eine sich beispielsweise passiv, dann übernimmt der andere den aktiven Teil. In diesem Fall entstehen immer mehr Unterschiede im Verhalten und die Verhaltensunterschiede werden manifestiert. In langjährig bestehenden Beziehungen können solche komplementären Kommunikationsstrukturen leicht beobachtet werden.

Solche Bezüge können zum Beispiel so aussehen:

- Ein ebenbürtiges gleiches Verhältnis zwischen Gesprächspartnern, deren Rangunterschiede vermindert werden und dadurch ein partnerschaftliches Verhältnis zueinander zulassen können, bezeichnet man als *symmetrische Kommunikation.*
- Das Erziehungsverhältnis zwischen Eltern/Erziehern und Kindern, das Verhältnis zwischen Beratern und Ratsuchenden oder das Verhältnis von Vorgesetzten und Mitarbeitern ist eher ein Ergänzungsverhältnis; man bezeichnet es daher als *komplementäre Kommunikation.*
- Das Beratungsverhältnis zwischen einem fachlich kompetenten Berater und einem Rat suchenden Klienten ist der Sache nach eher ein *Ergänzungsverhältnis* (komplementäre Kommunikation), sollte aber auf der Beziehungsebene als partnerschaftliches Verhältnis geführt werden (symmetrische Kommunikation).

Beratungssituationen sind wegen der äußeren und fachlichen Bedingungen eher ein komplementäres Verhältnis, weil der Berater einen Wissensvorsprung (inhaltliche Komplementarität) hat und der Ratsuchende sich in der Rolle des Hilfesuchenden befindet (Komplementarität in der Beziehung). Die Kunst des Beraters besteht nun darin, dem Ratsuchenden auf der Beziehungsebene das Gefühl der Symmetrie zu geben, d.h. ihm das Gefühl der vollen Anerkennung seiner Person zu vermitteln.

Kommunikative Kreisprozesse bestehen aus positiven oder negativen Rückmeldungen. Positive Rückmeldungen erzeugen Unterschiede, negative nivellieren sie. Die Kreisprozesse im Verhalten innerhalb einer Gruppe unterliegen dem gleichen Phänomen. Auch sie sind entweder positive oder negative Regelkreise. Anders formuliert heißt das, dass symmetrische und komplementäre Kommunikation davon abhängig ist, ob die Beziehung auf Gleichheit oder auf Unterschiedlichkeit der Kommunikationspartner beruht.

2.6 Anatomie einer Nachricht

Das Kommunikationsmodell von Watzlawick hat F. Schulz von Thun[12] weiter entwickelt, in dem er den Ebenen von *Inhalt* und *Beziehung* zwei weitere Ebenen hinzufügte. So wurde die Ebene der *beabsichtigten und unbeabsichtigten Selbstdarstellung* so wie die Ebene des *Appells* mit dem kommunikativen Aufforderungscharakter ergänzt. Dieses Kommunikationsmodell sieht folgendermaßen aus:

- **S**elbstdarstellung und -offenbarung
- **I**nhalts- und Sachmitteilung
- **B**eziehungsdefinition
- **A**ufforderungscharakter

Das SIBA-Modell[13] bezeichnet vier Kanäle im Gespräch. Auf ihnen wird gesendet und empfangen. An dem nachfolgenden Beispiel aus einem Beratungsgespräch werden die Dimensionen dieses Kommunikationsmodells dargestellt und erläutert.

Allgemeines Beispiel:
Klientin:
"Aber Fräulein, glauben Sie wirklich, die Fassung passt farblich zur Kleidung?"

Beraterin:
"Tja, das ist natürlich letztlich eine Geschmacksfrage!"

2.6.1 Das Selbst, seine Darstellung und seine Offenbarung

Auf der ersten Ebene (entsprechend Kanal 1) wird die Selbstdarstellung und die Selbstoffenbarung gesendet.

Die Klientin gibt uns hier einen Hinweis darauf, wie sie sich selbst im Augenblick fühlt. Sie stellt sich selbst dar:

Die Anatomie einer Nachricht

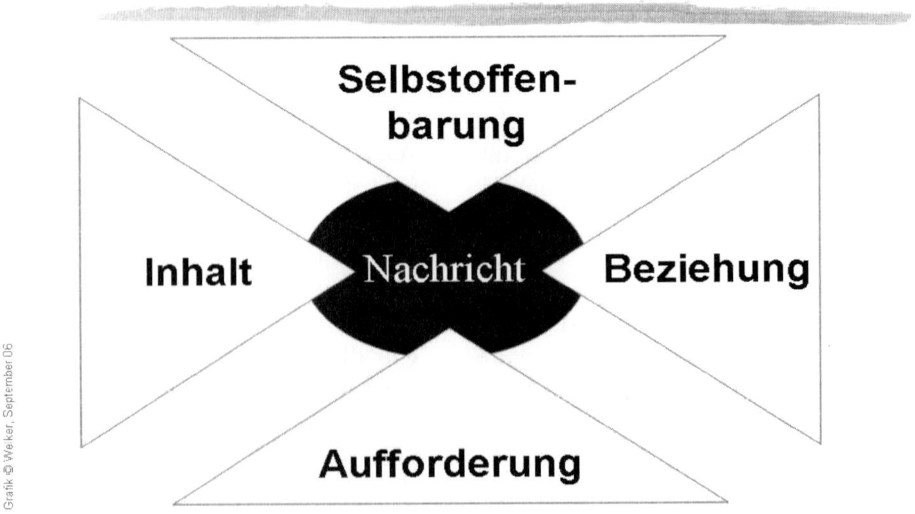

"Ich finde die Gedankenlosigkeit der Beraterin empörend!"

Und die Beraterin? Auch sie zeigt uns, wie sie sich fühlt:

"Ich habe keine Lust, dich zu beraten!"

Offenbar enthält der Dialog Informationen der Selbstkundgabe. Die Klientin und die Beraterin offenbaren sich gegenseitig. In jeder Aussage stecken Informationen über den Sprecher selbst, die er als Ich- oder als Du-Botschaften äußert.

In der Du-Botschaft wird eigenes gefühlsmäßiges Erleben in Aussagen über den anderen verwandelt. So bleiben dem anderen Gesprächspartner oft die eigentlichen Ich-Botschaften verborgen, stattdessen können sie als Vorwurf an den anderen erscheinen. Klientin und Beraterin benützen in unserem Beispiel eigentlich die Du-Botschaft. In der Rückverwandlung der Du-Botschaft wird die gefühlsmäßige Ich-Botschaft der Sprecherin deutlich.

Sie bringt zum Ausdruck, wie sie sich fühlt, sich definiert, ihre Situation empfindet oder was sie von sich oder dem anderen hält.

Eine Mitteilung beinhaltet also stets die Ebene der persönlichen Kundgabe, der Selbstoffenbarung. Diese Selbstoffenbarung kann weiter unterschieden werden in die beabsichtigte und unbeabsichtigte Selbstoffenbarung.

1. Beabsichtigte Selbstoffenbarung

Die beabsichtigte Selbstoffenbarung ist die aktive Darstellung seiner Selbst und der eigenen Person, wie sie häufig im Imponiergehabe zum Ausdruck gebracht wird. Aber auch die Selbstdarstellung mit einem Geschäftsauftritt gilt als aktive Selbstoffenbarung.

- Man zeigt sich von der Schokoladenseite
- Mit Übertreibungen oder Beiläufigkeiten Eindruck machen
- Gebrauch von Formulierungen zur eigenen Selbstaufwertung, denen abzulauschen ist, was jemand von sich hält.

☞ In unserem Beispiel:

Die Klientin zeigt, dass sie sehr viel Wert auf geschmackliche Kompositionen legt, während die Beraterin zum Ausdruck bringt, dass ihr dieser Gesichtspunkt eher unwichtig erscheint.

2. Unbeabsichtigte Selbstoffenbarung

Die unbeabsichtigte Selbstoffenbarung ist die passive Aufdeckung seiner selbst. Jedem Sprecher ist eine gewisse Angst der Selbstoffenbarung bewusst. Deshalb bauen viele Menschen mit den verschiedensten Fassadentechniken einen Schutz um sich herum auf.

Wenn man

- Gefühle zeigt, könnte man als schwächlich betrachtet werden, also bleibt man cool
- etwas sagt, könnte man sich blamieren, also schweigt man lieber
- Schwächen zu erkennen gibt, könnten sie ausgenutzt werden, also redet man nur über Dinge, über die man sich auskennt.

In unserem Beispiel:
Die Beraterin möchte sich beim Thema *Geschmack* nicht die Finger verbrennen.

3. Die Lösung zum Aspekt der Selbstoffenbarung

Was könnte die Beraterin auf der Ebene der Selbstoffenbarung tun?

Die Beraterin könnte der Klientin zu verstehen geben, dass sie die Ich-Botschaft wahrgenommen hat und ihr mitteilen:

"Ich verstehe Sie sehr gut, Sie legen sehr viel Wert auf eine geschmackliche Komposition..."

In der Ich-Botschaft wird der Klientin Aufmerksamkeit und Zuwendung der Beraterin vermittelt.

2.6.2 Inhalts- und Sachmitteilung

Auf dieser Ebene (Kanal 2) wird der Inhalt übermittelt. Betrachten wir dazu unseren Ausschnitt aus dem Beratungsgespräch:

Klientin:
"Aber Fräulein, glauben Sie wirklich, die Fassung passt farblich zur Kleidung?"

Beraterin:
"Tja, das ist natürlich letztlich eine Geschmacksfrage!"

Was sagen Klientin und Beraterin eigentlich?

Das ist doch kein Geheimnis, mag man denken. Die Klientin meint, die Farben der Fassung passten eben nicht zum Kleid, und die Beraterin meint, dass dies letztlich eine Geschmacksfrage sei. Und in der Tat: Dies ist der inhaltlich-sachliche Aspekt und Gehalt dieses Dialogs – eben die Sachebene.

1. Der Inhalt und die Sache

Die inhaltlich-thematische Sachebene betrifft den Inhalt dessen, was der Sender mitteilen, worüber er informieren möchte.

Eine Diskussion verläuft dann erfolgreich, wenn Gesprächsteilnehmer sich auf der Inhaltsebene bewegen und sie sich mit Argumenten verständigen können. Doch dieses Ideal lässt sich wohl kaum verwirklichen, da an dem Gespräch Menschen beteiligt sind und keine PCs (!). Und in einem Beratungsgespräch geht es schließlich immer um sehr persönliche Angelegenheiten, vor allem wenn es sich dabei um Entscheidungsprozesse handelt, die nicht mehr leicht rückgängig gemacht werden können. Und tatsächlich:

In vielen Sachdiskussionen werden die Beziehungen der Gesprächsteilnehmer unterschwellig oder offen zum Thema gemacht.

☞ Als Beleg seien einige Formulierungen zitiert:

"Wir wollen doch nicht so emotional sein."

"Das gehört nicht hierher."

"Konzentrieren Sie sich doch auf die Sache ..."

Formulierungen, die in sog. Sachdiskussionen immer wieder zu hören sind und doch nichts anderes darstellen als eine Zurechtweisung des Gegenübers.

2. Die Lösung zum Inhaltsaspekt

Was könnte die Beraterin auf der Inhaltsebene tun?

Um die Beziehung zur Klientin positiv aufzubauen, könnte die Beraterin folgendes zu ihrer Klientin sagen:

☞ *"Mir scheint das letztlich eine Geschmacksfrage zu sein, aber ich denke, mit Ihrer Hilfe werden wir eine gute farbliche Abstimmung herbeiführen. Welche Farben bevorzugen Sie denn üblicherweise?"*

Oder:

„Ich verstehe Sie sehr gut, Sie legen sehr viel Wert auf eine geschmackliche Komposition..."

2.6.3 Beziehungsdefinition

Auf dieser Ebene (Kanal 3) wird die Beziehung zwischen den Gesprächspartnern angesprochen.

Betrachten wir dazu den Ausschnitt aus dem Beratungsgespräch, in dem eine Eigenart zu hören ist:

☞ Klientin:

"Aber Fräulein, glauben Sie wirklich, die Fassung passt farblich zur Kleidung?"

Beraterin:

"Tja, das ist natürlich letztlich eine Geschmacksfrage!"

Was hält die Klientin eigentlich von der Beraterin?

Wie sieht sie die Beziehung zu ihr?

Woher sollen wir das wissen, könnte man vielleicht einwenden! Aber hören wir noch einmal genau hin!

☞ Klientin:

"Aber Fräulein, ...

Wie klingt das denn?

Offenbar sieht sich die Klientin über der Beraterin stehend. Die abwehrende Reaktion der Beraterin lässt erkennen, dass sie diese Information auf der Beziehungsebene durchaus verstanden hat!

1. Die Beziehung

In jeder Aussage sind Informationen darüber enthalten, wie der Sprecher zu seinem Gesprächspartner steht. Die emotionale Beziehungsebene betrifft die Definition beider Gesprächspartner: was sie von einander halten, wie sie zu einander stehen und welche Beziehung sie zu einander einnehmen. Das kann offen ausgesprochen werden oder implizit, indirekt, versteckt vorgetragen werden.

Beispielhaft einige Formulierungen, welche die Beziehung zwischen zwei Personen negativ zum Ausdruck bringen könnten:

"Was will die Klientin eigentlich von mir?"

"Wie redet die eigentlich mit mir?"

„Wieso ist die so abweisend?"

Die Beziehungsdefinition in unserem Beispiel hat einen engen Zusammenhang zur Kauflust der Klientin und zur Einsatzbereitschaft der Beraterin.

Die Klientin bringt mit der herablassenden Art zum Ausdruck, dass sie von der Beraterin eigentlich nicht viel hält, während die Beraterin in ihrem Selbstwertgefühl gekränkt ist und mit ihrer sicherlich wenig gelungenen Äußerung die Herabsetzung abzuwenden versucht.

Beide Gesprächspartner verführen sich gegenseitig zu bestimmten Reaktionen, die oft nicht gewollt, aber doch im Gespräch entstanden sind.

2. Die Lösung zum Beziehungsaspekt

Was könnte die Beraterin auf der Beziehungsebene tun?

Sie kann der Geringschätzung der Klientin trotzdem eine Wertschätzung entgegensetzen. Sie kann ihr gegenüber zum Beispiel sagen:

"Ich verstehe Sie, Sie möchten eine Fassungsfarbe und - form, die geschmacklich zu Ihrer Kleidung passt."

So könnte die Beraterin der versteckten Aufforderung, sie solle sich mehr anstrengen, mit mehr Engagement ohne Schwierigkeiten nachkommen.

2.6.4 AUFFORDERUNGSCHARAKTER

Auf dieser Ebene (Kanal 4) wird die Aufforderung gesendet. Jede Mitteilung enthält einen Aufforderungscharakter, da in ihr stets ein Appell steckt. Betrachten wir dazu den Ausschnitt aus dem Beratungsgespräch:

Klientin:

"Aber Fräulein, glauben Sie wirklich, die Fassung passt farblich zur Kleidung?"

Beraterin:

"Tja, das ist natürlich letztlich eine Geschmacksfrage!"

Man kann sich fragen, welche Aufforderung in der Äußerung der Klientin an die Beraterin steckt.

Klientin:

"Beantworte mir meine Frage!"

oder

"Streng dich mehr an, mir das Passende zu zeigen!"

Beraterin:

"Lass mich endlich in Ruhe! Entscheide dich gefälligst selbst!"

1. Die Aufforderung

Offenbar enthält der Dialog Informationen auf der Aufforderungsebene. Kaum etwas wird einfach "nur so" gesagt. Fast alle Aussagen haben das Ziel, den Gesprächspartner direkt oder indirekt zu einem bestimmten Verhalten aufzufordern.

Mit einer in einer Mitteilung steckenden Aufforderung kann man den Gesprächspartner stets zu etwas veranlassen. Mit einer Aufforderung möchte man auf den Gesprächspartner Einfluss nehmen und eine bestimmte Wirkung mit seiner Mitteilung erzielen. Diese Absicht wird entweder offen oder verdeckt vorgetragen.

In unserem Beispiel:

Bei der Klientin erscheint die Aufforderung verdeckt, denn sie fordert die Beraterin nicht direkt auf,

"zeige mir bitte eine Fassung, die zu meiner Kleidung passt."

Die Beraterin hat diesen verdeckten Appell sehr wohl verstanden und erwidert ihrerseits mit einer verdeckten Aufforderung:

"Lass mich endlich in Ruhe! ..."

In diesem Gesprächsabschnitt reagiert die Beraterin appellwidrig. Sie erreicht für sich zwar damit, dass sie in Fragen des Geschmacks nicht zur Verantwortung gezogen werden kann, nach dem Motto:

"Über Geschmack lässt sich nicht streiten."

Doch trägt sie damit wenig zur Förderung des Gesprächs bei.

2. Die Lösung zum Appellcharakter

Was könnte die Beraterin entsprechend der Appellebene tun? Zum Nutzen der Klientin könnte sie entweder selbst zu einer direkten Aufforderung greifen:

"Was wäre Ihrer Ansicht nach die passende Farbe zu Ihrer Kleidung?"

Oder sie könnte ihr Engagement zum Ausdruck bringen:

"Wie ich sehe, bevorzugen Sie Pastellfarben, ich werde Ihnen einige Modelle bringen, die Ihrem farblichen Geschmack vielleicht entsprechen könnten."

2.6.5 Zusammenfassung – 5 Vorteile

Jede Aussage enthält vier Informationsanteile, die *zeitgleich* und *unablässig* gesendet werden und empfangen werden können.

- Die Ebene der Selbstoffenbarung und -darstellung
- Die inhaltlich-thematische Sachebene
- Die emotionale Beziehungsebene
- Die Ebene der Aufforderung an den anderen

Was bedeutet das für die Praxis und welche Bedeutung hat es im Dialog, auf diese vier verschiedenen Ebenen zu achten?

Fünf markante Vorteile:

- Besser erkennen, was der Klient mit seiner Aussage, mit seinen Worten "wirklich" meint und will.
- Erkennen, welche Bedeutung, welche Einstellung oder welchen Wunsch der Klient mit seiner Äußerung ausdrückt. Dies bietet eine zusätzliche Möglichkeit, richtig bzw. angemessen zu reagieren.
- Die vier Ebenen helfen, Selbstdarstellungs- und Beziehungsbotschaften des Klienten besser voneinander zu trennen und gelassener zu reagieren.
- Nicht jede Botschaft, mit der ein Klient seine eigene Erwartung und Einstellung von sich selbst ausdrückt, bedeutet schon eine bestimmte Aussage darüber, was er von Ihnen hält.
- Wenn der Klient nach Ihrer Kollegin, "Frau Müller" fragt, heißt das noch lange nicht, dass er Sie für inkompetent hält!

2.7 Übungen zu Kapitel 2

Übung 1

Sie erinnern sich vielleicht, wann Sie in einem Beratungsgespräch enttäuscht waren. Erklären Sie mit Hilfe der kommunikativen Grundsätze, warum Sie in welchen Gesprächssequenzen enttäuscht waren.

Übung 2

Achten Sie darauf, wie häufig in der zwischenmenschlichen Kommunikation eigenen Wertungen und Einstellungen einfließen?

Übung 3

Sie notieren sich zu allen fünf Grundsätzen der Kommunikation Beispiele aus den verschiedenen Gesprächssituationen und bestimmen Sie daran explizite und implizite Äußerungen.

Übung 4
Sie sammeln Gesprächssequenzen mit Mitarbeitern und analysieren sie nach den Gesichtspunkten des SIBA-Modells.

Übung 5
Sie beschreiben bitte den Unterschied von impliziten und expliziten Äußerungen.

Übung 6
Was zählen Sie zu den technischen Störungen in der zwischenmenschlichen Kommunikation?

Übung 7
Sie überlegen im Anschluss an die vorherige Übung, wie Sie den Kommunikationslauf ändern könnten!

Übung 8
Wie beeinflussen eigene Wertungen den Gesprächsverlauf?

2.8 Selbstkontrollfragen zum Kapitel 2

Aufgabe 1
Beschreiben Sie in kurzen Worten die wesentlichen Merkmale und Bestandteile des Kommunikationsprozesses!

Aufgabe 2
Warum verläuft der Kommunikationsprozess nicht linear?

Aufgabe 3
Erläutern Sie, warum man nicht nicht kommunizieren kann?

Aufgabe 4
Weshalb enthält jede Mitteilung einen Aufforderungscharakter?

Aufgabe 5
Was versteht man unter einer „Projektion" und einer „Übertragung" als Störmomente im Kommunikationsablauf?

Aufgabe 6
Beschreiben Sie bitte, was eine versteckte Handlungsaktion ist!

Aufgabe 7
Was bedeutet die Aussage, dass Mitteilungen kongruent oder inkongruent sein können?

Aufgabe 8
Nennen Sie die vier wichtigen Elemente einer Nachricht, mit denen die Kommunikation differenziert ablaufen kann.

Aufgabe 9
Beschreiben Sie den Unterschied zwischen einer nach außen gerichteten Selbstdarstellung und einer nach innen gewendeten Selbstdarstellung.

Aufgabe 10

Was ist unter einer expliziten und impliziten Nachricht zu verstehen?

Aufgabe 11

Was besagt die Beziehungsebene des SIBA-Modells?

Aufgabe 12

Worin unterscheidet sich das Phänomen der Übertragung von dem Phänomen der Projektion?

Aufgabe 13

Die Störanfälligkeit eines Kommunikationsprozesses ist u. a. durch Übertragungen gegeben. Diese liegen dann vor, wenn der Berater

a) Gefühle von früheren Kunden auf den jetzigen Kunden bezieht.
b) den Kunden seine Gleichgültigkeit demonstriert.
c) alle Kunden gleich behandelt
d) sich zum Klienten distanziert verhält
e) die eigenen Gefühlsmomente auf den Kunden überträgt.

Aufgabe 14

Als Kommunikationsprozess angelegt sind (ist)

a) Rundfunknachrichten
b) das Werbefernsehen
c) das Werbeplakat
d) das Beratungsgespräch
e) Postwurfsendungen

Aufgabe 15

Der Verzerrungswinkel ist bestimmt

1. durch die prinzipielle Mehrdeutigkeit von Signalen oder Informationen.
2. durch die unterschiedlichen Einstellungen der Kommunikationspartner.
3. durch den Verzerrungswinkel.
4. durch verschiedenen Erfahrungen und Interessen der Gesprächspartner.
5. durch die Unterscheidung zwischen impliziter und expliziter Äußerung.

a) Nur 1, 2 und 5 ist richtig
b) Nur 1, 4 und 5 ist richtig
c) Nur 1, 2 und 4 ist richtig
d) Nur 1 und 5 ist richtig
e) Alle Aussagen sind richtig

Aufgabe 16

Eine Nachricht kann „anatomisch" in vier Bestandteile zerlegt werden:

1. Selbstoffenbarungsebene
2. Inhaltsebene
3. Beziehungsebene
4. Appellebene
5. Gesprächsebene

a) Nur 1, 2, 3 und 5 ist richtig
b) Nur 1, 2, 4 und 5 ist richtig
c) Nur 1, 3, 4 und 5 ist richtig
d) Nur 1, 2, 3 und 4 ist richtig
e) Alle Aussagen sind richtig

Aufgabe 17

Kommunikative Störprozesse beeinträchtigen die Qualität der Mitteilung (Aussage 1),

weil

nach einem Grundsatz der Kommunikation es unmöglich ist, nicht zu kommunizieren (Aussage 2).

a) Aussage 1 ist richtig, Aussage 2 ist richtig, die Verknüpfung ist richtig.
b) Aussage 1 ist richtig, Aussage 2 ist richtig, die Verknüpfung ist falsch.
c) Aussage 1 ist richtig, Aussage 2 ist falsch.
d) Aussage 1 ist falsch, Aussage 2 ist richtig.
e) Aussage 1 ist falsch, Aussage 2 ist falsch.

Aufgabe 18

In der Kommunikation gibt es den Unterschied zwischen expliziter (beabsichtigter) und impliziter (unbeabsichtigter) Mitteilung (Aussage 1),

weil

jeder, der an einem kommunikativen Dialog mit einem bestimmten Thema teilnimmt, grundsätzlich andere Ziele verfolgt als Informationen beizusteuern und Sachverhalte zu klären (Aussage 2).

a) Aussage 1 ist richtig, Aussage 2 ist richtig, die Verknüpfung ist richtig.
b) Aussage 1 ist richtig, Aussage 2 ist richtig, die Verknüpfung ist falsch.
c) Aussage 1 ist richtig, Aussage 2 ist falsch.
d) Aussage 1 ist falsch, Aussage 2 ist richtig.
e) Aussage 1 ist falsch, Aussage 2 ist falsch.

Lösungen zu den Testaufgaben finden Sie in den Anmerkungen unter ([14])

3
METHODEN DER RÜCKMELDUNG: FEEDBACK UND AKTIVES ZUHÖREN

„Wer zuhören kann,
zieht auch den Nutzen aus Leuten,
die dummes Zeug reden"(Platon)

Jeder Kommunikationsprozess enthält ein wesentliches Element, welches Rückmeldung[15] genannt wird. Im Kommunikationskreislauf hilft die Rückmeldung, die automatisch durch den Empfänger (Kommunikant) erfolgt, darüber mit zu entscheiden, ob die Mitteilung im Sinne des Senders verstanden wurde, wie im letzten Kapitel zur Kommunikation schon angesprochen wurde.

In der Regel geschieht diese Überprüfung jeweils sehr einseitig durch den Sender, wenn er sich vergewissern will, ob er verstanden wurde.

Auf einer bewussten kommunikativen Ebene kann bereits zum besseren wechselseitigen Verstehen die Rückmeldung vom Empfänger gezielt eingesetzt werden. Im Folgenden wollen wir uns mit dem Feedback im Allgemeinen und mit der durch aktives Zuhören zustande gekommenen besonderen Rückmeldung durch den Empfänger näher auseinandersetzen.

3.1 FEEDBACK - WAS ES IST!

Die Definition von Feedback lautet:

Feedback ist die Mitteilung eines Gesprächspartners an einen anderen, die ihn darüber informiert, wie dessen Mitteilungen und Verhaltensweisen von ihm wahrgenommen, verstanden und erlebt werden.

Der empfangende Gesprächspartner gibt dem sendenden Gesprächspartner in einem Rückkoppelungsprozess (Feedback) zu verstehen, ob und wie er die Botschaft aufgefasst hat, wie sie bei ihm angekommen ist und welche Wirkung sie bei ihm ausgelöst hat. Der sendende Gesprächspartner erhält somit die Möglichkeit zu erfahren, in welchem Ausmaß seine gesendete Botschaft mit der empfangenen und vom Zuhörer verarbeiteten Nachricht übereinstimmt.

Das mögliche Maß und die Wirksamkeit des Feedbacks werden weitgehend bestimmt vom Maß des Vertrauens, welches sich zwischen den beteiligten Personen oder innerhalb einer Gruppe (Dialoggruppe, Team, Arbeitsgruppe, etc.) entwickelt.

Die bewusste Anwendung von Feedback führt zu positiven Wirkungen zwischen den Gesprächspartnern. Diese positiven Wirkungen des Feedbacks sind in der Regel dann am größten, wenn zwischen ihnen die Bereitschaft vorliegt, sich gegenseitig mit bewusstem Feedback Hilfestellung zu geben. Erst im fortgeschrittenen Gesprächsstadium gelingen und wachsen die Möglichkeiten, voneinander zu lernen.

Beispiel:

Der Berater bietet mit einem Feedback eine Hilfestellung an. So kann diese für den Gesprächspartner ein Beitrag zur Lösung eines Problems sein, wie es z.B. beim Lernen am Modell vorkommen kann.

Auf diese Weise ist es für einen Gesprächspartner (Klient, Mitarbeiter) möglich, die fremde Wahrnehmung seines Gegenübers (Fremdwahrnehmung), wie er also von einem augenoptischen Berater, einem Vorgesetzten, etc. wahrgenommen wird, mit der Selbstwahrnehmung, also der Wahrnehmung seiner Selbst, zu vergleichen. Das führt zu dem Ergebnis, dass sich seine Wahrnehmung Erwartungen erweitern, seine Einstellungen oder Verhaltensweisen verändern können.

3.1.1 Feedback und die positiven Wirkungen

Die Wirkungen des Feedbacks sind im Allgemeinen für den Einzelnen positiv. Insbesondere werden über eine bewusste Rückmeldung *Anerkennung*, stützende *Korrektur* und erhöhtes *Verstehen* signalisiert.

3.1.1.1 Anerkennung

Positive und nützliche Verhaltensweisen können gestützt und gefördert werden, wenn sie über die Feedbackschleife anerkannt werden.

Beispiel:

Ein Mitarbeiter zum anderen:

Die 3 Säulen der positiven Wirkung von Feedback

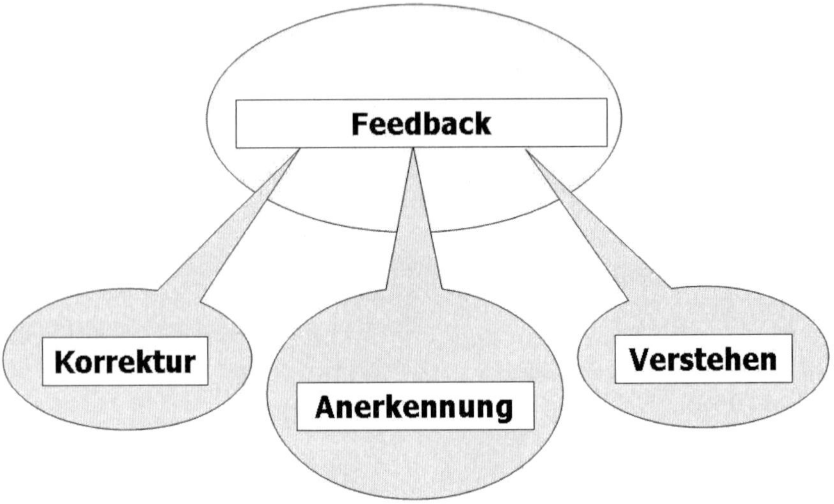

Grafik © Welker, September 06

„Mit deiner Bemerkung hast du mir wirklich geholfen, das Problem klarer zu sehen."

Die Wirkung dieses Feedbacks besteht nun darin, dass der andere Mitarbeiter ermutigt und bestärkt wird, in einer ähnlichen Situation wieder zielgerichtete Bemerkungen von sich zu geben, denn sie wurden als hilfreich angesehen.

Das folgende Beispiel veranschaulicht einen anderen Aspekt:

Ein Klient zum augenoptischen Berater:

„Ihr Hinweis vom letzten Mal zur Pflege der Kontaktlinsen ist mir sehr hilfreich."

Die Rückmeldung des Klienten an den augenoptischen Berater signalisiert ihm, dass seine Erläuterungen zum pfleglichen Umgang mit den Kontaktlinsen von ihm anerkannt wurden. Der augenoptische Berater wird auch in seinem eigenen Verhalten und Handeln, nämlich Kunden und Klienten rechtzeitig auf Dinge im Umgang mit der Brille oder Kontaktlinsen hinzuweisen, bestärkt.

Das Prinzip der Anerkennung liefert eine der vielen Grundlagen, um bei sich selbst oder bei anderen Mitmenschen eine Veränderung im Verhalten erreichen zu können.

3.1.1.2 Korrektur

Mit einem positiven Feedback können wir dazu beitragen, dass Verhaltensweisen korrigiert werden können. Vor allem handelt es sich dabei um Verhaltensweisen, die jemandem und /oder einer Arbeitsgruppe nicht weiterhelfen, oder um Verhaltensweisen, die der eigentlichen Absicht nicht genügend angepasst und konform sind.

Beispiele für ein korrigierendes Feedback können sein:
Ein Mitarbeiter zum anderen:
„Es hätte mir mehr gebracht, wenn du mir deine Meinung gleich gesagt hättest."

Hier enthält die Rückmeldung die Aufforderung an den anderen Mitarbeiter in Zukunft sein Verhalten zu ändern und seine Meinung gleich kund zu tun.

Beispiel:
Ein Klient zum augenoptischen Berater:
„Es wäre besser gewesen, Sie hätten mich schon das letzte Mal darauf aufmerksam gemacht."

Mit dieser auffordernden Rückmeldung wünscht sich ein Klient von einem augenoptischen Berater, künftig gleich auf bestimmte Dinge aufmerksam gemacht zu werden, er signalisiert also dem Berater, sein Verhalten in diesem Punkt zu korrigieren.

Das Prinzip der Korrektur ist für jedes erwünschte Feedback von größtem Nutzen, da es zur Klarheit und Verhaltenssicherheit beiträgt.

3.1.1.3 Verstehen

Das Feedback kann die Beziehung zwischen den Gesprächsteilnehmern klären und trägt dazu bei, den anderen besser zu verstehen.

Beispiel für verstehendes Feedback:
Ein Mitarbeiter zum anderen:
„Du, zuerst dachte ich, wir könnten nicht zusammenarbeiten, aber nun sehe ich, dass wir uns recht gut verstehen."

Mit dieser Rückmeldung signalisiert ein Mitarbeiter in aller Offenheit, dass seine anfängliche Zurückhaltung im Arbeitszusammenhang mit dem Kollegen sich zugunsten einer guten Arbeitsbeziehung geändert hat.

Beispiel:
Ein Klient zum augenoptischen Berater:
„Ich finde es ganz toll, wie viel Mühe Sie sich jetzt geben und mir das

Einsetzen der Kontaktlinse noch einmal demonstrieren. Ich glaube jetzt, dass Sie meine Schwierigkeiten verstehen."

Dieser Klient vermittelt mit seinem Feedback dem augenoptischen Berater, dass seine Mühen der erneuten Demonstration nicht nur anerkannt werden, sondern der Klient sich auch durch ihn tatsächlich akzeptiert und verstanden fühlt.

Das Prinzip des Verstehens vermittelt einem Gesprächspartner ein Gefühl von achtsamer Zuwendung und Geborgenheit.

3.2 Umgang mit Feedback

Folgende Überlegungen sind im Umgang mit Feedback notwendig, wenn man Feedback erteilen oder Feedback erhalten möchte. Die Gefahr einer missverstandenen Verhaltenskritik ist überaus groß und sollte deshalb nur im erwünschten Einzelfall erteilt werden. Eine missverstandene Verhaltenskritik mündet oft in eine Kränkung des Gesprächspartners, so dass dauerhaft ein weiteres Gespräch kaum mehr möglich sein wird.

Der Unterschied zwischen einem positiven oder negativen Feedback besteht darin, dass man mit einer bestimmten Verhaltensweise des anderen einverstanden oder nicht. Bei der Durchführung von Feedback ist das Prinzip der *Verhaltenskritik* zu beachten.

3.2.1 Prinzip der Verhaltenskritik

Das Prinzip der *Verhaltenskritik* beruht im allgemeinen auf Verhaltens- und Umgangsformen, die jemanden anderen veranlassen könnten, eine an seinen Zwecken und Vorstellung orientierte Veränderung des eigenen Verhaltens vorzunehmen. Das persönliche Verhalten ist jedoch in der Regel dem Menschern so vertraut und selbstverständlich, dass ihm selbst bestimmte nicht-rationale Verhaltensweisen gar nicht als dysfunktionale Verhaltensmuster auffallen. So erklärt es sich auch, dass vielen Menschen eine Verhaltenskritik nicht nachvollziehbar ist und sie meistens auf energische Ablehnung stößt.

Wenn man nun in einer kommunikativen Feedback-Schleife der Ansicht ist, dass die Verhältnismäßigkeit eines Verhaltens nicht gegeben sei, ist es angebracht, äußerst behutsam eine Verhaltenskritik vorzutragen bzw. sie nur dann vorzutragen, wenn der Gesprächspartner die Bereitschaft signalisiert, sie hören zu wollen. Dieses Vorgehen bietet am ehesten die Gewähr, ein offenes Ohr zu erreichen.

Die Regeln der Verhaltenskritik wie sie im Feedback anwendbar sind, lauten:

- Eine Veränderung von Verhalten lässt sich erreichen, wenn das zu verändernde Verhalten akzeptiert wird.
- Eine Verhaltensänderung umzusetzen gelingt, wenn mit dem neuen Verhalten die erwünschten Ziele und Zwecke erreichbar bleiben.
- Pauschalisierungen oder Übertreibungen bewirken das Gegenteil. Sinnvoll sind einschränkende oder förderliche Formulierungen.
- Nicht nur unerwünschte Verhaltensweisen sind anzusprechen, vielmehr sind die positiven Aspekte eines authentischen Verhaltens hervorzuheben.
- In Abhängigkeit des Ausprägungsgrades des unerwünschten Verhaltens ist es meist sinnvoll die positiven Verhaltenstendenzen hervorzuheben.
- Kleinliches Aufrechnen von in der Vergangenheit erlebten Verhaltensweisen erschwert den Blick auf das gegenwärtig zu verändernde Verhalten – möglichst beim gegenwärtig akuten Problem bleiben.
- Nur bestimmte, konkrete Merkmale in einer bestimmten Situation zum Inhalt der Kritik machen, nicht die Person.
- Vorschnelles Interpretieren der Motive und Ziele des anderen verhindert, sie aus der Sicht des anderen zu erkennen. Besser ist es abzuwarten, bis der andere selbst Ziele und Motive nennt.
- Ein Feedback soll dem anderen nicht ins Gewissen reden, Moralisierungen vermeiden, keine anklagenden Vorwürfe machen. Günstiger ist es, sachlich darauf hinweisen, welche möglichen Konsequenzen das kritische Verhalten im rationalen und emotionalen Erleben hervorruft.
- Konkret und so genau wie möglich das kritische Verhalten beschreiben. Konkret realisierbare Änderungsvorschläge anbieten, die sich an der Umsetzbarkeit des Kritisierten orientieren.
- Möglichkeiten zur Lösung von Problemen nicht erschweren, sondern zusichern, das Bemühen um Veränderung zu unterstützen.

Das Prinzip der Verhaltenskritik anzuwenden erfordert ein hohes Maß an Empathie, Achtsamkeit und Respekt vor dem Gesprächspartner.

3.2.2 Feedback erteilen

Derjenige der beiden Gesprächspartner, der einem anderen ein Feedback erteilen möchte, muss die Art und Weise kennen, wie Feedback anerkennend, korrigierend, nützlich und hilfreich eingesetzt werden kann.

3.2.2.1 NÜTZLICH

Die Nützlichkeit eines Feedbacks steht im Vordergrund. Feedback ist von Nutzen, wenn es einem Gesprächspartner hilft, sich selbst besser zu verstehen, und ihm hilft, seine Wirkung auf andere Personen, auf seine Umwelt zu verstehen.

Beispiel:
Eine Klientin fragt:
„Wie steht mir diese Brille?"

Mit dieser Frage bringt die Klientin ihrem Gesprächspartner gegenüber zum Ausdruck, dass ein Feedback erwünscht ist. Auf diese Frage erwartet sie eine Antwort, die ihr eine mögliche Wirkung ihres Aussehens auf ihre unmittelbare Umgebung aufzeigt.

Wenn ein Feedback nicht floskelhaft ausfallen soll, dann sollten darin drei Gesichtspunkte enthalten sein:

- Objektivität:
  Die Rückmeldung sollte objektiv ausfallen und fachlichen Qualitätsanforderungen entsprechen.
- Inhaltsbezug:
  Auf die aus dem bisherigen Gesprächsverlauf ermittelten Wünsche, Vorstellungen zum persönlichen Aussehen und mögliche Probleme des Sehens der Klientin sollte Bezug genommen werden.
- Persönliche Meinung:
  Eine persönliche Meinung eines Beraters sollte auch als solche formuliert werden und deutlich gemacht werden.

Beispiel:
Ein Berater fragt:
„Ich bin mir jetzt nicht sicher, wie Sie meine Ausführungen verstanden haben."

Hier handelt es sich um eine weitere Möglichkeit, ein Feedback zu erbitten. Meist wird als Feedback derjenige Inhalt wiedergegeben, den der Gesprächspartner verstanden hat. Somit ist diese Rückmeldung für den Berater nützlich.

3.2.2.2 AUFMERKSAMKEIT

Die Aufmerksamkeit ist hauptsächlich den Bedürfnissen, Wünschen und Problemen desjenigen Gesprächspartners entgegenzubringen, der das Feedback erhält.

Beispiel:
Klient expliziert:
„Ich brauche eine Brille, auf die ich nicht immer angequatscht werde."
Ein Berater sagt:
„Sie möchten lieber eine schlichte Fassung tragen, mit der Sie vermei-

den möchten, ständig angesprochen zu werden."

Vom Berater wird die sehr salopp formulierte Lästigkeit, ständig auf die Brille angesprochen zu werden, im erwünschten Sinne als Feedback aufgegriffen.

3.2.2.3 Feedback ohne Zwang

Derjenige, der Feedback erhalten soll, sollte damit nicht bedrängt werden. Ein Feedback darf ihm nicht aufgezwungen werden. Um die Methode des Feedbacks optimal einsetzen zu können, ist es günstiger abzuwarten, bis man nach einem Feedback gefragt wird.

So sollte ein Berater nicht sofort einer Klientin mitteilen, wie ihr die Brille steht, sondern abwarten, bis die Klientin fragt.

Beispiel:

Klientin:

„Was meinen Sie, wie steht mir die Brille?"

Eine andere Möglichkeit bietet das Angebot, ein Feedback aussprechen zu wollen.

Ein Berater fragt:

„Möchten Sie gerne meine Meinung dazu wissen, wie Ihnen die Brille steht?"

„Ich bin mir nicht sicher, ob Sie meine Ausführungen interessant finden."

Insgesamt ist es besser zunächst auszuloten, ob überhaupt eine Rückmeldung erwünscht ist. Wie weiter unten ausgeführt wird, kann ein unerwünschtes Feedback störend wirken.

3.2.2.4 Frei von Vorwürfen

Der Gesprächspartner, dem man Feedback erteilen möchte, soll nicht mit Anschuldigungen oder mit Vorwürfen konfrontiert werden.

Direkte oder latente Vorwürfe provozieren bei den meisten Menschen eine Empörung, die dann in eine Verteidigungs- und Rechtfertigungshaltung mündet. Nützlich ist es, das Feedback in der Form der Ich-Aussage vorzutragen.

Beispiel:

Nicht:

„Du vernachlässigst mich!",

Sondern:

„Ich fühle mich vernachlässigt."

Beispiel:

Nicht:

„Sie haben das letzte Mal leider nicht richtig zugehört.",

Sondern:

„Ich denke, dass Ihnen vielleicht meine Ausführungen dazu entgangen sind."

In diesem Zusammenhang wird die Unaufmerksamkeit des Gesprächspartners als mögliche Ablenkung angesprochen.

3.2.2.5 Aus der Sicht des Anderen

Nützlich ist das Feedback, wenn die Dinge aus der Sicht des Gesprächspartners, der Feedback erhalten soll, betrachtet und gedeutet werden. Diese Art des Feedbacks führt eher dazu, dass der Gesprächspartner sich verstanden fühlen kann. Ihm wird das Bemühen deutlich, seinen Standpunkt bzw. seine Betrachtungsweise der Dinge in den Vordergrund zu stellen.

Beispiel:

Berater:

„So, wie Sie mir Ihr Problem schildern, besteht es darin, dass ...“

„Ihr Eindruck von den Gläsern ist folgender ...?“

Diese Formulierungen, diese Sätze werden ergänzt mit der fast wörtlichen, auf jeden Fall sinngemäßen Wiederholung des Gesagten, der verbalen Umschreibung oder auch Paraphrasierung genannt.

3.2.2.6 Beobachtbares Verhalten

In der Rückmeldung ist nur das tatsächliche beobachtbare Verhalten zu schildern, welches die andere Person zeigt, wie es wirklich gesehen werden kann. Bei dieser Verhaltensbeobachtung ist zu vermeiden, das Verhalten des anderen zu interpretieren oder über seine Motive zu rätseln.

Beispiel

Ein Berater sagt:

„Ich sehe, wie Sie mit dieser Fassung den Kopf sehr weit nach hinten neigen, damit Sie unter dem Fassungsrand hindurch sehen und lesen können.“

Der Berater beschreibt genau den Sitz der Fassung im Gesicht eines Klienten und bezieht die Gesichts- und Kopfbewegungen mit ein. Zugleich verweist er auch auf den derzeitigen Nutzen, der mit dieser aktuellen Gewohnheit der Verhaltensweise „Kopfneigung“ erreicht wird.

Das Prinzip, ein Feedback zu erteilen, berücksichtigt die Bedürfnisses und den Nutzen, ist frei von Vorwürfen und Zwängen und betrachtet die Dinge aus der Sicht des Anderen.

3.2.3 Feedback erhalten...

Gesprächspartner, die ein Feedback erhalten, können das Bemühen ihrer Gegenüber anerkennen. Folgende Reaktionen auf eine Verhaltenskritik sind wichtig, wenn man eine geäußerte Verhaltenskritik nicht brüsk ablehnen und sich über sie entrüsten will.

Dieser Gesichtspunkt ist besonders für Personen mit beratender Funktion wichtig. Sie müssen in der Lage sein, emotionale Äußerungen und Affekte seines Gesprächspartners auffangen zu können. So können Verärgerung und Unmut von vielen Klienten spontan zum Ausdruck gebracht werden, ohne dass Klienten lange darüber nachdenken, was sie gerade sagen bzw. tun.

Meist wird das unerwünschte Feedback in der Form einer Kritik erlebt. Wenn es zu einem unerwünschten Feedback kommen sollte, sind die Äußerungen seines Gegenübers erst einmal zur Kenntnis zu nehmen und dabei folgende Überlegungen zu beachten:

- Verhaltenskritik zunächst grundsätzlich aus der Sicht des anderen akzeptieren, begreifen und verstehen.
- Kritik am eigenen Verhalten nicht pauschal ablehnen, in Ruhe überlegen, welche Punkte akzeptiert werden können.

Feedback erhalten

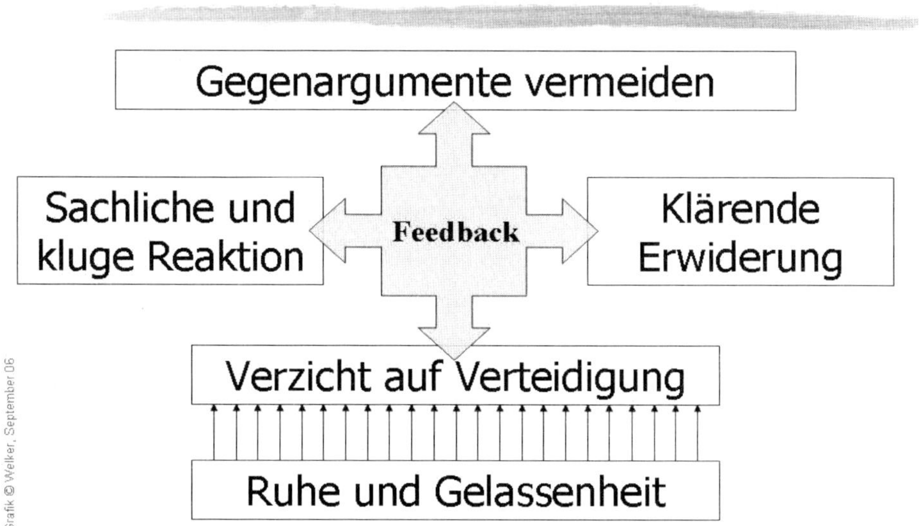

- Offen mitteilen, welche Punkte der Kritik akzeptierbar sind.
- Kritik mit eigenen Worten wiederholen, mit Verständnisfrage das Problem konkretisieren.
- Nicht offensiv in Gegenkritik verfallen, einen Konflikt nicht 'aufschaukeln'.
- Nicht verletzt reagieren, die gemeinte Kritik konstruktiv aufnehmen.
- Missverstehbare Kritik erst einmal als Mitteilung des Gesprächspartners aufgreifen.
- Offen ansprechen, welche Kritik nicht akzeptiert werden kann, die eigenen Gründe sachlich vortragen und erläutern.
- Vorschläge machen oder erbitten, um das eigene Verhalten konkret ändern zu können.
- Sich die erhaltenen Anregungen bedanken.

Bei vermuteten Angriffen auf die eigene Person oder erlebter unsachlicher Kritik gilt als oberstes Gebot Ruhe zu bewahren, sich nicht zu verteidigen, sachlich und klug zu reagieren und vor allem nicht dagegen zu argumentieren.

3.2.3.1
Ruhe bewahren

Es liegt schon fast in der Natur des Menschen, auf ein unerwartetes, unerwünschtes oder beleidigendes Feedback und eine Kritik sehr emotional zu reagieren. Manchmal liegt es auch in der Absicht des Gesprächspartners Emotionen und Affekte auszulösen.

Eine adäquate Reaktion ist die so genannte *paradoxe Reaktion* „Ruhe bewahren". Sie ist eine Verhaltensweise, die entwaffnend wirken kann. Die kritisierende Person ist überrascht, denn ihre Absicht, den anderen emotional „aus der Reserve zu locken", ist fehlgeschlagen – das Gegenteil ist bewirkt.

Beispiel aus dem Alltag eines Betriebs:

Vorgesetzter:

„Ich finde, Sie sind in letzter Zeit sehr nachlässig mit Ihrer Arbeit."

Eine ruhige, gelassene Erwiderung eines Mitarbeiters:

Gelassenes tiefes Durchatmen und weiter auf die Regelmäßigkeit der eigenen Atmung achten.

Der Gesprächspartner, der seine Frustration selbst nur emotional kundgetan hat, ist eher dankbar, dass sie mit Ruhe und Gelassenheit aufgefangen wurden.

3.2.3.2 Verzicht auf Verteidigung

Eine Verteidigung oder gar ein Angriff gegen andere Personen bringt zum Ausdruck, dass deren Sichtweise nicht akzeptiert wird und man sich ihr gegenüber selbst behaupten will. Unklug ist eine Verteidigung schon deshalb, weil der Gesprächspartner dieses Verteidigungsbestreben selbst als Angriff auf seine Person erleben könnte, was sich nachteilig und eskalierend im weiteren Gesprächsverlauf auswirken würde.

Beispiel aus dem Betriebsalltag:

Vorgesetzter:

„Ich finde, Sie sind in letzter Zeit sehr nachlässig mit Ihrer Arbeit."

Eine verteidigende Erwiderung eines Mitarbeiters:

„Ich kann aber nichts dafür, schließlich funktioniert ja die Zulieferung nicht so wie sie sollte."

Auf diese Rechtfertigung folgt der Vorwurf auf dem Fuße, man hätte sich schließlich darum rechtzeitig kümmern müssen.

Besser wäre ein Feedback:

„Ich möchte Sie bitten, mir das genauer zu erläutern, was Sie meinen mit ‚nachlässig'."

3.2.3.3 Sachlich und klug reagieren

Jede Art von sprachlicher oder nichtsprachlicher Verteidigung kann vom Gesprächspartner als Bestätigung seiner Ansicht und seiner Vor-Urteile betrachtet werden.

Beispiel aus dem Betriebsalltag:

Vorgesetzter:

„Ich finde, Sie sind in letzter Zeit sehr nachlässig mit Ihrer Arbeit."

Eine emotionale Erwiderung eines Mitarbeiters:

„Also, ich bin empört und verärgert über Ihre ungerechtfertigten Äußerungen."

Eine emotional bessere Erwiderung könnte lauten:

„Ihr Vorwurf trifft mich hart, ich halte ihn für ungerechtfertigt."

3.2.3.4 Gegenargumente vermeiden

Verteidigung und eine möglicherweise falsch zu verstehende Gegenargumentation sind zu vermeiden, denn im Bemühen, mit Argumenten den anderen zu überzeugen wollen, er habe mit seiner Ansicht nicht Recht, liefert man in aller Regel dem Gesprächspartner die Argumente, mit denen er seine beharrende Kritik fortsetzen könnte.

Beispiel aus dem Betrieb:

Vorgesetzter:

„Ich finde, Sie sind in letzter Zeit sehr nachlässig mit Ihrer Arbeit."

Eine angriffsbereite Erwiderung eines Mitarbeiters:

„Ich und nachlässig! Wie können Sie so etwas überhaupt behaupten?"

Sachliche Gegenfragen wären in diesem Falle sinnvoller:

„Können Sie mir bitte belegen, wo und wann Sie eine Nachlässigkeit in meiner Leistung meinen festgestellt zu haben."

3.2.3.5 Klärende Erwiderung

Im positiven Sinne gilt eine Erwiderung als vernünftig, wenn sie Ruhe ausstrahlt, Gelassenheit signalisiert, und aufnehmend handelt. Eine klärende und aufnehmende Erwiderung eines Mitarbeiters könnte unter Wahrung der höflichen Erwiderung folgendermaßen aussehen:

Beispiel aus dem Betriebsalltag:

Vorgesetzter:

„Ich finde, Sie sind in letzter Zeit sehr nachlässig mit Ihrer Arbeit."

Mitarbeiter:

„Das überrascht mich aber. Können Sie mir Ihre Ansicht verdeutlichen und sagen, wann, wie und wo ich bei der Arbeit nachlässig gewesen sein soll?"

Wer negatives Feedback erhält und negative Kritik am eigenen Verhalten erfährt, sollte also selbst Ruhe bewahren, gelassen, sachlich und sicher reagieren und die Hinweise aufmerksam dankend aufnehmen. Für ein positives Feedback ist ein freundlicher Dank angebracht.

Das Prinzip, mit einen erhaltenen Feedback umzugehen, beruht auf Gelassenheit, verzichtet auf Rechtfertigungen und Gegenargumente und erwartet kluge und klärende Reaktionen.

3.2.4 ... und wie es gemacht wird

Es ist leichter, andere zu kritisieren, als ihnen eine positive Rückmeldung zu geben. Gegenseitige weiterführende Kritik ist genauso wichtig wie gegenseitiges Lob. Mit wertschätzender Anerkennung wird die Bereitschaft zur Kooperation, die Zufriedenheit und das Miteinanderreden-Wollen innerhalb einer Gruppe oder Partnerschaft dokumentiert und verbessert. Mit positivem Feedback kann die Arbeit innerhalb einer Gruppe im Allgemeinen leichter beeinflusst werden als durch Kritik. Deshalb sollte häufiger positives als negatives Feedback gegeben werden. Aber auch hier sind eine Reihe von Grundsätzen zu beachten. Für die praktische Anwendung beim positiven wie beim negativen Feedback werden die zu beachtenden Feedback-Regeln zusammengestellt, wie Feedback durchgeführt werden sollte. Im Folgenden werden die unterschiedlichen Rückmeldeformen an Beispielen veranschaulicht und zur eigenen Anwendung empfohlen. Das Feedback soll sein...

3.2.4.1 BESCHREIBEND

Im Gegensatz zum bewertenden, interpretierenden oder Motive suchenden Vorgehen enthält das beschreibende Feedback sprachliche Formulierungen, die subjektive Bewertungen und Interpretationen vermeiden.

☞ Beispiel mit Klienten:
Die Klientin legt Ihnen ziemlich verkratzte Kontaktlinsen vor mit der Bemerkung, dass es schlechtes Material sei.

Feedback erteilen: die Regeln

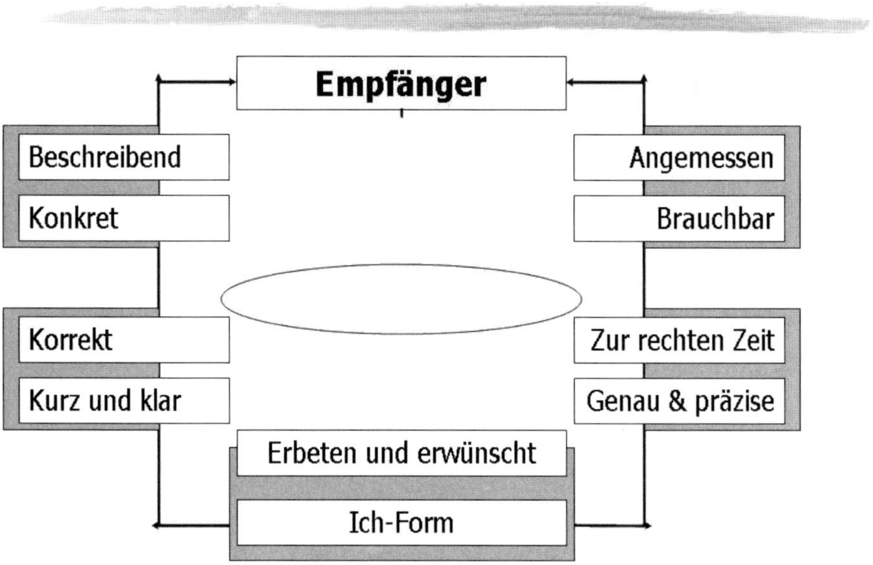

Grafik © Welker, September 06

Wertendes Feedback des Beraters

„Da haben Sie aber Ihre Kontaktlinsen schlecht gepflegt.“

Beschreibendes Feedback des Beraters:

„Wenn ich mir Ihre Kontaktlinsen ansehe, dann fällt mir auf, dass sie ziemlich beansprucht worden sind.“

3.2.4.2 Konkret

Im Gegensatz zum verallgemeinernden Feedback wird eine bestimmte, konkrete Verhaltensweise hervorgehoben. Auf diese Weise werden Pauschalisierungen leichter vermieden.

Beispiel:

Eine Mitarbeiterin kam die beiden letzten Male verspätet zur Arbeit.

Ein Chef mit einer weniger konkreten Antwort:

„Können Sie Ihre ständige Unpünktlichkeit unterlassen.“

Chef mit einer konkreten Antwort:

Ich möchte gerne, dass Sie 5 Minuten vor Arbeitsbeginn im Geschäft eintreffen oder geben Sie mir bitte Bescheid, wenn Sie sich verspäten sollten.“

3.2.4.3 Angemessen

Im Gegensatz zur destruktiven Wirkung stellt ein angemessenes Feedback nicht die eigenen Bedürfnisse in den Vordergrund. Die Bedürfnisse oder Probleme der anderen Person, der man eine Feedback-Information geben will, werden genügend berücksichtigt. Angemessenes Feedback berücksichtigt daher die Bedürfnisse der beteiligten Personen in rechter Weise.

Beispiel:

Eine Mitarbeiterin bittet den Chef heute eher gehen zu dürfen, weil sie ihr Kind vom Kindergarten früher abholen muss.

Chef antwortet unangemessen:

„Kommt überhaupt nicht in Frage, sie wissen doch, dass hier viel zu tun ist.“

Chef antwortet angemessen:

„Geht in Ordnung, bitte regeln Sie mit Ihren beiden Kolleginnen die Arbeitsverteilung und benachrichtigen Sie mich dann noch einmal.“

3.2.4.4 Brauchbar

Im Gegensatz zum unnützen Feedback ist es brauchbar, wenn es sich auf Verhaltensweisen bezieht, die der

Gesprächspartner auch ändern kann. Brauchbares Feedback achtet auf die Möglichkeit einer Verhaltensänderung und zeigt positive Konsequenzen auf.

Beispiel:

Ein Auszubildender hinterlässt in der Werkstatt öfter ein Chaos und findet dann nichts mehr.

Chef mit einer unbrauchbaren Antwort:

„In der Werkstatt musst du das einfach anders organisieren."

Der Chef mit einer brauchbaren Antwort:

„Nützlich für dich ist es, wenn du in der Werkstatt alle Zangen an einer bestimmten Stelle griffbereit hältst."

3.2.4.5 Erbeten

Im Gegensatz zum aufgezwungen Feedback wird ein Feedback nur gegeben, wenn es erbeten ist. Es wird sofort beendet, wenn es dem Gesprächspartner unangenehm ist oder er es nicht will.

Beispiel:

Berater:

„Möchten Sie meine Antwort, (meine Meinung, meine Ansicht) zu .... hören?"

Das Feedback ist in aller Regel erwünscht, wenn man den Gesprächspartner danach gefragt hat bzw. wenn er selbst zum Feedback aufgefordert hat.

3.2.4.6 Zur rechten Zeit

Das Feedback sollte nicht auf einen späteren Zeitpunkt aufgeschoben werden. Das Feedback ist wirkungslos, wenn der Gesprächspartner sich auf eine bereits zurückliegende Verhaltensweise oder Situation, die er sich nicht mehr vergegenwärtigen kann, beziehen soll.

Beispiel:

Ein Auszubildender hat einige Aufträge verschusselt.

Ungünstige Chefantworten:

„Darüber sprechen wir später!"
oder nach 14 Tagen

„Deine Nachlässigkeit und Vergesslichkeit vor 14 Tagen mussten wir schließlich ausbügeln"

Günstige Chefantwort:

„Ich denke, wir beide sollten gleich die Angelegenheit besprechen."

3.2.4.7 Kurz, klar und genau formulieren

Im Gegensatz zu langatmigen und schwammigen sind kurze, klare und genaue Formulierungen erwünscht. Im Feedback unterlässt man Ungenauigkeiten in den Formulierungen und bemüht sich um möglichst kurze und knappe Ausführungen, die den Kern der Sache treffen.

3.2.4.8 KORREKT

Im Gegensatz zu eigenwilligen Interpretationen, möglichen Fehlern und Verfälschungen sollte das Feedback korrekt sein. Das korrekte Feedback bemüht sich um wahrheitsgetreue Aussagen und ist in den Äußerungen glaubhaft. Im Zweifelsfall kann eine Differenz in den unterschiedlichen Sichtweisen geklärt werden, Korrekturen können vorgenommen werden oder die Positionen klarer abgesteckt werden.

3.2.4.9 ICH-FORM

Im Gegensatz zu überheblichen und allgemeinen Vorwürfen sollte das Feedback in der Ich-Form vorgetragen werden. Vorwürfe provozieren eine ablehnende Haltung sowie aggressive Gegenreaktionen. Sie sind sinnlos und ineffizient. Das Feedback in der Ich-Form signalisiert dem Gesprächspartner die eigene Sichtweise und erleichtert es ihm, darauf einzugehen.

Beispiel:

Klientin:

„Das haben Sie mir nicht gesagt, wie ich mit den herausgenommenen Kontaktlinsen umgehen soll."

Ungünstige Antwort des Beraters:

„Sie haben sicherlich vergessen, darauf zu achten."

Günstige Antwort des Beraters:

„Ich denke, dass es Ihnen vielleicht entfallen ist."

3.3 AKTIVES ZUHÖREN

Das Beratungs- und Mitarbeitergespräch beginnt, steht und fällt mit dem Zuhören, mit einer erhöhten Aufmerksamkeit des Empfängers. Von ihm wird verlangt, dass er keine grobmaschigen Filter einsetzt, sondern nach Möglichkeit alle Informationen des Senders aufnehmen kann. Es ist daher notwendig, sich systematisch mit der Methode des aktiven Zuhörens vertraut zu machen.

Das Prinzip *Aktives Zuhören* ist nicht nur in beratenden Begegnungen von elementarer Bedeutung, sondern auch im Rahmen einer vermehrten Beteiligung der Mitarbeiter an den Entscheidungen der Geschäftsleitung, die unter dem Druck des verschärften Wettbewerbs sich immer mehr durchsetzt: ein notwendiges Verfahren, um die Aufnahme und die Weitergabe von Informationen an interessierte

Nachwuchskräfte besser leisten zu können.

"Von der Fähigkeit des Zuhörens hängt alles andere ab - gute Beziehungen zu den Mitarbeitern, das Erkennen gemeinsamer Zielsetzungen und richtiges Beurteilen von Leistung." [16]

"Zuhören-Können" und "Zuhören - Wollen" sind die unerlässliche Vorbedingung für ein Management, vor allem wenn man Mitarbeiter will, die kreatives Denken mitbringen und eigene Ideen entwickeln sollen.

Wer nicht zuhört, muss damit rechnen...

- ...bei Verhandlungen kaum Erfolge zu erzielen. Er ist nicht bemüht, herauszuhören, was der andere vorhatte oder sagen wollte.
- ...unliebsame Überraschungen herauszufordern. Sie können vor allem durch Nachlässigkeit und Ignoranz entstehen. Sie sind einer Beratungsentwicklung nicht gerade förderlich.
- ...Informationszufluss zu verlieren. Wer in höherer Position steht, ist mehr von den anderen Mitarbeitern abgesondert, mehr Machtbefugnis beeinträchtigt nämlich den gegenseitigen Informationsfluss und vermindert den Austausch.
- ...wirksames Krisenmanagement zu verhindern. Gerade unter starkem Stress, wenn man die Information am nötigsten hat, schalten Zuhörer oft ab und vernachlässigen somit die nötigen Warnsignale.

3.3.1 Klassische Fehler im Dialog

Zunächst wollen wir uns mit den klassischen Fehlern in der Kommunikation beschäftigen. Welche Arten von Problemen es für zwei Menschen schwierig machen, sich in einer Unterhaltung oder in einem zielgerichtetem Gespräch ausreichend zu verstehen, kann an dem Prinzip des *kontrollierten Dialogs*[17] demonstriert werden, wie es in den Übungsabschnitten beschrieben ist.

Neben zwischenmenschlichen Beeinträchtigungen und technischen Störungen, die im Kommunikationsprozess berücksichtigt werden müssen, existieren im Rückkoppelungsprozess weitere Fehlerquellen, die sowohl der Person des Sprechenden sowie der Person des Zuhörenden zugeschrieben werden können.

3.3.1.1 Des Zuhörers Fehler

Ein Zuhörer unterliegt häufig einer Reihe von Fehlern, die er zum größten Teil seiner Unaufmerksamkeit verdankt. Die begrenzte Dauer einer Aufmerksamkeit wird als Aufmerksamkeitsspanne bezeichnet. Sie ist einmal bedingt durch physiologische Gegebenheiten wie Wachheitsgrad[18], Müdigkeit, Erschöpfung etc., andererseits kann sie eher psychischer Natur sein, wie Unkonzentriertheit, Vergesslichkeit, Gedankenverlorenheit und Zerstreutheit.

Der Zuhörer ...

- ...hat keine ungeteilte Aufmerksamkeit.
- ...neigt eher dazu, auf Details zu hören und sich eventuell über sie aufzuregen, anstatt den ganzen Sinn und die wesentlichen Mitteilungen zu erfassen.
- ...versucht weniger Vertrautes in sein Denkschema einzuordnen.
- ...denkt den Gedanken des Sprechenden schon weiter: er wiederholt mehr, als der Partner gesagt hat.
- ...denkt schon an seine Antwort und probt sie, statt aufmerksam zuzuhören. Er legt sich die Antwort zurecht, während der Partner noch spricht. Resultat: Er kann nicht vollständig wiederholen, was gesagt wurde und vergisst, was er sagen will.

Wenn ein Zuhörer sich diese Fehler bewusst macht, versetzt er sich in die Lage, seine eigene Aufmerksamkeitsleistung zu optimieren.

3.3.1.2 DES SPRECHERS FEHLER

Auf der anderen Seite des Gesprächs lassen sich schließlich noch die Fehlerquellen identifizieren, denen der Sprechende unterliegen kann. Diese Fehler können es einem Zuhörer zusätzlich erschweren, seinen Gesprächspartner zu verstehen. In diesen Fällen ist sogar vom Zuhörer erhöhte Aufmerksamkeit und eine frühzeitige Intervention[19] in das Gespräch verlangt.

Der Sprecher ...

- *...ordnet* seine Gedanken *nicht*, bevor er spricht.
- ...drückt sich *ungenau* aus.
- *...redet* aus Unsicherheit immer *weiter*, ohne die Auffassungskapazität seines Partners abzuschätzen. Die fehlende Resonanz bei langem Sprechen erhöht ein Bestätigungsbedürfnis, das allerdings wirkungslos bleiben muss.
- ...versucht zuviel in *einer Aussage* unterzubringen, so dass sie verwirrend wirkt - Verständlichkeit nimmt mit der Kürze zu.
- ...bringt zu *viele Ideen* in seine Äußerungen ein, oft untereinander nicht verbunden. Eine Zusammenfassung wird für den Gesprächspartner schwierig.
- *...übersieht* bestimmte Punkte der Antwort des vorausgegangenen Sprechers und antwortet daher nicht aktuell auf das, was zuvor ge-

sagt wurde. Das Gespräch kommt nicht vorwärts, Nebensächlichkeiten werden meist zu Hauptgesichtspunkten erhoben.

In jeder Art von geschäftlicher Besprechung mit Mitarbeitern wie auch in jeder Art von Beratungsgesprächen mit Klienten sollte man sich die Wechselwirkung zwischen der Vorbereitung eines Gespräches und der Aufstellung der eigenen Gesprächspunkte, auf die es einem ankommt, vergegenwärtigen.

Wer einen sog. "Schlachtplan" aufstellen will, ein taktisches Konzept mit allen möglichen Varianten der Vorwegnahme dessen, was der Gesprächspartner möglicherweise als nächstes sagen könnte, sich zurechtlegen möchte, muss das Gespräch gründlich vorbereiten und eine Reihe von Dingen berücksichtigen.

Dieser Wechselwirkung kann sich bewusst werden, wer bereits im Vorfeld mit folgenden Fragestellungen seine Gespräche vorbereitet:

Was sind die Tatsachen?
Was sind die Hintergründe?
Was ist mitteilenswert?
Was wirkt auf den Inhalt des Gesprächs förderlich?

Was ist mir wichtig?
Was möchte ich sagen?
Welches Ziel möchte ich erreichen?

Wenn man dem Versuch erliegt, die Gedanken des anderen zu erraten, lenkt man sich selbst vom Wesentlichen der Mitteilungen des Gesprächspartners ab und trägt so eher dazu bei, das Gehörte den eigenen Vorurteilen und Vorwegnahmen anzupassen.

Wenn man bereits zu wissen glaubt, worauf der andere hinaus will, ziemt es sich nicht, den Gesprächspartners zu unterbrechen. Denn die vielleicht dennoch auftretenden kleinen Nuancen der Mitteilung erhöhen den Grad der Kommunikation und lassen im Fortgang des Gesprächs erst die Untauglichkeit der eigenen vorgefertigten Urteile und vorgefassten Meinungen erkennen. Mit erhöhter, kontinuierlicher und frei schwebender Aufmerksamkeit gelingt es einem selbst, die oft starre Vorurteilsebene schließlich zu verlassen.

3.3.2 ARTEN DES ZUHÖRENS

Jeder Mensch, der sich mit einem anderen Menschen unterhält, würde bestätigen, es sei doch eine Selbstverständlichkeit seinem Gesprächspartner zu zuhören. Werden diese Gespräche genauer betrachtet, entdeckt man verschiedene Arten des Zuhörens, die recht unterschiedlichen Charakter des Zuhörens aufweisen. Vier Arten des Zuhörens werden nach Weisbach[20] unterschieden.

3.3.2.1 DAS "ICH VERSTEHE" - ZUHÖREN

Die ersten drei, auch als höfliche Redewendungen bezeichneten Formeln im Gespräch

„Ich verstehe, ..."
„Ja, da haben Sie recht, aber..."
„Ja, ich bin ganz Ihrer Meinung."

gelten als gezielte Formulierungen, um einen Gesprächspartner zum Schweigen bringen zu können. Sie dienen in der Regel dazu, das eigene Sprechen zu initialisieren. Die Tatsache, dass der andere Gesprächsteilnehmer spricht, veranlasst sehr viele Menschen "spontan" selbst sprechen zu wollen. Da es nun unhöflich ist, dem anderen ins Wort zu fallen, bedient man sich gerne der genannten Floskel "Ich verstehe ..."

Beispiel:

"Ich verstehe, und jetzt wollen Sie...."
„Da bin ich ganz deiner Meinung, doch solltest du da nicht besser....."
„Ja, da hast Du recht, aber betrachte doch mal meine Situation...."

Neben der „Verstehens" – Floskel werden auch gerne Bestätigungsformulierungen gebracht, die den Charakter haben, den Gesprächspartner zunächst zu besänftigen, man sei ja auf sein Anliegen eingegangen.

Die Arten des Zuhörens

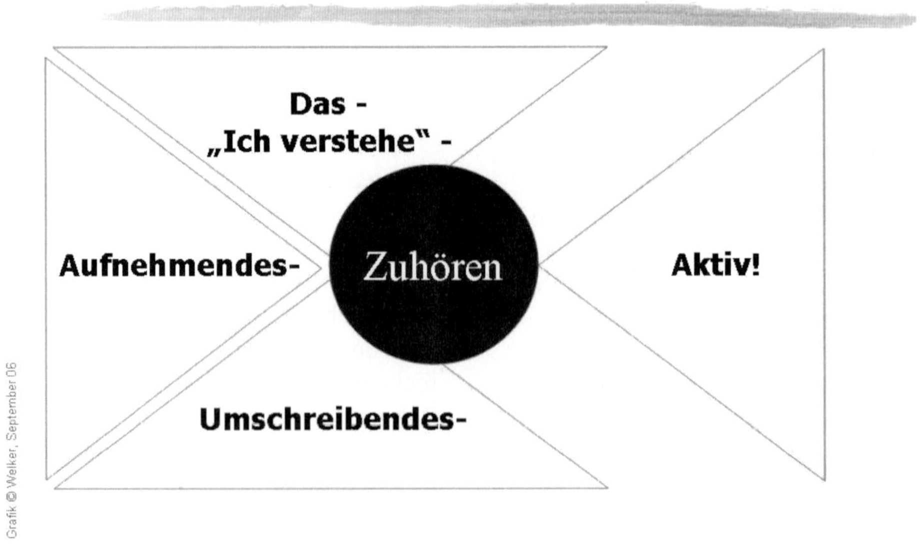

3.3.2.2
Das aufnehmende Zuhören

Das aufnehmende Zuhören wird meist mit so genannten *Zuhörfloskeln* wie *"mh", "aja", "Nein", "ja", "ach"*, etc. zum Ausdruck gebracht. Vor allem im Telefongespräch erleben wir sehr oft diese Lautformen. Bleiben sie aus, so fragt der Gesprächspartner am anderen Ende der Strippe, ob man noch dran sei. Mit diesen Lautformen können zweierlei Grade von Aufmerksamkeit signalisiert werden.

Die Ohren werden geöffnet für die Worte und die Töne, die es wahrzunehmen gilt. Einerseits ist generelle Aufmerksamkeit vom Zuhörer verlangt, andererseits ist mit dieser aufnehmenden Art des Zuhörens noch völlig offen, ob auch alles verstanden wird oder ob eigene Kommentare, Stellungnahmen oder Meinungen gedanklich bereits schon ausformuliert und geprobt werden.

Der andere Grad der Aufmerksamkeit betrifft das Pseudo-Zuhören. Er ergibt sich aus der Häufigkeit des Blickkontakts. Viele Gesprächspartner bedienen sich dieser Zuhörfloskeln immer dann, wenn sie mit anderen Dingen beschäftigt sind und kaum Blickkontakt zu ihrem Gesprächspartner halten. Typische Verhaltenssituationen sind Gespräche zwischen Vorgesetzten und Mitarbeitern. Vorgesetzte sitzen hinter ihrem Schreibtisch und erledigen so nebenbei ihre Geschäftspost, der Mitarbeiter aber soll weiter zum Reden ermuntert werden.

3.3.2.3
Das umschreibende Zuhören

Das umschreibende Zuhören gibt das Gehörte mit eigenen Worten wieder – man nennt das auch *paraphrasieren*. Es dient in der Regel dazu, mögliche Missverständnisse von vornherein zu vermeiden und zum Ausdruck zu bringen, wie wir unseren Gesprächspartner verstanden haben. Im Unterschied dazu muss bei der wörtlichen Wiederholung vom Inhalt her nichts verstanden oder begriffen worden sein.

Das umschreibenden Zuhören bringt jedes Gespräch weiter, da allein der Charakter des Feedbacks die gleiche Wellenlänge signalisiert: Der Gesprächspartner hat nicht nur zugehört, sondern ist tatsächlich bei der Sache und zeigt auch Bereitschaft, weiter zu zuhören.

☞ Beispiele für typische Formulieren:

"Was Sie sagen, fasse ich folgendermaßen auf ..."

"Verstehe ich Sie richtig, dass Sie ...."

"Ihnen ist wichtig, dass ..."

"Ich habe Sie jetzt so verstanden, dass ..."

Mit diesen umschreibenden Formulierungen bezieht sich der Gesprächspartner ganz auf die inhaltlichen Mitteilungen seines Gegenübers. Er stellt dabei seine eigenen Meinungen, Ansichten oder Überlegungen in den Hintergrund.

Dieses Prinzip des Zuhörens gilt als die positive Form des Zuhörens und wird nun als weiterführendes besonderes methodisches Vorgehen im Gespräch erklärt.

3.4 Die Grundregeln des Aktiven Zuhörens

Aktives Zuhören reduziert sich nicht auf bloßes Schweigen. Aktives Zuhören geschieht dabei nicht nur mit dem Ohr, sondern auch durch „Sehen" und „Fühlen".

Der Gesprächspartner wird hörend, sehend, verstehend und gleichsam mitfühlend aufmerksam begleitet. Aktives Zuhören erfordert ein Höchstmaß an Konzentration, Engagement und Aktivität des Beraters oder Vorgesetzten. So ist nach Möglichkeit alles wahrzunehmen, den geäußerten Sinn mitzufühlen, die formulierten Gedanken mitzudenken und Fragestellungen mitzusuchen.

In der Grafik „Gerichtete Konzentration" sind die Inhalte und Emotionen sowie die Arten ihrer Mitteilung zusammengetragen. Aus den nachfolgenden Grundregeln zum Aktiven Zuhören lassen sich einige praktische Anregungen entwickeln.

Gerichtete Konzentration

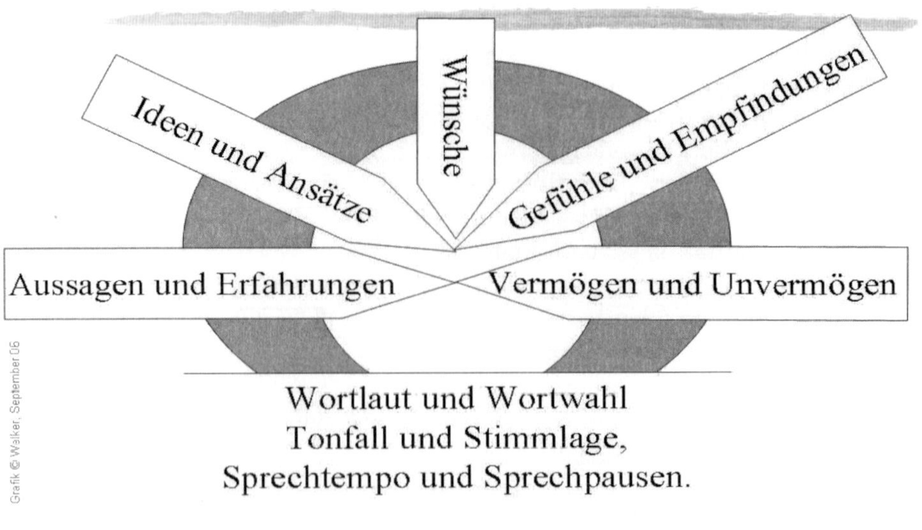

3.4.1 AKTIVES ZUHÖREN UND WANN GESPROCHEN WIRD

Neben dem Leitsatz: *„Nicht reden, sondern zuhören!“* sollte seitens eines Vorgesetzten oder Beraters der Gesprächspartner nur nach folgenden Gesichtspunkten angesprochen werden:

Der Gesprächspartner...

- muss sich ausgesprochen haben.
- kann etwas nicht aussprechen.
- stellt keine selbst beantwortbaren Fragen.
- kann sich nur schwerlich oder gar nicht äußern.

Aktives Zuhören kann im Mitarbeitergespräch wie im Beratungsgespräch durch konkrete Verhaltensformen und Veränderungen der situativen, räumlichen und zeitlichen Bedingungen umgesetzt werden.

Selbst spricht man, wenn...

- das eigene Reden aus dem Zuhören folgt.
- der eigene Beitrag unentbehrlich ist.
- die eigene Mitteilung zu neuem Zuhören führt.
- das eigene Verständnis zu überprüfen ist.
- das Gespräch strukturiert wird.
- die Aussage des Gesprächspartners verstärkt werden soll.

Vor und während des Gesprächs ist für ein Höchstmaß an innerer Ruhe zu sorgen, die man mit Geduld und einem maßvollen Zeitrahmen abstecken und signalisieren kann. Äußere Ruhe sollte durch die Rahmenbedingungen des Gesprächs- und Beratungsraumes gegeben sein. Bereits bei der branchenspezifischen Betriebsgründung sind für die Beratungen eigene Beratungszonen so einzurichten, dass sie frei von äußeren Einflüssen sind, die für beide Gesprächspartner störend und ablenkend sein könnten. Während des Gesprächs richtet sich die eigene Konzentration auf die Aussagen und Erfahrungen, Ideen und Ansätze, Wünsche, Gefühle und Empfindungen, auf Vermögen und Unvermögen des Gesprächspartners. Die Berücksichtigung des Wortlautes ist dabei genauso wichtig wie die der Wortwahl, des Tonfalls, der Stimmlage, der Sprechtempi und der Sprechpausen.

Das nichtsprachliche Ausdrucksverhalten des Gesprächspartners wie Mimik, Gestik, Sitzhaltung so wie auch Kopf- und Handbewegungen gewinnen an Bedeutung. Neben den logischen und unlogischen sowie inhaltlichen Mitteilungen und Argumenten des Gesprächspartners wird auch das wahrgenommen, was er nicht aussprechen kann. Dazu gehören ausgeprägte aktuelle Erlebnisse (z.B. Kauferlebnis, Aha-Erlebnis, etc.), Gefühle, Befindlichkeiten oder positive und negative Emotionen. Hier ist es notwendig, entsprechende Stich- und Reizworte, Schlüsselwörter, Hauptfragen und Pausen wahrzunehmen, den Gesprächspartner ausreden zu lassen und ihm nicht mit Meinungsäußerungen oder voreiligen Interpretationen ins Wort zu fallen. Pausen sollten „*durchgestanden*" werden und nicht zu schnellen Zwischenfragen – i. S. etwa „*was ich schon lange sagen oder fragen wollte*" – benützt werden. So wird die unangenehme Suche nach überbrückenden Worten vermieden. Der Gesprächspartner bekommt stattdessen das Gefühl vermittelt, dass er Zeit und Ruhe zum Nachdenken hat. Eigentlich ist es selbstverständlich, sich vor dem, während und nach dem Gespräch ganz auf den Klienten einzustellen. Drei strukturelle Phasen des Gespräches sind zu berücksichtigen:

1. Vorweg ist zu überlegen, zu welchem Zweck diese Unterhaltung, dieses Gespräch, diese Diskussion eigentlich geführt wird, welche Absicht wird mit diesem Gespräch verfolgt.

2. Während des Gesprächs ist darauf zu achten, dass der Klient im Zentrum des Gesprächs bleibt.

3. Nach dem Gespräch ist darauf zu achten, klientengerecht seine Notizen anzufertigen und das Gespräch für sich noch einmal zusammen zufassen.

3.4.2
Der Nutzen aktiven Zuhörens

Die Fähigkeiten zum Aktives Zuhören sollten vom zuhörenden Gesprächspartner beherrscht werden. Im nebenstehenden Kasten sind die fünf wesentlichen Prinzipien des Aktiven Zuhörens zusammengefasst.

Aktives Zuhören ...

- bedeutet Verzicht auf einen autoritären, dirigistischen oder laissezfaire[21] Gesprächs- und Führungsstils. Egozentrik und Eigenwilligkeit des Gesprächsführenden werden zurückgestellt.
- macht deutlich, dass man erst reden kann, wenn man zugehört hat und den Wunsch, das Anliegen oder das Problem des Klienten oder Mitarbeiters kennt, und wie er die Angelegenheit sieht und erlebt.
- schafft eine Voraussetzung für nützliche und weiterführende Rückfragen und verantwortungsvolle Stellungnahmen.
- verlangt die Zurückstellung der eigenen innerlichen Ablehnung und der Antipathie, und erfordert eine Zurückhaltung in der Bewertung und Verurteilung des Gesprächspartners.
- bietet schließlich dem Ratsuchenden die Möglichkeit, sich aussprechen zu können. Dieser kann

oft erst zuhören, nachdem er sich ausgesprochen hat.

Die Maxime *"Jeder wünscht sich mal ein Ohr, in das er klagen und jammern kann"* formuliert ein sehr menschliches Grundbedürfnis, das manche Menschen gern zufrieden gestellt sehen möchten.

3.5 Übungen zu Kapitel 3

Die folgenden Übungen können alleine oder zu zweit durchgeführt werden, je nach Aufgabenstellung. Auf jeden Fall sollte eine vorherige Einsicht in die Lösungsangebote vermieden werden.

Übung 1

Sie stellen sich einen Klienten oder einen Bekannten vor und beschreiben sein Verhalten. Dabei notieren Sie sich eine Liste von Verhaltensweisen, die Ihnen gefallen oder missfallen.

Sie können anschließend die Ihnen unangenehmen Verhaltensweisen einmal als Vorwurf gegen ihn und einmal in der Form von Ich-Aussagen formulieren. Halten Sie Ihre Aussagen schriftlich fest.

- Listen Sie angenehme und missfallende Verhaltensweisen auf.
- Formulieren Sie eigene Aussagen in der Form des Vorwurfs.
- Formulieren Sie eigene Aussagen in der Ich-Form.

Übung 2

Bei einer Kollegin stellen Sie fest, dass sie in letzter Zeit immer unpünktlich ist. Sie leiden darunter, weil Ihr Chef die dadurch anfallende Mehrarbeit Ihnen überträgt. Sie beschließen, mit Ihrer Kollegin darüber zu sprechen.

Entwickeln Sie bitte ein Gespräch...

- auf der Vorwurfsebene
- in der Ich-Form

Übung 3

Sie besprechen mit einem Gesprächspartner die Vorgänge und Ihr jeweiliges Verhalten in der letzten gemeinsam verbrachten Situation (z.B. Unterrichtsstunde, Arbeitsbesprechung, Lerngruppe etc.).

1. Notieren Sie sich zuvor Ihre Eindrücke, die Sie von Ihrem Gesprächspartner in der Situation gewonnen hatten.

2. Fragen Sie Ihren Gesprächspartner wie er sich in der letzten Sitzung verhalten hat, wie er sich in der letzten Sitzung fühlte, wie seine Gefühle und sein Verhalten zueinander passten, und notieren Sie die Antworten Ihres Gesprächspartners.

3. Dem Gesprächspartner wird gesagt (Feedback), wie Sie sein Verhalten sahen, wie Ihnen sein Gefühl zu sein schien, welchen Eindruck er auf Sie machte. Benützen Sie dazu Ihre Notizen über Ihre Eindrücke.

4. Vergleichen Sie nun die Antworten auf Ihre Fragen mit den

Eindrücken, die Sie von Ihrem Gesprächspartner hatten.

Übung 4

Sie üben sich in der Kunst, Ihren eigenen Notizstil zu entwickeln, in dem Sie sich Gespräche im Anschluss an Ihr Gespräch sofort zu notieren. Sie kennen dieses nützliche Verfahren als „Nacherzählung" aus Ihrer Schulzeit.

Übung 5

Diese Übung hat den Zweck, einen kontrollierten Dialog durchzuführen.

Instruktion:

Zwei Gesprächsteilnehmer diskutierten kontrovers über ein von Ihnen gewähltes Thema. Jeder der beiden wiederholt solange die Mitteilung seines jeweiligen Vorredners, bis ihm die *vollständige* und *sinngemäße* Wiedergabe dieser Mitteilung gelungen und bestätigt wurde. Nach einer zweiten fehl gelaufenen Wiederholung soll der Vorredner seine *eigene* Mitteilung erneut vortragen.

Einen dritter Gesprächspartner können Sie hinzuziehen, der die Aufgabe hat, als Beobachter auf die Einhaltung der Spielregeln und der Instruktion zu achten.

Fazit:

Nach kürzester Zeit wird man bereits merken, dass dabei eine ganze Reihe von Fehlerquellen auftaucht.

Übung 6

Sie überlegen nun bitte, wie die Prinzipien der Übung 5 zum kontrollierten Zuhören in einem Gesprächsverlauf produktiv eingesetzt werden könnten. Wiederholen Sie in Gedanken, was der andere gesagt hat oder am Nebentisch in einem Gasthaus gehört haben.

Übung 7

Sie versuchen einmal, aus verschiedenen Gesprächen Gesprächssequenzen wörtlich wieder zu geben, in dem am besten diese Sequenzen wörtlich zu Papier gebracht werden. Ebenso kann während eines Beratungsgespräches eine wörtliche Mitschrift verfasst werden.

Übung 8

Lesen Sie bitte folgende Episode sorgfältig durch und merken Sie sich den Inhalt.

„Ein Vorgesetzter hatte einen Mitarbeiter nicht für eine Gehaltserhöhung vorgeschlagen. Der Mitarbeiter reichte seine Kündigung ein. Das wurde von den Kollegen bedauert, denn er war allgemein beliebt. Es wurde darüber diskutiert, ob man etwas unternehmen solle." [22]

Wenn Sie sich in diesem Fallbeispiel alles eingeprägt haben, dann beantworten Sie nacheinander die folgenden Fragen.

Wenn Sie meinen, die Aussage trifft zu, kreuzen Sie R an, wenn Sie sie für falsch halten, dann F, und wenn die Richtigkeit der Aussage nicht feststellbar ist, dann setzen Sie bitte ein Fragezeichen (?). Zu einer schon beantworteten Frage sollten Sie nicht mehr zurückkehren, auch sollten Sie nicht zum Text dieses Fallbeispiels zurückkehren

Zu den Fragen ➜

Zu beantwortende Fragen:

1. Der Vorgesetzte hatte dem Mitarbeiter eine Gehaltserhöhung verweigert.	R F
2. Der Mitarbeiter hatte keine Gehaltserhöhung bekommen.	R F
3. Der Mitarbeiter war darüber verärgert und kündigte.	R F
4. Der Kündigungsgrund war die nicht gewährte Gehaltserhöhung.	R F
5. Der Vorgesetzte hatte zwar die Gehaltserhöhung vorgeschlagen, sie war aber abgelehnt worden.	R F
6. Der Weggang des Mitarbeiters wurde von den Kollegen bedauert.	R F
7. Die Kollegen diskutierten, ob man gegen das Vorgehen des Vorgesetzten etwas unternehmen solle.	R F
8. Die Kollegen unterhielten sich mit dem Mitarbeiter.	R F
9. Der Vorgesetzte war an der Diskussion der Kollegen nicht beteiligt.	R F
10. Es handelte sich um einen erfahrenen und beliebten Mitarbeiter.	R F
11. Der Vorgesetzte kündigte dem Mitarbeiter.	R F
12. Die Kollegen bedauerten, dass der Mitarbeiter keine Gehaltserhöhung bekommen hatte.	R F
13. Der Mitarbeiter war allgemein beliebt, und es wurde diskutiert, ob man etwas unternehmen solle.	R F

Lösungen zu der Übungsaufgabe finden Sie unter Anmerkung[23].

Übung 9

Sie geben folgender Klienten-Mitteilung ein nützliches Feedback:

Klient:

„Ich suche eine neue Brille, die besser zu meinem Typ passt als die jetzige, von der meine Freundin der Meinung ist, dass sie mir gar nicht steht."

Übung 10

Üben Sie jeden Tag fünf Minuten „Zuhören": Schließen Sie die Augen und nehmen Sie alle Geräusche in Ihrer Umgebung wahr. Was ist das für ein Geräusch? Wo kommt das Geräusch her? Wer oder Was verursacht dieses Geräusch? Wie sieht der Verursacher aus? Wenn Sie Menschen hören: Was sagen sie? Was tun sie?

Mit dieser Übung stärken Sie Ihre auditive Wahrnehmung und verbessern zugleich Ihre Fähigkeit, Zwischentöne herauszuhören und aus den akustischen Eindrücken Schlussfolgerungen zu ziehen.

3.6 Testfragen zum Kapitel 3

Aufgabe 1

Wann ist die Wirkung von Feedback am größten?

Aufgabe 2

Welche positiven Wirkungen können mit dem Feedback erzielt werden?

Aufgabe 3

Derjenige, der Feedback erhält, sollte auf jeden Fall dagegen argumentieren! Begründen Sie das Für und Wider dieser Behauptung!

Aufgabe 4

Welche Funktion kann das Feedback für einen Klienten haben?

Aufgabe 5

Wenn Feedback praktiziert werden soll, dann muss auf jeden Fall darauf geachtet werden, dass ...

Aufgabe 6

Warum soll Feedback nicht wertend sein?

Aufgabe 7

Sie richten ein Geschäft neu ein. Auf was sollten Sie auf jeden Fall bei der Gestaltung Ihrer Räume achten?

Aufgabe 8

Nennen Sie mindestens 2 Fähigkeiten, die der aktive Zuhörer beherrschen sollte!

Aufgabe 9

Jemand redet aus Unsicherheit immer weiter. Aus welchem Beweggrund könnte das geschehen?

Aufgabe 10

Ein Kardinalfehler beim Zuhörer liegt vor, wenn er versucht, die wahrgenommene Mitteilung den eigenen Vorurteilen anzupassen. Worauf lässt sich so ein Verhalten zurückführen?

Aufgabe 11

Beschreiben Sie zwei negative Arten des Zuhörens und begründen Sie die negativen Wirkungen.

Aufgabe 12

Warum erscheint es sinnvoll, für Klientengespräche Beratungszonen einzurichten?

Aufgabe 13

Worin unterscheidet sich aufnehmendes Zuhören vom umschreibenden Zuhören?

Aufgabe 14

Warum ist das "Lauern" auf Gesprächspausen bedenklich?

Lösungen zu den Testaufgaben finden Sie in den Anmerkungen unter [24]

4 Klientenzentrierte Gesprächsführung

Der Mensch im Fokus
seines Bedürfnisses:
Gutes Sehen und gutes Aussehen

Wir alle führen Gespräche in verschiedenen Formen: eine Unterhaltung mit einem anderen Menschen, einen Small Talk, eine Unterredung, eine Diskussion, einen Diskurs, in einer Talkrunde oder ein Selbstgespräch.

Jeder wird sicherlich zustimmen, dass man seinem Gegenüber dabei zugewandt ist und beide Gesprächspartner jeweils über Dinge berichten, die ihm wichtig und von Bedeutung sind. Stets ist man gegenseitig bemüht, den anderen zu verstehen, seiner Argumentation zu folgen, um seinen Beitrag zu leisten. Man steht selbst im Zentrum des Gesprächsgeschehens – der Mensch im Alltagsgespräch ist *egozentriert*.

Die *personenzentrierte* Gesprächsführung ist jedoch eine besondere Vorgehensweise in einem Gespräch, die aus verschiedenen Anlässen mit den unterschiedlichsten Personenkreisen (Mitarbeiter, Klienten, Eltern, Kinder, etc.) angewendet wird. Wichtige Voraussetzungen für ein *partnerschaftliches* Gesprächsverhalten sind die Kenntnis über die Wirkungen des Feedbacks, die Fähigkeit zum Aktiven Zuhören[25] und die Beherrschung konstruktiver Gesprächsverhaltensweisen.

Partnerschaftliches Verhalten in der Erziehung, in der Beratung, im Betrieb oder in der Öffentlichkeit ist eine Voraussetzung für Rücksichtnahme und Toleranz gegenüber Kindern und Jugendlichen, gegenüber Klienten, Mitarbeitern und Vorgesetzten, gegenüber in- und ausländischen Mitbürgern.

Partnerschaftliches Verhalten ist notwendig, um für seine Anliegen ein besseres Verstehen zu erhalten sowie Offenheit, Leistungsbereitschaft und Motivation seiner Gesprächspartner zu erhalten, um so zur Zufriedenheit beider Seiten beitragen zu können.

4.1 IM MITTELPUNKT: DIE PERSON

Eine *partnerschaftliche Einstellung* zum Gesprächspartner schützt vor überheblicher Selbstüberschätzung und bewahrt vor falsch verstandenem Verantwortungsgefühl, sich nämlich immer für alles und jedes zuständig zu fühlen. Mit ihrem wechselseitigen partnerschaftlichen und toleranten Verhalten akzeptieren sich die Gesprächspartner gegenseitig in ihrer Individualität, in ihrer Einzigartigkeit. Der Rat suchende Gesprächspartner, ob Kind, Jugendlicher, Klient oder Mitarbeiter, behält seine freie und selbständige Entscheidungsmöglichkeit.

In der graphischen Darstellung eines Verhaltenskreuzes mit den beiden Dimensionen der Betonung der Wertschätzung des Gesprächspartners und der Betonung der Lenkung ergeben sich vier Quadranten mit recht unterschiedlichen Stilen.

Die *autoritär-dominante Gesprächsführung* ist gekennzeichnet durch die Kombination von Bevormundung und dominantem Auftreten und von Geringschätzung und Abnei-

Darstellung von Gesprächsstilen

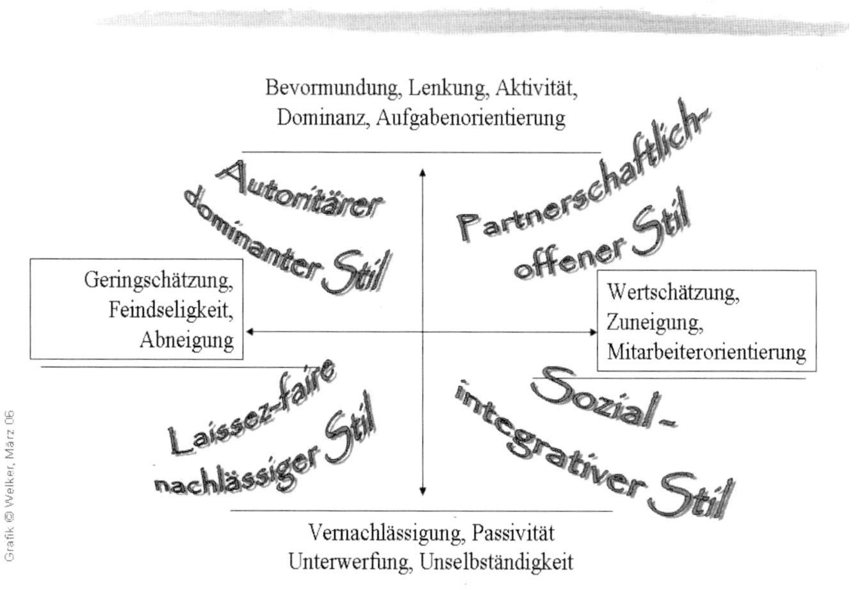

gung dem Gesprächspartner gegenüber. Diese Gesprächsführung frustriert einen Gesprächspartner, der geringschätzig und oberflächlich in Abhängigkeit gehalten wird. Diese Gesprächshaltung führt dauerhaft zur Ablehnung und Aversion. Sie macht einen vernünftigen Dialog unmöglich.

Mit der *laissez-faire-Gesprächsführung*[26] wird ein Gesprächsstil gepflegt, welcher Desinteresse sowohl am Gesprächspartner als auch am Beratungs- und Geschäftserfolg zum Ausdruck bringt. Dem Gesprächspartner begegnet man mit Passivität und Geringschätzung. Diese Haltung frustriert und demotiviert. Sie veranlasst einen unzufriedenen Gesprächspartner, die Gesprächs- oder Beratungssituation zu verlassen.

Als das Gegenteil eines autoritären Gesprächsstils gilt der *sozialintegrative Stil*, der die Dimensionen der Wertschätzung mit dem Verzicht auf Gesprächslenkung kombiniert. Bei hoher Wertschätzung werden dem Gesprächspartner viele Freiheiten und Freiräume ermöglicht, ohne dabei selbst aktiv sein oder aktiv werden zu müssen.

Der *partnerschaftlich-offene Stil* ist gekennzeichnet durch ein hohes Maß an Wertschätzung und Zuneigung seinem Gesprächspartner gegenüber, was aber auch verbunden ist mit ausgeprägten Freiräumen von Aktivität und Aufgabenorientierung.

Mit einer grundsätzlich positiven Einstellung zum partnerschaftlichen Verhalten können sowohl die autoritär-dirigistische Gesprächsführung als auch die Haltung des 'Laisser-faire', also des Geschehen-Lassens vermieden werden. Auch die zwar in manchen Situationen vertretbare sozialintegrative Gesprächsführung sollte vermieden werden, wenn gewünschte Zielsetzungen auf Grund von Unselbständigkeit und möglichen passiven Einstellungen zu den geforderten Arbeiten nicht erreicht werden können.

Zusammenfassend bedeutet für Ausbilder, Vorgesetzte oder Berater partnerschaftliches Gesprächsverhalten, also weder sich in den Vordergrund zu drängen noch die eigenen Maßstäbe absolut zu setzen. Eine den Gesprächspartner wertschätzende Haltung einzunehmen, bedeutet ja gerade nicht, die eigene Meinung aufzugeben und die des anderen gutheißen zu müssen. Die Zuneigung und Wertschätzung, welche dem Gesprächspartner entgegengebracht wird, ermöglichen überhaupt erst die Basis eines rationalen und emotionalen Dialogs.

4.1.1 Definition Gesprächsstile

Gesprächsstile werden von einzelnen *Gesprächsverhaltenweisen* unterschieden:

- Das Gesprächsverhalten ist definiert durch eine einzelne Verhaltensweise, mit der im zielgerichteten interpersonalen Bezug das Verhalten anderer Gesprächspartner beeinflusst werden kann.

- Gesprächsstile sind definiert durch einheitliche, beschreibbare und durch mehrere ähnliche Einzelmerkmale zusammengefasste und im Gespräch vorherrschende Gesprächsverhaltenswiesen. Sie sind praktisch beobachtbar und auf Grund ihrer Charakterisierung auch vorhersagbar.

Bei näherer Betrachtung lassen sich die im Verhaltenskreuz skizzierten Gesprächsstile auf die verschiedenen Berufsgruppen spezifizieren.

Im Dienstleistungssektor lassen sich zwei wesentliche entgegengesetzte Dimensionen von Gesprächsstilen unterscheiden, nämlich der klientenorientierte und der umsatz- und produktorientierte Gesprächsstil.

Klienten-orientierter Gesprächsstil	Umsatz-orientierter Gesprächsstil

So betont der *klientenorientierte Gesprächsstil* den Nutzen des Klienten und seine Bedürfnisse, während der *umsatz- und produktorientierte Gesprächsstil* die Absatzmenge des Produktes oder das Produkt selbst im Vordergrund hält.

In diesem Zusammenhang macht sich besonders deutlich, dass die kommunikative Qualität jeder Form von Beratung abhängig ist von der Richtung und Zielsetzung der Beteiligten.

Das trifft auf die Unternehmensberatung und die Beratung zwischen Chef und Mitarbeitern ebenso zu wie auf die Beratung im sozialen und klinischen Bereich (Psychologe, Arzt, Krankenschwestern, etc.). In der pädagogischen und psychologischen Schul- und Erziehungsberatung lassen sich diese gegensätzlichen Gesprächsstile ebenfalls auffinden: das Kind selbst mit seinen Bedürfnissen und das Kind als nutzenorientiertes Problem („*Es stört den Unterricht*").

In der Beratung zur augenoptischen Versorgung lassen sich die beiden Gesprächsstile ebenfalls gegenüberstellen. Der klientenorientierte und der umsatzorientierte Gesprächsstil unterscheiden sich im wesentlichen darin, dass ersterer stets die Bedürfnisse, Wünsche und Probleme des Klienten und deren Erfüllung bzw. Lösung in den Vordergrund stellt, während letzterer mehr das Produkt, dessen Vorzüge und Nutzen betont sowie eine höhere Absatzmenge im Auge hat.

Analoge Bezeichnungen[27] von Gesprächsstilen bringen die jeweilige Richtung der Zwecksetzung eines Gesprächs zum Ausdruck. Die Bedeutung, dass es schließlich auf den Menschen ankomme, der ein Produkt für sich erwerben möchte, wird schließlich auch mit dem Bezeichnungswandel von „Gesprächsstil" in „Gesprächsführung" unterstrichen.

4.1.2 Ziel und Prinzip – sich klientenorientiert verhalten

In unterschiedlichen Gesprächssituationen mit beratendem Charakter wird aus den genannten Überlegungen prinzipiell die Forderung erhoben, dass der das Gespräch leitende Teilnehmer (z.B. Berater, Verkäufer, Vorgesetzter, Erzieher etc.) sich personenzentriert verhält und die klientenzentrierte Gesprächsführung professionelle beherrscht.

Je nach Gesprächsanlass und Status des Gesprächspartners wird die Gesprächsführung als kindgerechte, klientenzentrierte oder mitarbeiterbezogene Gesprächsführung bezeichnet.

Die Idee partner- und personenzentrierter Gesprächsführung geht auf C. Rogers[28,29] zurück, der mit diesem Konzept[30] die Grundlagen für die Entwicklung *nicht-direktiver Beratungsprinzipien* geschaffen hat. Nach Mucielli haben nicht-direktive Beratungsprinzipien in den meisten Bereichen, in denen zielgerichtet und personenorientiert beraten wird, inzwischen Einzug gehalten[31].

Rogers Ansicht nach haben Menschen die Neigung zur Selbstverwirklichung, werden allerdings oft daran gehindert, diese auszuführen. Deshalb sollte in einem Gespräch der Klient in den Mittelpunkt gerückt werden, um sein Selbstwertgefühl und die Tendenz dazu zu steigern. Der Klient soll aktiv das Gespräch mitgestalten und seine Wünsche, Bedenken und Gedanken zum Ausdruck bringen können. Deshalb müssen ihm Unsicherheiten, Ängste und Hemmungen genommen werden.

Die Grundsätze der klientenzentrierten Gesprächsführung nach Carl Rogers sind nach drei emotionalen Grundhaltungen eingeteilt:

➔ Echtheit und Kongruenz
➔ Positive Wertschätzung
➔ Einfühlendes Verstehen

Das zentrale Prinzip *nicht-direktiver* Beratung bedeutet, dass der Beratende sich partnerzentriert und nicht egozentrisch und selbstbezogen verhält und diese Haltung auch in seinem Verhalten zum Ausdruck bringt: Echt wirken, mit sich in Einklang sein und zugewandt sein. Der Gesprächsverlauf wird von seinem Partner bestimmt, von dessen Wissen und Vermögen bzw. Unvermögen, von dessen Wünschen und Problemen – der Gesprächspartner erhält eine positive Wertschätzung. Schließlich begleitet er seinen Gesprächspartner hörend, sehend, verstehend und einfühlsam. Er lässt den Klienten spüren, dass hier jemand ist, der ihn ein Stück weit versteht. Die darin zum Ausdruck kommende Empathie i. S. einer Einfühlung in den anderen schafft Zuwendung und emotionale Unterstützung. So wird beispielsweise in einer augenoptischen Beratung deutlich, wie partnerschaftliches Verhalten als eine Art Gleichberechtigung zwischen dem Klienten und dem augenoptischen Berater erlebt werden kann: Der Klient fühlt sich akzeptiert, schätzt die ihm entgegengebrachte Wertschätzung und Aufmerksamkeit und erlebt die kommunikative Kompetenz des Beraters als wohltuend und zufrieden stellend.

Das Prinzip:
Die personen-, klienten- und mitarbeiterzentrierte Gesprächsführung fördert stets die Eigenaktivitäten des Gesprächspartners. Mit partnerzentriertem Verhalten wird zur Selbständigkeit und möglicher Selbstgestaltung angeregt. Mit ihr wird eine positive Wertschätzung zum Ausdruck gebracht. Mit ihr wird Zuwendung und emotionale Unterstützung ermöglicht.

Aus Forschungsberichten der klinischen Psychologie, der angewandten Sozialpsychologie wie auch der klientenorientierten Betreuung geht hervor, dass eine wissenschaftlich fundierte Gesprächsführung, welche durch die Zentrierung auf sämtliche verbale und nonverbale Äußerungen des Gesprächspartners geprägt ist, einen hohen Wirkungsgrad belegt und dazu beiträgt, dass Klienten sich mitteilen und sich explorieren[32] können. Gerade im gesundheitsdominanten augenoptischen Versorgungsbereich müssen Klienten Mut fassen können, ihre Probleme anzusprechen und ihre Wünsche zu artikulieren. Und dieser Mut ist ihnen durch den Berater zu vermitteln. Klienten wie auch Mitarbeiter gewinnen im Gespräch die Möglichkeit zur freien Entfaltung ihrer Individualität. Sie erleben, dass ihre Möglichkeiten und Fähigkeiten, ihre Individualität und ihre Grenzen respektiert und sie selbst am Geschehen aktiv beteiligt werden.

Um klientenzentriertes Verhalten umsetzen zu können, ist es im Vorfeld von Beratungsgesprächen wichtig, sich in der Rolle und in der Funktion des Beraters einer Reihe von allgemeinen und besonderen Verhaltensweisen der Gesprächsführung ins Bewusstsein zu rufen: Sich partnerschaftlich, tolerant, rücksichtsvoll, wertschätzend, partner- und personenzentriert, emphatisch verhalten.

Bevor die eigentlichen das klientenzentrierte Verhalten förderlichen Verhaltensweisen weiter vertieft werden, beginnen wir zunächst mit denjenigen Verhaltensweisen, welche die praktische Umsetzung dieser Zielrichtung verhindern.

4.2 Verhinderer des klientenzentrierten Verhalten

Recht bunt ist die Kunst, Gespräche im eigentlichen Sinne gar nicht erst stattfinden zu lassen, Gespräche zu verhindern und zu stören, Gespräche mit Phrasen zu verkleistern, zu hemmen und zu „killen" – unser Gesprächsalltag ist voll davon. Etliche Verhaltensweisen bewirken das Gegenteil eines personenzentrierten Gesprächs, obgleich sie den Anschein erwecken.

Um nur die wichtigsten Formen anzusprechen: Ablehnende Haltungen und Einstellungen, Ich-Dominanz und Selbstbezogenheit sowie Respektlosigkeit werden dem Gesprächspartner gegenüber zum Ausdruck gebracht Die typischen Gesprächsverhinderer sind in der Grafik dargestellt.

4.2.1 Ich-Bezogenheit

Im Zentrum der Gesprächsverhinderer steht das eigene Ego. Es ist zu den gewöhnlichsten sprachlichen, persönlichen und sozialen Umgangsweisen geworden, das Gespräch sehr schnell auf sich zu lenken und von sich zu reden. Während das im Small Talk oder in der privaten entspannten Konversation tragbar erscheint, führen Sprach- und Verhaltensformen, mit denen man sein Ego herauskehrt, beim Gesprächspartner oft zu einer ablehnenden Haltung.

Mögliche Gesprächsverhinderer

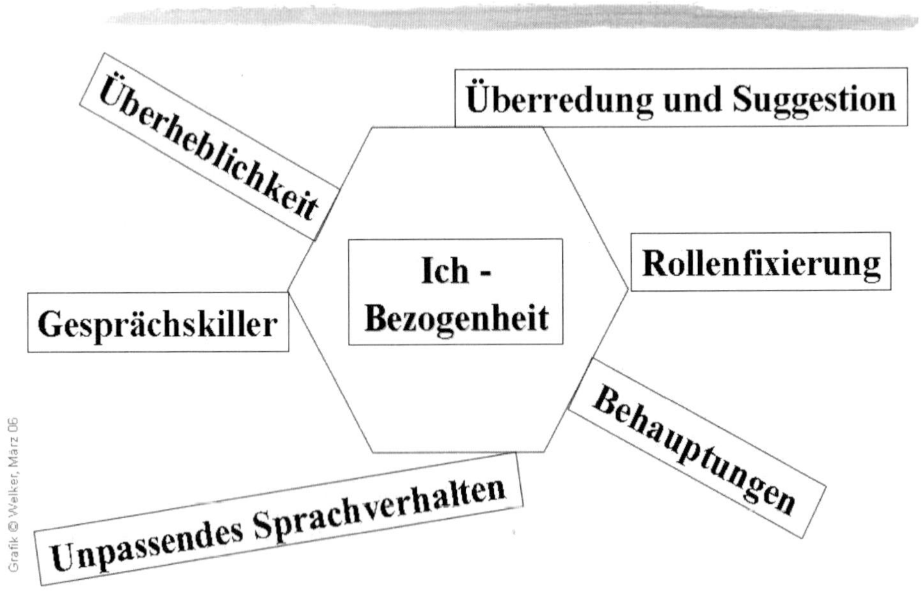

Nicht allein der häufige Gebrauch des Personalpronomens „Ich" ist dabei ausschlaggebend, sondern die Art und Weise, wie man sich mit seinem „Ich" im Gespräch zum Thema macht, wie man sich immer wieder dominierend in den Mittelpunkt des Gespräches stellen kann.

Diese Gegebenheit liegt immer dann vor, wenn die Ich-Botschaften auf der Ebene der Selbstdarstellung explizit dargeboten oder Anweisungen erteilt werden. Die Techniken mit denen das gelingt, sind sehr vielfältig und subtil[33].

4.2.2 Überheblichkeit

Überheblichkeit wird zum Ausdruck gebracht, indem man seinen Gesprächspartner spüren lässt, sich ihm überlegen zu fühlen. Das findet vor allem seinen Niederschlag im mangelnden Respekt vor der Fähigkeit des anderen. Man glaubt, alles besser zu wissen oder schneller machen zu können, den besseren Überblick oder die besseren Verbindungen zu haben.

Beispiele:

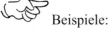

„Du kannst mir eh nicht das Wasser reichen..."

„Ich hab's ja eh gewusst"

„Hättest du mich vorher gefragt"

„Werde du doch erstmal erwachsen"

Solche Haltungen mit den entsprechenden Redewendungen führen im Gespräch letztlich dazu, dass jeder Ausspruch oder jede Meinung des anderen Gesprächspartners nur gilt, wenn er eine Referenz benennen kann. Ein Ratschlag oder eine Anregung wird meist nur dann akzeptiert, wenn mit „Experten" argumentiert wird. Die Kehrseite des überheblichen Verhaltens, welches meisten in der personalen Hierarchie nach unten gerichtet ist, ist die nach oben orientierte Autoritätsgläubigkeit.

4.2.3 Behauptungen

Behauptungen aufzustellen, ohne sie zu begründen und einsichtig zu machen, ist eine der meist verbreiteten Unarten. Nicht nachvollziehbare Behauptungen führen in der Regel zu unfruchtbaren rechthaberischen Debatten. Sie können sich bis zum (handfesten) Streit aufschaukeln.

Beispiele:

„Das kann man doch gar nicht vergleichen..."

„Ohne eigene Erfahrung kannst du das gar nicht beurteilen..."

„Das kann man doch so nicht sagen..."

Beziehungskonflikte, Konflikte mit der Nachbarschaft, Zwistigkeiten in der Ehe und im Verein, Kollegen- und Betriebsfrust, etc. sind die auffälligsten Auseinandersetzungen, in denen Behauptungen aufgestellt werden. Diese sind von ihrem Charakter her reine unproduktive Selbstbehauptungsauseinandersetzungen.

4.2.4 ÜBERREDUNG UND SUGGESTION

Mit Überredung versuchen wir jemand anderen zu einer Handlung zu bewegen, die er noch nicht will, von der wir aber wollen, dass er sie freiwillig tut. Mit freundlich schmeichelnden Worten wird ihm schmackhaft gemacht, was er selbst für einen Nutzen davon hätte, entsprechend dem Vorschlag zu handeln.

Eine Situation:

So meint ein Chef einer Abteilung mit ca. 20 Mitarbeitern, alle mögen sich doch bitte in der Mittagspause zu einem Briefing[34] *im Besprechungsraum treffen, jeder könne seinen Kaffee und sein Pausenbrot mitbringen, er hätte nichts dagegen, aber den Zeitpunkt für die Besprechung jetzt zu wählen, hielte er für besser als nach Betriebsschluss, wo jeder doch sicherlich gleich nach Hause möchte.*

Trotz des freundlich vorgebrachten Vergleichs in dieser Überredung, nicht später nach Hause zu kommen, merkt der Gesprächspartner die Absicht, dass der Chef die ihm zustehende Mittagspause „stiehlt" und damit in seine Freiheit eingreift. Neben dem Austeilen von Schmeicheleien gehört zur Überredung das beliebte Verfahren, Dringlichkeiten vorstellig zu machen:

Beispiel:

Der zu erwerbende Gegenstand könnte bald verkauft sein bzw. wird nicht mehr hergestellt werden bzw. die einmalige sich ihm jetzt bietende Chance. Der Kunde müsse sich schon schnell entscheiden.

Kurzum: Mit Überredungskunst und der Suggestion wird versucht, den Gesprächspartner zur Eile zu drängen.

Dieses Verhalten mit der Tendenz, zur Überredung (im Verkäuferjargon als *Jemanden über den Tisch ziehen* tituliert) und zur Suggestion (*"Sind Sie nicht auch der Meinung...?"*) zu greifen, versucht, den Gesprächspartner freundlich verbal zu vereinnahmen oder ihn in eine vorgegebene Richtung oder Entscheidung zu drängen. Dieses Verhalten wird als autoritär oder liberal-desinteressiert bezeichnet, wie es in den modernen, z. T. automatisch gesteuerten Telefonakquisitionen zum Ausdruck kommt.

4.2.5 UNPASSENDE AUSDRUCKSWEISE

Die Demonstration eines sprachlichen Ausdrucksverhaltens, welches dem anderen fremd oder ungewohnt ist (z.B. Fachchinesisch), verhindert ein gemeinsames Gesprächsniveau und vermittelt u. U. dem Gesprächspartner ein Gefühl der Unterlegenheit. Ein typisches Beispiel ist das

Abstrahieren und Absehen:
In wissenschaftlicher Weise wird abstrakt und/oder allgemein über eine Angelegenheit geredet.

Tatsächlich ist es so, dass jeder im Beruf stehende Mensch dazu neigt, sich in der gelernten Fachsprache auszudrücken. Einerseits zeugt dies von Kompetenz, andererseits wird damit vom Wissensstand und Wissensniveau des Klienten abgesehen, man wirkt überheblich, hochtrabend und u. U. auch autoritär. Die wissenschaftliche Fachsprache wird zum falschen Zeitpunkt eingesetzt.

Übung 1:
Halten Sie Ihre Erklärung eines Gleitsichtglases einmal wissenschaftlich exakt schriftlich fest!

Übung 2:
Schreiben Sie Ihre Erklärung über den gleichen Sachverhalt mit einfachen Worten nieder!

Übung 3:
Ein Schreiner möchte von Ihnen als augenoptischem Fachmann das Mikroskop exakt erklärt bekommen. Was sagen Sie ihm?

Zur Vermeidung von unverständlichen wissenschaftlichen Abstraktionen ist es ratsam, sich im Bereich seiner Produkte und Dienstleistungen wissenschaftlich exakt auszukennen, also über ein ausreichendes Wissen darüber zu verfügen. Erst dann ist man in der Lage, seine Erläuterungen dem Sprachniveau des Gesprächspartners entsprechend zu variieren und anzupassen. Andernfalls kann es passieren, dass der Klient das Geschäft bzw. ein Mitarbeiter eine Unterredung künftig meidet.

4.2.6 ROLLENFIXIERUNG

Die Rollenfixierung als typischer Verhinderer eines Gesprächsaufbaues ist dadurch charakterisiert, dass der Berater sich auf seine berufsspezifische Beratungsfunktion bezieht und die Wichtigkeit seiner Beratung und seiner Person in den Vordergrund stellt und damit – gewollt oder ungewollt – seinen Gesprächspartner in einem Abhängigkeitsverhältnis hält.

Es schmeichelt zwar einem Berater, wenn er immer auf Grund seiner Kompetenz um Rat gefragt wird und in die Rolle des Fachmannes / der Fachfrau "gedrängt" wird. Wer daraus begründet, die Befindlichkeit seines Klienten nicht zur Kenntnis nehmen und zum Gegenstand des Gesprächs machen zu müssen, steuert das Gespräch sehr einseitig. Nichts ist leichter, als vom Standpunkt des Fachmannes/der Fachfrau aus Ratschläge zu erteilen. Ob diese Ratschläge schließlich zum Erfolg führen oder eher als wenig hilfreich abgetan werden, entscheidet nie der die Ratschläge Austeilende – dieser kann sich immer distanziert halten.

☞ Fragen, wie

"Was raten Sie mir?"

"Was empfehlen Sie mir?"

"Sie als Fachmann wissen es doch besser."

"Sie als Fachmann, was raten Sie mir denn?"

"Was soll ich bloß machen?"

sind mit großer Sorgfalt und gut überlegt nur zu beantworten, wenn der Ratsuchende wirklich keine eigenen Lösungsansätze überlegt hat.[35]

Legt man nämlich sich selbst auf eine bestimmt Rolle fest oder lässt sich vom Gesprächspartner eine feste Rolle zuschieben ("allwissender Berater", "tröstende Mutter"), so besteht die Gefahr, in unzulänglicher Weise die eigene Autorität hervorzukehren. In der Beratung wird stets auf die eigene Kompetenz, auf die gewichtige Funktion, die man innehat, auf die Referenz verwiesen.

☞ Beispiele:

"Dazu bin ich ja schließlich da, Sie zu beraten."

"Wozu bin ich denn sonst da?"

"Alle meine Klienten kommen damit gut zurecht."

"Ich als Fachmann ..."

Dieses Gesprächsverhalten fällt vor allem dann negativ und unangenehm auf, wenn

der Gesprächspartner stets auf das gleiche Thema zu sprechen kommt. Anstatt das dem Thema zugrunde liegende noch nicht gelöste Problem für den Gesprächspartner erneut anzugehen, wird auf die Fachautorität verwiesen, der man einfach glauben müsse.

trotz einer Aufforderung durch den Ratsuchenden, der Berater möge doch die persönliche Meinung äußern, immerzu nur der Standpunkt des Fachmannes herausgekehrt wird, und damit einer erwünschten persönlichen Ansicht nicht nachkommt.

4.2.7 Gesprächsstörer

Bei der Erörterung des Kommunikationskreislaufs wurde bereits auf die vielfältigen Möglichkeiten hingewiesen, durch die ein Gespräch beeinträchtigt und gestört werden kann. Der Berater reißt aktivistisch das Gespräch an sich, legt größeren Wert auf die Gewichtung seiner Gesprächsanteile, während der Ratsuchende eher in die Rolle des passiven Hörenden gedrängt wird.

Wie Untersuchungen zeigen konnten, sind die *Gesprächsanteile* von Beratern, Vorgesetzten oder Eltern meist größer als die der Kinder, Klienten oder Mitarbeiter, und zwar ca. 70%. Im Gegenzug kommen die Rat suchenden Gesprächspartner durchschnittlich nur zu 30% zu Worte. Eigentlich sollten die Gesprächsanteile genau umgekehrt sein. Dabei spielt die Subjektivität und die Persönlichkeit des Beraters eine wesentliche Rolle. Der Gesprächsführende kann Gespräche sogar zerstören und absichtsvoll zum Abbruch bringen. Je stärker und dominanter die Persönlichkeit des Beraters, desto größer seine Gesprächsanteile. Je emphatischer, einfühlsamer die beratende Person wirken kann, desto geringer fallen ihre Gesprächsanteile aus.

Von Störungen in Gesprächen sprechen wir also, wenn Gesprächsteilnehmer Unarten benützen, die...

- ein Gespräch gar nicht erst zustande kommen lassen,
- den Ablauf eines Gespräches unterbrechen können[36], bzw.
- ein Gespräch vorzeitig zum Abbruch bringen.

Da es nun eine Reihe von Möglichkeiten gibt, ein Gespräch zu stören, ist es wichtig, sich über konkret belastenden und hauptsächlich aus sprachlich destruktiven Gesprächselementen bestehenden Verhaltensweisen Klarheit zu verschaffen. Unterschieden wird dabei zwischen einem *unbewusst gewohnheitsmäßigem* Verhalten und einem *bewusst reflektierendem* Verhalten:

- Unbewusst und gewohnheitsmäßig praktiziert und angewendet, signalisieren die destruktive Gesprächsverhaltensweisen eine psychologische *Abwehrhaltung*[37]: eigentlich will man den Gesprächspartner nicht zu Wort kommen lassen, gleichwohl will man seine Gesprächsbereitschaft demonstrieren.

- Bewusst eingesetzt bedeuten diese "Unarten" eine besondere Art der Lenkungs- und Manipulationstechnik, um aus einer erhöhten Angst heraus die gesamte Situation stets unter Kontrolle halten und das Gespräch nicht aus der Hand geben zu wollen.

Die in der Tabelle 3 aufgeführten und näher erläuterten sprachlichen Unarten sind Spielarten von Gesprächsstörern. Je nachdem, ob sie im Gespräch einzeln, gelegentlich, gehäuft und/oder viele gemischt und regelmäßig auftreten, lassen sich typische semantische, d.h. sprachlich bedeutsame Gesprächs- und Verhaltensstile differenzieren bzw. charakterisieren.

Im Allgemeinen sind sämtliche Verhaltensformen, die ein Gespräch behindern, beeinträchtigen oder gar zerstören können, von Desinteresse, Gleichgültigkeit oder auch von autoritären Strukturen des Gesprächspartners geprägt.

4.3 Arten destruktiver Gesprächsführung

Die auf der sprachlichen und nicht sprachlichen Ebene vorherrschenden destruktiven Komponenten eines Gesprächsverlaufs werden nun dargestellt. Es wird erläutert, warum in den angegebenen Fällen von *Gesprächsstörern* oder Killerphrasen gesprochen werden kann. Mit Beispielen aus den verschiedensten Beratungs-, Mitarbeiter- und Verkaufsgesprächen werden solche Gefahren und Belastungen, die in einem Gesprächsverlauf vorkommen können, belegt. Die Belege stammen alle aus der Praxis und stehen für sich, auf einen Kontext kommt es nicht an.

4.3.1 Bewerten & Moralisieren

Nach eigenen Maßstäben negativ oder positiv zu werten, ist eine der

1. Abstrahieren. Absehen.	**2. Bagatellisieren. Herunterspielen.**
3. Bewerten. Moralisieren.	**4. Debattieren. Streiten.**
5. Dirigieren. Befehlen.	**6. Dogmatisieren. Lebensweisheiten.**
7. Diagnostizieren. Verschubladeln.	**8. Emigrieren. Auswandern.**
9. Examinieren. Ausfragen.	**10. Umfunktionieren. Umlenken.**
11. Externalisieren. Thema wechseln.	**12. Generalisieren. Verallgemeinern.**
13. Interpretieren. Deuten.	**14. Monologisieren. Allein reden.**
15. Projizieren. Entwerfen.	**16. Sich identifizieren. Gleichsetzen.**

Tabelle 3: Sprachliche Unarten

häufigsten Verhaltensweisen im Gespräch, um seine Überlegenheit herauszustellen. Moralische Bewertungen, die nicht nur der privaten Vorstellung entspringen, werden gerne als verallgemeinernde Stütze verwendet.

Beispiele

"Du bist aber egoistisch und selbstsüchtig."

"Wie kann man nur so umständlich sein!"

"Sie müssen jetzt aber tapfer sein und durchhalten."

"Das finde ich gut."

"Diese Ansichten sind doch nun wirklich überholt..."

„Ja, ja in der Theorie klingt das alles sehr gut und plausibel. Aber in der Praxis...."

"Das finde ich schlecht."

Selbstverständlich praktizierte Bewertungen und ständig angelegte Wertmaßstäbe können während einer Beratung oder während eines Gesprächs Hindernisse gegenüber dem Klienten aufbauen. Moralische, persönliche oder subjektive Bewertungen des Beraters sollten erst geäußert werden, wenn sie ausdrücklich vom Klienten erwünscht sind.

Negative Werturteile, insbesondere moralische Vorwürfe, vermitteln ein Gefühl der Minderwertigkeit und der Verurteilung. Der Gesprächspartner erlebt eine Geringschätzung: Entweder zieht er sich zurück und verdrängt negative Empfindungen oder er leistet Widerstand, greift selbst zu negativer Kritik und wird aggressiv. Dadurch wird oft ein unfruchtbarer Streit angezettelt.

Positive Werturteile können ebenso von Nachteil sein, denn das Unterlassen von Lob im Gesprächsverlauf wird als stillschweigende Kritik verstanden. Es wird die Vermutung nahe gelegt, dass auf positives Bewerten auch bald negative Bewertungen folgen. Selbst positive gut gemeinte Bewertungen können auch als Schmeichelei oder als Manipulation (miss-) verstanden und insofern als Ärgernis empfunden werden.

4.3.2 Bagatellisieren & Verharmlosen

Ein Problem oder Gefühl des Gesprächspartners wird heruntergespielt und als geringfügig betrachtet. Dinge zu verharmlosen ist eine weitere Variante des Bagatellisierens.

Beispiele:

"So schlimm wird das Problem schon nicht sein."

"Erzählen Sie einfach Ihr Problem."

"Das haben andere auch schon fertig gebracht."

"Das geht vielen Menschen so, das nächste Mal werden Sie die Prüfung schon schaffen."

"Alles halb so schlimm."

Bagatellisieren entsteht durch das Bestreben, den Gesprächspartner zu trösten, zu beruhigen und/oder zu ermutigen. Weil die Situation als unangenehm erscheint oder als unangenehm vom Beratenden empfunden wird, entsteht das Bestreben, sie herunterzuspielen, zu verharmlosen oder zu verniedlichen. Die Klienten fühlen sich in der Regel nicht verstanden und nicht ernst genommen.

4.3.3 Debattieren & Streiten

Streitgespräche haben nicht die Absicht, eine Angelegenheit zu klären. Rechthaberisch wird der eigene Standpunkt vertreten ohne die Argumente der anderen Seite aufzugreifen. Ebenso gerne werden unbegründete Gegenbehauptungen aufgestellt, und auch das Prinzip des Streitens um des Streitens willen kommt zum Zuge.

Beispiele:

"Ja, aber ..."

"Aber wir haben doch gestern einen Termin ..."

"Nein, nein, ..."

"Ich hab doch aber ein Recht auf die eigene Meinung ...“

"Ich will aber Recht behalten ..."

Dieses Gesprächsverhalten liegt vor, wenn ein Berater seinen Klienten zurechtweisen oder unbedingt erreichen will, sich seiner Überzeugung anzuschließen. Er ist so sehr von seiner eigenen Meinung überzeugt, dass er sie unbedingt vom anderen Gesprächspartner berücksichtigt wissen will. Die Ansicht und Meinung des Gesprächspartners nimmt er nur zur Kenntnis, um sie als Argumente für seine Rechthaberei zu nutzen.

4.3.4 Dirigieren & Befehlen

Allgemeine Ratschläge, Mahnungen, Befehle oder direkte Aufforderungen werden ausgesprochen, die für den Gesprächspartner nicht einsichtig und nachvollziehbar sind. Vorgefertigte Lösungen werden aufgelegt und gerne wird auf sie zurückgegriffenen. Überredungskünste, Suggestionen und Manipulation sind „noch“ wohlwollende Vorformen des Befehlens.

Beispiele:

"Nehmen Sie bitte Platz!"

„Machen Sie es sich bequem.“

„Fühlen Sie sich wie zuhause.“

"Machen Sie es doch einfach so wie ich!"

"Setzen Sie mal diese interessante Fassung auf!"

"Am besten, Sie nehmen jetzt diese Fassung!"

"Bei den Gläsern ist ja wohl alles klar!"

"Ist es nicht so, dass diese Fassung Ihnen am besten steht?!"

„Man muss das so sehen, ..."
"Das darf man so nicht sagen, ..."

Oft handelt es sich bei den dirigistischen Maßnahmen um eine rasche Abfertigung. Selbst als Gesprächspartner hat man selten einen individuell maßgeschneiderten Rat zur Hand, dieser muss jedoch in aller Regel erst erarbeitet werden. Der Andere wird jedoch mit dirigistischen Maßnahmen in einer gewissen Abhängigkeit gehalten; seine Gedanken, Meinungen und Lösungsansätze finden kaum Beachtung. Klienten fühlen sich weder verstanden noch akzeptiert. Im Gegenteil: Mit einer dirigistischen Maßnahme wird eher Angst, Widerstand, Wut oder Hilflosigkeit provoziert.

Wie noch gezeigt wird, können dirigistische Aufforderungen auch in einer Vielzahl anderer sprachlicher Formen vorgetragen werden.

4.3.5 Dogmatisieren & Lebensweisheiten verbreiten

Aussagen von unanfechtbarer Autorität, "Volksweisheiten", "Lehrsätze", "Lebenserfahrung" werden im Gespräch kundgetan, man gibt sich starrköpfig, ist festgefahren und agiert selbst wenig flexibel.

Beispiele:

"Fügen Sie sich halt in Ihr Schicksal!"
"Nichts wird so heiß gegessen, wie es gekocht wird..."
"Kommt Zeit, kommt Rat!"
"Das ist halt so!"
"Was Hänschen nicht lernt, lernt Hans nimmermehr."
"Früh übt sich, wer ein Meister werden will."
„Den Buckligen macht nur der Sarg gerade"(Russisches Sprichwort).

Die dogmatische Form der Gesprächsführung zeichnet sich durch mangelnde Argumente aus. Man zieht sich auf allgemeine, nichts sagende, aber wohlklingende, aber auch leicht durchschaubare Argumentationsmuster zurück. Der Gesprächspartner wird nicht ernst genommen. Das Gespräch – mit Glaubenssätzen geführt – ist eigentlich schnell beendet.

Allgemeine Maßstäbe oder allgemeingültige Meinungen scheinen Sicherheit in der Argumentation zu geben. Man muss nicht befürchten, dass die eigene Meinung in Zweifel gezogen wird. Öffentlich ausgetragene Diskussionen im politischen Alltag leben davon, wenn sie sich im Mainstream tummeln.

4.3.6 Diagnostizieren & Verschubladeln

In einseitiger Weise werden verallgemeinernde Klassifikationen und Einordnungen vorgenommen, die meist als eine "endgültige" Diagnose[38] über den Klienten präsentiert wird. Eine vorschnelle typologische Festlegung engt ihn in seiner individuellen Freiheit und seinem Äußerungsrahmen ein. Man stellt sich als jemand dar, der über die Ursachen und Hintergründe der Problematik des Gesprächspartners Bescheid wüsste und sich Beurteilungen erlauben könne.

Beispiele:

"Das ist typisch für Sie."

"So einen Charakterzug kenne ich gar nicht an Ihnen."

"Das ist ein typisches Zeichen an ihm."

"Schon wieder ein Techniker."

"Ihre Befürchtungen, Kontaktlinsen zu tragen, - völlig klar: Sie sind ein ängstlicher Typ."

Das Gesprächsverhalten „Verschubladeln"[39] ist nicht zu verwechseln mit der Notwendigkeit, eine (psychologische, medizinische, optometrische) Diagnose mit der entsprechenden berufs- und branchenbedingten Kompetenz zu erstellen. Schnelles Einschätzen und Typisieren jedoch engt die Entfaltungsmöglichkeiten des Gesprächspartners ein und steckt ihn in eine dafür vorbereitete kleine Schublade, aus der er nicht mehr so schnell herauskommen kann oder auch darf. Die eigene Wahrnehmung des Beurteilenden trägt subjektive und sehr selektive Züge.

Das persönliche Wertesystem beeinflusst die momentane Motivation und geistige Beweglichkeit. Eine typische falsch verstandene Klassifikation ist z. B. die häufig zitierte Körperbau-Typologie[40] nach Kretschmer[41]. Zur Vermeidung falsch verstandener Klassifikationen sind eine gute und geschulte Wahrnehmung und Beobachtungsfähigkeit und vor allem eine offene Einstellung dem Klienten gegenüber dringend erforderlich.

Merke:
Den Techniker oder den *typischen* 45-jährigen gibt es nicht.

4.3.7 Emigrieren & Aussteigen

Jeder kennt das Gefühl, welches einen beschleicht, im Gespräch nicht ganz bei der Sache, nicht präsent zu sein. Mit Emigrieren ist also gemeint, während eines Gespräches innerlich oder äußerlich auszusteigen, abzuschalten, abzuwehren oder gleichgültig zu sein.

Beispiele:

Als Berater denken Sie sich, wenn doch schon Feierabend wäre...

Als Berater denken Sie während einer Beratung schon an den nächsten Klienten.

Als Vorgesetzte in einer Besprechung denken Sie an ihr neues Auto, wie schnell es fährt...

Als Student in der Vorlesung denken Sie ans Surfen.

Als Student in der Vorlesung denken Sie an die nächste Klausur.

Ein Emigrieren oder ein gedankliches umherschweifen liegt immer dann vor, wenn der Gesprächspartner seinem Gegenüber keine Aufmerksamkeit mehr widmet, über ihn hinwegsieht oder an ihm vorbeischaut. Sich mit gedanklichen Dingen zu beschäftigen, die nicht unmittelbar zum Gesprächsgeschehen gehören, ist eine weitere Spielart des Emigrierens, was auch direkt beobachtbare Verhaltensweisen mit einschließt: ständiges Aufstehen, sich kurzzeitig aus der Gesprächssituation entfernen, sich zum Telefon rufen lassen, Fassungen holen, einen anderen Klienten ansprechen, schnell eine Bemerkung zu einem vorbeikommenden Mitarbeiter machen, etc..

4.3.8 EXAMINIEREN & AUSFRAGEN

Examinieren bedeutet ausfragen, zuviel fragen, aushorchen, verhören und vermeintlich falsch Verstandenes überprüfen.

Beispiele:

"Was haben Sie gemacht?"

"Warum kommen Sie jetzt erst?"

"Warum haben Sie denn dem Klienten nicht die teuere Fassung verkauft?"

"Was ich Sie immer schon mal fragen wollte."

"Übrigens, da fällt mir gerade noch die Frage ein, ..."

Das Examinieren wird vom Gesprächspartner als Neugier des Fragenden empfunden. Er fühlt sich dann in seiner Redefreiheit eingeengt – mit der Konsequenz, sich mit seinen Äußerungen zurückzuhalten. Der Fragesteller stellt seine eigenen Interessen nicht zurück. Er setzt mangelndes Vertrauen in den Gesprächspartner. Er bedrängt den Gesprächspartner mit Warum-Fragen. Von einem Fragesteller werden nach vielen Fragen eine Erklärung und eine ausführliche Antwort erwartet, die er jedoch dem Befragten schuldig bleibt. Die Fragen, die gestellt werden, sollten für den Gesprächspartner einsichtig, nachvollziehbar und nützlich für den Fortgang der Beratung sein.

4.3.9 UMFUNKTIONIEREN & UMLENKEN

Der Gesprächspartner wird unterbrochen und das Gespräch gegen dessen Willen in eine andere Richtung gelenkt, dem Gespräch eine andere Absicht untergeschoben.

Beispiele:

"Aber, wir müssen jetzt noch unbedingt folgende Fragen klären..."

„Ach, das finde ich jetzt wichtig..."

"Übrigens, was ich noch fragen wollte, wie alt sind denn Ihre Kinder?"

"Eigentlich steht doch Folgendes an, zu besprechen..."

„Alles klar."

Das Prinzip dieses Verhaltens kommt sehr häufig in der so genannten Unterhaltung, dem Small Talk, im Ratschen und beim Schwätzchen halten vor. Es zeichnet sich dadurch aus, dass man in relativ kurzer Zeit von einem Thema zum anderen springt, ohne eines der angesprochenen Themen auch nur annähernd geklärt zu haben, was auch gar nicht beabsichtigt war.

Ein Umlenken liegt auch dann vor, wenn einem der Gesprächsbeteiligten das Thema ausgesprochen unangenehm wird und es ausblendet. In Mitarbeitergesprächen kommt das Umfunktionieren in der Gesprächsrunde immer dann vor, wenn der Vorgesetzte oder einer der Mitarbeiter aus dem Gesprächsablauf heraus plötzlich eine Entscheidung herbeiführen oder persönlich unangenehme Themen umgehen will.

4.3.10 Externalisieren & Thema wechseln

Nebensächlichkeiten, Äußerlichkeiten, Randprobleme oder unvermittelt andere Themen werden angesprochen oder zur Sprache gebracht. Hier werden Themen oder Probleme aufgegriffen, die einem selbst sehr vertraut sind, dem Gesprächspartner aber fern liegen. Ein neues Thema wird ohne Einwilligung des Gesprächspartners aufgeworfen.

Beispiel einer Episode[42]:

Klient: "Ich möchte etwas, das zu mir passt."

Augenoptiker: "Das Material ist also egal? Das heißt, wir können alles nehmen."

oder

„Kommen wir jetzt zu folgendem Thema..."

Nicht nur, dass Gesprächspartner das Externalisieren als Unhöflichkeit und Unachtsamkeit bis hin zu Geringschätzung und Unverschämtheit erleben können, es zeugt auch von einem ausgesprochen unökonomischen Gesprächsverhalten, wenn man stets neue oder nebensächliche Themen zur Sprache bringt, um damit den Gesprächspartner ablenken oder ermuntern zu können oder ihn damit zum vermeintlich Wesentlichen hin lenken zu wollen.

In der Regel werden Gesprächspartner nur irritiert und in ihrem eigenen Gedankenablauf gestört. Randprobleme zum Hauptthema zu machen, ist nur dann sinnvoll und angebracht, wenn man von der Wichtigkeit des anzusprechenden Themas vollkommen überzeugt ist und der Zeitpunkt auch richtig gewählt ist. Eine entsprechende Gesprächseinleitung ist dafür erforderlich, damit dem Klienten einsichtig wird, warum ein Themenwechsel angebracht und sinnvoll sein kann.

4.3.11 Generalisieren & Verallgemeinern

Ähnlich dem Externalisieren wird der andere durch Verallgemeinerungen von konkreten Dingen abgehalten. Die individuellen Anliegen des Gesprächspartners werden zurückgestellt, stattdessen wird er/sie mit Allgemeinplätzen konfrontiert, die auch den Charakter von Übertreibungen haben. Unzulässige Verallgemeinerungen sind "alles", "nie", "immer", "auf keinen Fall", die nur in ganz bestimmtem Kontext verwendet werden sollten.

Beispiele:

"Überhaupt nicht, das gibt es auf keinen Fall."

"Für Sie habe ich immer Zeit"

"Auf keinen Fall stören Sie."

"Von Störung kann überhaupt keine Rede sein."

"Man muss das nicht so eng sehen..."

"Alles klar ...", "Kein Problem ..."

"Wenn das jeder täte ..."

"Jederzeit können Sie kommen ..."

"Das kann man doch nicht so machen ..."

Dieses sehr häufig vorkommende Verhalten verzichtet auf semantische Unterscheidungen und sprachliche Differenzierungen, auch wenn sie sich durch den Sachverhalt oder durch die Äußerung des Gesprächspartners ergeben könnten. Man begnügt sich mit sog. Allgemeinplätzen, die selten frei von Vorurteilen und vorgefassten Meinungen sind.

4.3.12 Interpretieren & Deuten

Gesprächsinhalte und Gegebenheiten werden eigenwillig und subjektiv ausgelegt. Es werden Dinge, Sachverhalte oder Gefühle hineingetragen oder herausgelesen, die nicht wirklich angesprochen wurden.

Beispiele:

"Handelt es sich vielleicht um Ihre Brille?"

"Vermutlich liegt Ihr Problem im augenoptischen Bereich?"

"Also, ich meine, dass Ihr Problem mit den Gläsern zu tun hat."

Kennzeichnend für Interpretationen der vom Gesprächspartner vorgetragenen Äußerungen sind alle sprachlichen Formen, die eine Vermutung oder Behauptung erkennen lassen. Bei einseitigen, verfrühten oder gar aufgepfropften Interpretationen fühlt sich der Gesprächspartner nicht verstanden, in die Ecke gedrängt und autoritär behandelt. Er ist verärgert und zieht sich meist innerlich zurück, obgleich er noch eine freundliche Fassade nach außen aufrechterhält. Interpretationen und Deutungen zu formulieren, macht nur dann Sinn, wenn sie vom Klienten selbst vorgetragen wurden bzw. er sich auf sie einlassen kann, sie ihm plausibel erscheinen.

4.3.13 MONOLOGISIEREN & ALLEINREDEN

Wer viel und langatmig redet, lässt andere nicht oder selten zu Wort kommen. Der Berater redet gerne. .Ein ungestilltes Mitteilungsbedürfnis steht im Vordergrund.

Beispiele:

Er redet...und...redet...und..redet.
Sie redet...und...redet..und..redet.

Das Gesprächsverhalten „Monologisieren“ taucht oft dann unvermittelt auf, wenn jemand sich durch eine Äußerung des Gesprächspartners ermutigt sieht, ausführlich bis ins Detail gehend über das Produkt oder das vermeintliche Problem sprechen und explizieren zu dürfen.

Vor lauter Begeisterung, seine Sachkenntnis endlich einmal zum Besten geben zu können, merkt derjenige nicht, dass sein Gesprächspartner innerlich schon ausgestiegen ist oder bereits überfordert ist, weil der immer noch aus Höflichkeit freundlich zustimmend mit dem Kopf nickt.

4.3.14 PROJIZIEREN & ENTWERFEN

Seelische Vorgänge, eigene Erfahrungen, Gedanken und Gefühle werden auf den Gesprächspartner projiziert, bis sie nicht mehr bei sich, sondern bei ihm festgestellt werden.

Beispiele:

Der hektische Vorgesetzte verlangt von seinen ruhigen Mitarbeitern, sie mögen doch Ruhe bewahren.

Der unruhige Berater meint, dass der Klient nicht ruhig auf dem Stuhl sitzen bleiben kann.

So ein Verhalten macht sich im Gespräch dann unangenehm bemerkbar, wenn eigene abgelehnte Verhaltensweisen oder eigene Bedürfnisse am Gesprächspartner entdeckt werden. Von einer Projektion kann man z.B. reden, wenn die eigene Unleidlichkeit und Unfreundlichkeit im Gesicht des anderen mit den Worten

„der ist aber unfreundlich“ zu erblicken glaubt.

4.3.15 SICH IDENTIFIZIEREN & SICH GLEICHSETZEN

In der Welt und in der Person des Gesprächspartners aufgehen bedeutet, die nötige psychologische Distanz und die Selbstkontrolle zu missachten. Man versteckt sich hinter anderen Personen oder dem Arbeitsbereich. Die Identifikation bedeutet auch, so sein zu wollen wie sein Vorbild oder Idol.

Beispiele:

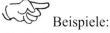

Die Rede ist vom "wir"!

„Unsere Firma kümmert sich darum...“

„Wir werden das erledigen...“

Oder:

Verhaltenszüge eines Vorgesetzten übernehmen: man möchte so sein wie er.

Redewendungen eines Klienten übernehmen: man will auf seiner Wellenlänge sein.

Mit der Rede vom "wir", ein heute sehr gängiges und durchgesetztes Gesprächsverhalten, wird vom Einzelnen verlangt, alle seine Äußerungen in der Wir-Form vorzutragen. Mit der Ideologie der 90er Jahre des letzten Jahrhunderts, der Corporate Identity, mit dem betrieblichen "Wir-Gefühl", sollte das betriebliche Zusammengehörigkeitsgefühl, das Gefühl der Erhabenheit gestärkt werden.

Dieses vereinnahmende Wir wird in der Politik als Standard gerne benützt. Man nennt es grammatikalisch bezeichnender Weise auch den pluralis majestatis[43], die herrschaftliche Mehrzahl, welche immer nur in einer bestimmten politisch korrekten Form und Richtung zu gebrauchen „erlaubt“ ist.

Eine kleine Episode veranschaulicht dies:

- Morgens kommt der Auszubildende gut gelaunt ins Geschäft und sagt zum Vorgesetzten:
  "Wir sollten mal wieder das Schaufenster neu dekorieren."

- Morgens kommt der Vorgesetzte gut gelaunt ins Geschäft und sagt zum Auszubildenden:
  "Wir sollten mal wieder das Schaufenster neu dekorieren"

In beiden Fällen ist wohl klar, wem es obliegt, den Wunsch als Auftrag auszuführen, wer also die Arbeit zu erledigen hat.

Das Identifizieren eröffnet dem Gesprächspartner die Möglichkeit, sich von jeder individuellen Verantwortung frei zu halten. Seine eigene Meinung ist die der eigenen Firma, oder einer Gruppe, was ihm einerseits Schutz und Sicherheit durch die Gruppe bietet, andererseits aber auch geringes Selbstbewusstsein zu erkennen gibt. Im Verlauf eines Beratungsgespräches kann dieses "Wir" zu einer sehr unpersönlichen Gesprächsbeziehung werden, vor allem dann, wenn es nicht die Beziehung beider Gesprächspartner gleichermaßen betrifft (pluralis subjectivus), sondern der Gesprächspartner eine hinter ihm stehende Anzahl von Leuten meint.

Der Gebrauch dieser vereinnahmenden Wir-Formulierung, die sich zwischenzeitlich verselbständigt hat, wird auch als das wenig schmeichelhafte „Krankenschwester - Wir“ bezeichnet, welches in vielen gesundheitsorientierten Berufen Anwendung findet.

Beispiel:

„Wir meinen es ja nur gut mit unseren Patienten.“

4.4 Wegbereiter zum klientenzentrierten Verhalten

Um ein Gespräch zielgerichtet und personenorientiert zu führen, sind Verhaltensweisen zu empfehlen, die diese Absicht auch unterstützen. Dazu gehören die in der Abbildung aufgeführten Elemente. Die Förderer eines Gespräches sind die Aktivierung,

Mögliche Gesprächsförderer

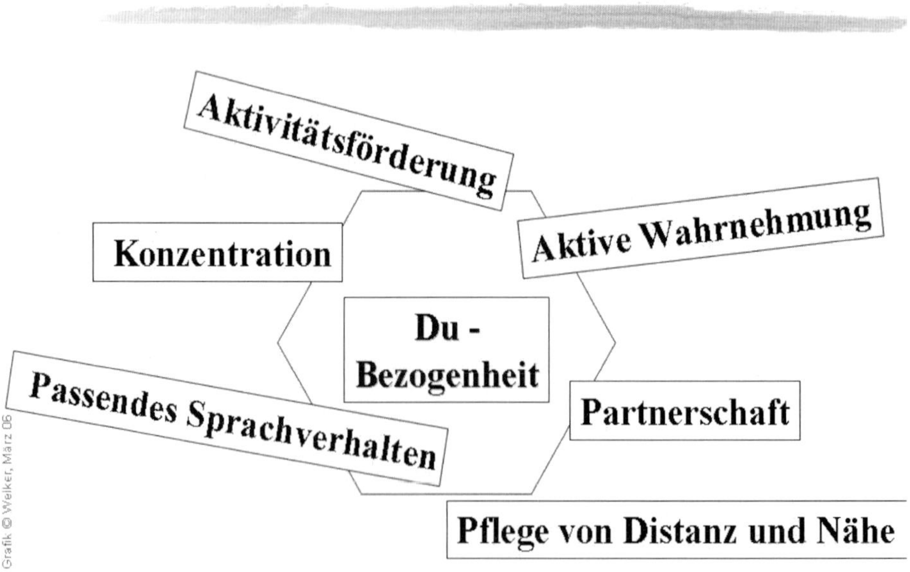

entsprechendes sprachliches Verhalten, Konzentration, aktive Wahrnehmung, Angebote zur Gestaltung der Partnerschaft sowie die Pflege von Distanz und Nähe.

4.4.1 Erhöhte Konzentration auf den Klienten

Die Aussagen und Erfahrungen eines Gesprächpartners, seine Emotionen und Fähigkeiten werden in den Mittelpunkt gestellt. Eigene Meinungen und persönliche Erfahrungen werden ebenso zurückgestellt wie persönliche Ziele.

Die Konzentration und Aufmerksamkeit auf den Gesprächspartner verlangt von der beratenden Person wie von den äußeren Umständen störungsfreie Bedingungen.

4.4.2 Förderung der Aktivität

Die eigene Initiative und das Selbstwertgefühl werden bei Kindern, Jugendlichen, Klienten und Mitarbeitern gestützt und gefördert. Alle Aktivitäten und selbständige Handlungen in der beratenden Situation werden zugelassen und im Hinblick auf den Beratungszweck unterstützt.

Der Gesprächspartner wird zu Widerspruch und Kritik gegenüber den eigenen Aussagen und Vorstellungen ebenso ermutigt wie er sich auch kritisch gegenüber den Ansichten der beratenden Person äußern soll. Einwände, die meist in Form von Fragen vorgetragen werden, schaffen einen Einblick in die Absichten und Vorstellungen des Gesprächspartners.

4.4.3 Angebote zur Partnerschaft

Dem Gesprächspartner ist eine Partnerschaft anzubieten, was in der Regel nach der klassischen Betrachtungsweise einer Kundenberatung in der Kontakt- und Anbahnungsphase erfolgt. Nützlich ist es, gemeinsam mit dem Klienten oder den Mitarbeitern herauszufinden, welches Maß an Partnerschaft und Zusammenarbeit in der aktuellen Situation angebracht ist. Meistens ist eine distanzierte Partnerschaft nützlicher als eine Haltung, die ständig die Gemeinschaftlichkeit der Gesprächspartner einfordert oder beschwört.

Eine *distanzierte Partnerschaft* kann auch eine stille Partnerschaft in der Weise bedeuten, dass der Gesprächspartner das Gefühl bekommt, der Berater stehe ihm während der Beratungssituation voll und ganz zur Verfügung.

4.4.4 Sensibilität der Wahrnehmung

Aktive Wahrnehmung und aktives Zuhören sind wichtige Aufgaben in jeder beratenden Tätigkeit: Beobachten und Zuhören, Aufgreifen und Strukturieren sind wesentliche Bestandteile einer Beratungstätigkeit. Eine Beratung wird umso interessanter und abwechslungsreicher, inhalts- und themenorientierter, verhaltens- oder erlebnisorientierter gestaltet, je mehr Äußerungen und Verhaltensweisen des Klienten zur Kenntnis genommen werden. Entsprechend können – und meistens müssen – die verbalen und emotionalen Mitteilungen aufgegriffen und strukturiert werden, weil sie für den Klienten von Bedeutung sind und eine Wichtigkeit haben.

4.4.5 Sprachliche Ausdrucksweise

Der augenoptische Berater wird sich um ein sprachliches Ausdrucksniveau bemühen müssen, das sich dem Klienten anpasst und ihm förderlich ist. Bei der Wunsch- und Bedarfsermittlung, bei Erklärungen und Erläuterungen ist jeweils eine sprachliche Ausdrucksform zu wählen, die dem Klienten angemessen ist.

Der Reichtum der eigenen Sprache, ihr Wortschatz und ihre grammatikalischen Möglichkeiten bieten ein weites Feld, die eigene sprachliche Ausdrucksweise interessant, variantenreich und lebendig zu gestalten und zu erweitern.

4.4.6 Distanz und Nähe

In der Beratung ist ein bestimmtes Maß von Distanz und Nähe umzusetzen und zu verwirklichen, welches für den Klienten wünschenswert ist und ihm entspricht. Aufdringlichkeit oder abweisende Gleichgültigkeit sind zwei gegenläufige extreme Verhaltensweisen, die einen echten Kontakt zur anderen Person vereiteln.

So kann die körperliche Nähe bei der Kontaktlinsenanpassung eine psychische Distanz beim Klienten bewirken und den weiteren Vorgang zur Kontaktlinsenbestimmung sehr stark beeinträchtigen.

Die Distanzkreise deuten den respektvollen Abstand an, den Personen in unterschiedlichen Situationen zu einander einnehmen. In der Regel wird von vier Kreisen ausgegangen, die im Allgemeinen den Menschen in ihrem Bedürfnis des Abstandhaltens entsprechen.

a) Intimdistanz 50 cm, entspricht in etwa der Unterarmlänge

b) Persönliche Distanz 50 cm bis 150 cm, entspricht in etwa dem Abstand, den man einhält bei einer normalen Begrüßung per Handschlag.

c) Geschäftsdistanz 150 cm bis 300 cm, entspricht in etwa den Distanzen, die im Berufsleben eingenommen werden

d) Öffentliche Distanz über 300 cm – z.B. Vorträge im öffentlichen Raum.

Vor diesem Hintergrund sind natürlich in einer Beratung respektvolle und schützende Distanzen den Klienten gegenüber einzunehmen. So verbietet es sich zum Beispiel Beratungszonen in einem Ladengeschäft einzurichten, an denen jeder andere Besucher auch teilhaben könnte.

4.5 Prinzipien einer förderlichen Gesprächsführung

Das Prinzip des konstruktiven Gesprächsverhaltens entspricht dem der personenzentrierten Gesprächsführung. Es besteht darin, den Klienten, den Mitarbeiter als ganze Person in den Mittelpunkt des Gesprächs oder der Beratung zu stellen. Das *konstruktive Gesprächsverhalten* signalisiert dem Gesprächspartner Interesse an seiner Person, Aufmerksamkeit und

Distanz und Nähe

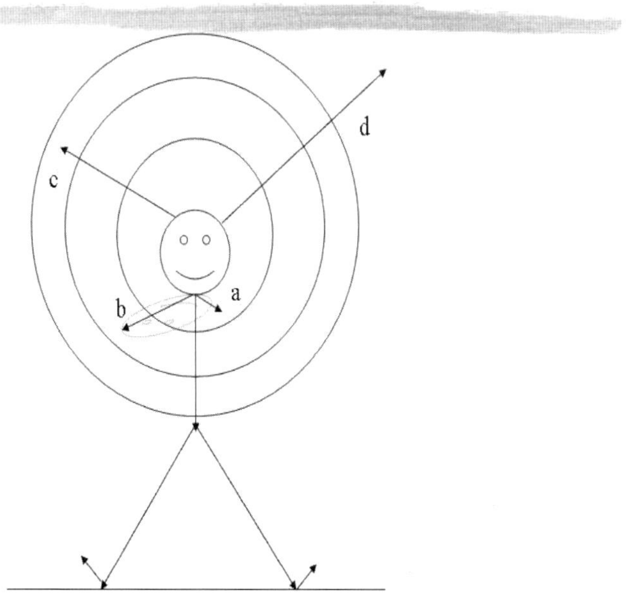

Grafik © Welker, März 06

Distanzkreise

die Bereitschaft, ihn verstehen und ihn in seinen Anliegen unterstützen zu wollen.

Konstruktives Gesprächsverhalten zeichnet sich im allgemeinen dadurch aus, dass im Beratungsgespräch der Berater sich bemüht, inhaltliche Aussagen, Wünsche und Probleme ebenso wie die emotionalen Erlebnisaspekte des Mitarbeiters und des Klienten wahrzunehmen, aufzugreifen und auch anzusprechen.

4.5.1 Die Methode der Spiegelung

Ob bei der Ermittlung einer Interessenlage oder eines Konfliktbestandes während eines Mitarbeitergespräches, ob bei der Ermittlung der Klientenbedürfnisse, der Erlebnisaspekte (z.B. "Kauferlebnis", Seherlebnis), der Einstellungen und Haltungen, der Wünsche und Ziele, der Probleme und Ängste, stets geht es darum, das in eigene Worte zu fassen, was der Gesprächspartner nicht mit seinen Worten ausdrücken kann. In der Regel werden andere sprachliche Formulierungen dazu verwendet.

Dieses Vorgehen nennt man die Methode der *Spiegelung.* Sie wird mit Einfühlsamkeit und engagierter Teilnahme vorgenommen. Mit der Verbalisierung des Gehörten und zwischen den Zeilen Gehörten vermittelt die Rückmeldung (Spiegelung) das Verstehen und das Verstehen-wollen.

Das Aussprechen der Anliegen des Anderen mit eigenen Worten bezeichnet man als Verbalisierung inhaltlicher und emotionaler Erlebnisse.

Verbalisieren
Inhaltlicher und
Emtionaler
Erlebnisse

Je nach Gesprächslage, je nach Gesprächsablauf und Bereitschaft der Klienten und Mitarbeiter ist eine Reihe von emotionalen Aspekten in der Beratung zu berücksichtigen. Welche Themen oder emotionale Belastungen nach dem Prinzip des VIEE angesprochen werden sollten, veranschaulicht die Grafik zu den emotionalen Aspekten. Wie in wissenschaftlichen Untersuchungen[44] festgestellt werden konnte, sprechen eine Reihe von Gründen für die Methode der *Spiegelung*:

- Das Prinzip der Akzeptanz
- Das Prinzip der Komplianz
- Aspekte der Spiegelung.

4.5.1.1 Akzeptanz

Der Klient und Mitarbeiter erfahren und erleben eine partnerschaftliche und personenorientierte Akzeptanz. Er erlebt eine unbedingte Annahme und Wertschätzung, die seine Selbstwahrnehmung in Bezug auf seine Wünsche oder Probleme fördert.

Diese Wertschätzung, welche der Klient erfährt, hat für den weiterführenden Verlauf des Gesprächs nicht nur positive Konsequenzen für den Klienten, auch dem Berater wird eine Wertschätzung durch seinen Klienten zu Teil.

4.5.1.2 KOMPLIANZ

Der Gesprächsführende bemüht sich unmittelbar um seinen Klienten oder Mitarbeiter. Er hört genau und kontrolliert aktiv zu. Im Gespräch vermeidet er imperative und dirigistische Maßnahmen und fördert mit seiner ungeteilten Aufmerksamkeit die Mitarbeit und Lernbereitschaft seines Gesprächspartners, er fördert also dessen *Komplianz*.

Im klientenorientierten Verhalten ist die Methode der Spiegelung eine Möglichkeit, sich an das sprachliche wie nichtsprachliche Ausdrucksniveau des Klienten anzupassen.

Der Handlungsspielraum des Klienten bleibt offen. Entsprechend der jeweiligen Beratungssituation (Fassungsberatung, Refraktion, Kontaktlinsenanpassung) kann mit der Methode der Spiegelung ein optimaler Umgang mit Distanz und Nähe erzielt werden.

Emotionale Aspekte in der Beratung

Unmittelbare Erlebnisbereiche
Einstellungen und Haltungen
Wünsche und Ziele
Aufgabenstellungen,
Probleme und Ängste
Erleben der Wirkung der eigenen Person auf andere Menschen
Erleben der Wirkung von Personen und Sachen auf die eigene Person

Beispiel:

Trotz der geäußerten Bereitschaft, Kontaktlinsen tragen zu wollen, ist die Problematik der Mitarbeit, der Lernwilligkeit, der körperlichen Nähe und psychischen Distanz während der Phasen der Kontaktlinsenanpassung und der Eingewöhnungszeit in hohem Maße zu berücksichtigen.

4.5.1.3 Aspekte der Methode der Spiegelung

Die Methode der Spiegelung ist darüber hinaus besonders bedeutsam bei der *Entscheidungsfindung*: Kaufentscheidungen der Klienten sind in der Regel stark emotional geprägt und/oder meist nicht so vernünftig und rational, wie sie gerne vorgegeben werden.

Die Wahrnehmung und das Fühlen sind der Antriebsmotor für menschliches Denken und Handeln. Schon mancher ist daher zu *Entscheidungen* verleitet worden, die man im nachhinein gerne revidieren wollte. Insofern ist die Klarheit und Eindeutigkeit der Entscheidung wichtig.

Mit dieser Methode der Spiegelung im konstruktiven Gespräch werden *Vertrauensbrücken* und Beziehungsgeflechte zwischen den Gesprächspartnern entwickelt, was die Klientenbindung erhöht und die Mitarbeiter motiviert – ohne größeren Aufwand.

Das Zusammenwirken der einzelnen konstruktiven Gesprächsverhaltensweisen ergibt einen *Gesprächsstil*, der nach wissenschaftlichen Kriterien als optimal gelten darf. *Nützlichkeit* und *Effektivität* in der Beratung stellt sich ein, wenn Klienten in der Refraktion, in der Fassungs- und Gläserauswahl in ihrer Eigenaktivität unterstützt werden und der Berater sich eher in der Rolle der *kooperativen Begleitung* sieht.

4.5.2 Das konstruktive Gespräch

Zunächst wird kurz der motivationale betriebliche Hintergrund beleuchtet, vor dem eine klientenzentrierte Gesprächsführung dann unter günstigen Bedingungen zur Anwendung kommen kann, wenn das Prinzip der konstruktiven Gesprächsführung innerhalb eines Betriebes quasi zur *Leitlinie der Klientenberatung* geworden ist.

Das konstruktive Gesprächsverhalten, das den kooperativen und mitarbeiterorientierten Führungs- und Konfliktstil[45] auszeichnet, wird im Grunde dann wirksam, wenn es einer Führungskraft gelingt, unter den Mitarbeitern Bedingungen zu schaffen, "*aufgrund derer sie* (die Führungskraft....Anm. des Autors) *in Wirklichkeit die Führung verliert*"[46].

Dieses von Th. Gordon und C. Rogers formulierte scheinbare Paradox wird über die Bedingungen der Arbeitsgestaltung und Mitarbeiterführung selbst aufgelöst. Den Mitarbeitern die Gelegenheit zur Beteiligung und zur selbständigen und eigenverantwortlichen Gestaltung von Arbeitsabläufen zu geben, aktiviert und motiviert sie. Eine freie ungehinderte Aussprache gestaltet die Kommunikationsfreiheit unter allen Mitarbeitern fördert die Entwicklung ihres Ideenreichtums und setzt ihre Kreativität frei. Die Schaffung von Handlungs- und Entscheidungsspielräumen erhöht die Mitarbeitermotivation und die betriebliche Effizienz.

Ein so genanntes *psychisches Klima*, das frei von betrieblichen Bedrohlichkeiten ist, entlastet die Mitarbeiter von dem Gefühl, ständig kontrolliert, beurteilt oder bewertet zu werden. Schließlich ermöglichen die spezifischen Verhaltensvariablen – wie die Fähigkeit, anderen zuzuhören, Bedeutungen und Absichten zu verstehen und die generelle Akzeptanz etc. – Mitarbeiter zur Beteiligung im Rahmen einer *gruppenbezogenen Führung* zu gewinnen.

Die Anwendung des konstruktiven Gesprächsverhaltens nach innen hat damit eine Vorbildfunktion in der Beratung nach außen. Der konstruktive Beratungs- und Gesprächsstil bedeutet zum Beispiel, dass den Ansichten, Äußerungen und Vorstellungen der Gesprächspartner auf höchstem Niveau Achtsamkeit entgegengebracht werden muss, um eine Höchstmaß an Zufriedenheit in der Außenwirkung vermitteln und verbreiten zu können. Es muss also die nach innen gelebte Gesprächskultur von außen wahrgenommen werden können.

Die Methode der Spiegelung ermöglicht dem Gesprächsleitenden, die Äußerungen des Gesprächspartners, seine Wünsche oder seine Probleme deutlicher wahrzunehmen, um gegebenenfalls selbst herauszufinden, ob er sich ihnen gegenüber entweder zustimmend gewachsen fühlt oder nicht.

4.6 Methode der klientenzentrierten Gesprächsführung

Für die Umsetzung der Methode der Spiegelung in einer aktuellen nach innen (innerbetrieblich) oder nach außen (klienten- und kunden-) gerichteten Gesprächssituationen sind *konkrete Verhaltensprinzipien* für die beratende Person notwendig. Die beratende Person ist in unserem Fall der augenoptische Berater oder eine Führungskraft, die eine Reihe von professionellen Verhaltensvariablen und das methodische Vorgehen beherrschen sollte.

4.6.1 Die Kongruenz & Verhaltens-Übereinstimmung

Zunächst einmal wird das eigene Verhalten danach beachtet, ob die eigenen wie die sprachlichen Äußerungen des Gegenübers mit dem jeweiligen nichtsprachlichen Ausdrucksverhalten (wie Sitzhaltung, Sprechfluss) übereinstimmen, also kongruent sind.

Beispielsäußerung:

"Ich zeige Ihnen hier einige aktuelle Fassungen..."

...wird begleitet von der Präsentation der Fassungen und sollte nicht den Auftakt dafür darstellen, einige Fassungen erst zu holen.

Wenn es hier keine Einheit (Identität) in der Übereinstimmung und Echtheit gibt, kann das sprachliche Ausdrucksverhalten des Beraters, also seine Verbalisierung, vom Klienten nicht akzeptiert werden.

Beispiel:

"Ich finde Ihre Leistungen in der letzten Zeit ausgezeichnet",

sagt der Chef und schaut seinen Mitarbeiter freundlich und zufrieden an. Er unterlässt es, ihm dies nicht im Vorübergehen zu sagen.

Noch stärker kommt diese Verhaltensvariable in Mitarbeitergesprächen zum Ausdruck; denn das kon-

Elemente der Methode der klientenzentrierten Gesprächsführung

- **Kongruenz & Verhaltensübereinstimmung.**
- **Vergegenwärtigen & Verdeutlichen.**
- **Hervorhebung & Wiederholung und Wichtigkeit.**
- **Externes & Abschweifen.**
- **Aktualität & Das "Hier und Jetzt & Prinzip"**
- **Prägnanz & Kurz, Konkret und Exakt.**
- **Denkanstoß & Aktives sprachliches Verhalten.**
- **Zurückhaltung & Kein Imponiergehabe.**
- **Mimik und Gestik & Nichtsprachliches Verhalten.**

Grafik © Weiker, März 06

tinuierliche Zusammenarbeiten lässt übereinstimmende oder nicht übereinstimmende Verhaltensweisen „hautnaher" erleben und erfahren. Kongruente Verhaltensweisen tragen wesentlich zur Glaubwürdigkeit und Authentizität einer Person bei.

4.6.2 DIE BEDEUTSAMKEIT & SICH VERGEGENWÄRTIGEN

Die Äußerungen des Klienten müssen sich kontinuierlich bewusst gemacht. So sind die Erlebnisaspekte umfassend und präzise, gleichsam von der Innenseite des Klienten her zu erfassen. Ebenso kontinuierlich wird dem Klienten mitgeteilt, was man verstanden hat, wie die Äußerungen seines Klienten angekommen sind.

Wenn der Berater den Klienten nicht verstanden hat oder wenn er Gefahr läuft, zu schnell über ein Problem, einen Wunsch oder Erlebnisaspekt hinwegzugehen, kann er beispielsweise so intervenieren:

Beispiele:

"Ich bin nicht sicher, ob ich Sie ganz verstanden habe."

"Ich möchte Sie noch besser verstehen können."

"Vielleicht können Sie das noch näher ausführen, damit es uns beiden klarer wird."

4.6.3 DIE HERVORHEBUNG & WICHTIGES WIEDERHOLEN

Der Berater ist im Klientengespräch mit einer Vielzahl thematischer Aspekte konfrontiert, die einmal mehr inhaltlich oder emotional geprägt sind. Neben gefühlsbetonten Äußerungen des Klienten werden Einstellungen und gefühlsmäßige Bewertungen vorgetragen. Wünsche und Ziele des Klienten, seine Probleme und Unannehmlichkeiten sind ebenso bedeutsam und wichtig wie die Frage nach den verschiedenen Wirkungen, die der Klient hervorruft und denen er ausgesetzt ist.

Die Wirkungen sind wechselseitig:

Die Wirkung der Person des Klienten auf seine Umgebung

die Wirkungen seiner Umgebung auf ihn (Kontaktlinse, Brillen-Fassungen, modische Attribute etc.).

Der augenoptische Berater greift möglichst alle wichtigen Klientenäußerungen auf und vermeidet so die Gefahr, dass entscheidende Dinge unter den Tisch fallen, die nach seinen subjektiven Gesichtspunkten ausgewählt werden könnten.

Beispiele:

"Ihnen scheint folgendes wichtig zu sein, ..."

"Ihr Hauptanliegen besteht darin, ..."

"Im Vordergrund steht bei Ihnen die Frage, ..."

Mit der Umschreibung in eigenen Worten wird deutlich gemacht, dass man das Wesentliche der Äußerungen mitbekommen und verstanden hat. Schwerpunkte werden damit unterstützt und hervorgehoben.

4.6.4 Das Abschweifen & Externem auf der Spur

Wenn der Klient wenig von sich selbst und seinen Wünschen und Problemen spricht, stattdessen lange bei fern liegenden, abschweifenden (externalen) Themen verweilt (z.B. Berichte über andere Personen), versucht der augenoptische Berater herauszufinden, was das für den Klienten bedeutet und was er jetzt gerade erlebt. Es gilt zu überprüfen, inwiefern ihn das persönlich betrifft und inwiefern ihm das angesprochene Thema wichtig ist.

Der augenoptische Berater kann den Klienten in dieser Hinsicht etwa so ansprechen:

Beispiele:

"Ich frage mich, was das .... für Sie bedeutet."

"Sie überlegen im Augenblick, was Ihr Mann zu der Fassung sagen würde."

"Ich überlege gerade, in welchem Zusammenhang dies zu dem Vorangegangenen steht."

"Ich habe nicht ganz verstanden, wie Ihre letzte Bemerkung mit ... zusammenhängt."

4.6.5 Der aktuelle Zeitpunkt & Das "Hier-und-Jetzt-Prinzip"

Der augenoptische Berater bringt nach Möglichkeit gleich im Anschluss an jede wichtige Klientenäußerung eine Wiedergabe oder Umschreibung. Auf diese Weise erhält der Klient die Chance, noch etwas ausführlicher werden zu können.

So kann ein unfruchtbares Aufzählen anderer wichtiger Erlebnisse und eine Verzettelung vermieden werden. Er konzentriert sich vor allem auf das, was der Klient im Augenblick des Gespräches ("hier und jetzt") sagt, erlebt und empfindet.

Der augenoptische Berater ist sich ständig bewusst, dass der Klient sich jetzt im Augenblick mit ihm in einer Gesprächssituation befindet, und dass Korrekturen nur in der aktuellen Situation möglich sind.

Beispiele:

"Wenn Sie jetzt bitte überprüfen möchten, ob ..."

"Sie stellen sich jetzt im Augenblick vor, wie die Fassung von Ihrer Frau ..."

"Während Sie sich zuhause mit dem Einsetzen der Kontaktlinse

schwer tun, fällt es Ihnen hier bei mir sehr leicht ..."

4.6.6
DIE PRÄGNANZ & KURZ, KONKRET UND EXAKT

Das Verhältnis der Gesprächsanteile zwischen den Gesprächspartnern sollte ausgewogen sein. Es wird darauf geachtet, dass für den Klienten mehr Sprechanteile reserviert sind als für den Berater.

Der augenoptische Berater fasst sich also kurz, denn langatmige Verbalisierungen stören den Gedanken- und Redefluss des Klienten und können schwer verständlich sein. Er formuliert konkret, indem er spezielle und "greifbare" Äußerungen des Klienten aufnimmt und so den Klienten zu weiteren konkreten, differenzierten Äußerungen ermuntert.

Nützlich sind auch anschauliche, bildhafte Verbalisierungen. Abstraktes Verbalisieren bleibt oft unverständlich, unverbindlich, allgemein und veranlasst auch den Klienten zu Abstraktionen. Schließlich pflegt der Gesprächsleitende seine Aussagen möglichst exakt zu fassen (er ist kein Zerrspiegel, kein optimistisch oder pessimistisch gefärbter Spiegel). Dem Klienten wird auf diese Weise zum Ausdruck gebracht, dass er ihn genau versteht. Er ermuntert ihn zu konkreten Aussagen. Wenn einmal ein exaktes Verstehen nicht möglich ist, erkundigt er sich genau, um ihn besser zu verstehen.

Beispiele:

"Mir ist noch nicht deutlich geworden, wie Ihre konkrete Erfahrung aussieht."

"Ich kann mir das, was Sie meinen, noch nicht so genau und plastisch vorstellen."

"Ich bitte Sie, mir Ihren Arbeitsplatz noch etwas genauer zu beschreiben."

"Ist es so, dass Ihre Blickrichtung hauptsächlich ...?"

Wenn ich Sie recht verstanden habe, ..."

4.6.7
DER DENKANSTOSS & SPRACHLICHES VERHALTEN

In der Anwendung der Methode der Spiegelung ist darauf zu achten, dass sie nicht mechanistisch und fassadenhaft umgesetzt wird oder gar in eine echoartige Wort- und Satzwiederholung verfallen wird. Das wesentliche Element in der Wiedergabe des Gehörten zur eigenen Rückversicherung ist die *Paraphrasierung*[47].

Es wird Anteil an den Denkvorgängen des Klienten genommen und der eigene sprachliche Ausdruck kontinuierlich verbessert. Im Gespräch werden andere Wörter als sie der Gesprächspartner benutzt. Mit

Synonymen oder *Antonymen* kann der Gesprächsleitende je nach Notwendigkeit die sprachliche Zielrichtung des Gesprächspartners variieren. So bewegt er sich ständig auf dem Sprach- und Ausdrucksniveau seines Klienten.

Synonyme sind sinnverwandte Wörter, mit denen der Erlebnisbereich des Klienten variantenreicher gestaltet wird. Da es keine 100%-ige Identität unter den Wörtern gibt, können mit ihnen immer kleine Nuancen und neue Akzente im Gespräch gesetzt werden.

Synonym für:

Schön - hübsch, nett, gefällig, wohlgestaltet.

Wirr -: fahrig, konfus, kunterbunt, kopflos.

Beispiel:

Klient:

"Mir gefällt diese Brille sehr gut, aber komme ich mit der Brille in meinem Bekanntenkreis gut *an?"*

Berater:

"Sie möchten, dass diese Fassung auch Ihren Bekannten gefällt*?"*

In diesem Beispiel werden synonyme Wörter benützt, um den Wunsch des Klienten zu betonen.

Antonyme sind sinnverwandte Wörter gemeint, die eine entgegen gesetzte Bedeutung haben oder in die Gegenrichtung verweisen.

Antonym für:

Schwarz - weiß

Gut - schlecht

Schön - hässlich

Beispiel:

Klient:

„Ich möchte keinen Fall eine dunkle Fassung."

Beraterin:

„Ihnen schwebt eher etwas helles vor."

In diesem Fall wird der negativ ausgedrückte Wunsch in die eigentliche Wunschrichtung betont.

Synonyme können auch als negativ formulierte Antonyme verwendet werden. Wird im Verlauf eines Gespräch eine Kombination von Synonymen und Antonymen verwendet, dann kann unter Beibehaltung derselben Bedeutung sowohl die Richtung des Gesprächs als auch die Stimmung des Klienten beeinflusst werden.

Synonyme antonym negativ verwendet:

Schön – nicht hässlich;

Wirr – nicht klar

Schwarz – nicht weiß

Nicht schlecht – gut

Nicht übel - hübsch

Zwei Beispiele mögen diesen Sachverhalt verdeutlichen.

Neben einzelnen Wortbedeutungen können Satzteile oder ganze Sätze in diesen synonymen oder antonymen Varianten gebildet werden.

Beispiele:

Klientin:

"Ich habe immer Probleme mit dem Sitz der Fassung, sie drückt ständig hinter dem Ohr."

Beraterin:
"Sie wünschen sich eine Fassung, die bequem hinter dem Ohr anliegt."

Dieses Beispiel benützt in beiden Satzteilen (Problem – Wunsch; drücken – bequem) antonyme Wörter, die in ihrem Zusammenwirken in die Richtung des Wunsches zeigen und ihn hervorheben.

4.6.8 Die Zurückhaltung & Verzicht auf Imponiergehabe

Der augenoptische Berater ist bereit, die emotionalen Erlebnisaspekte und die unmittelbaren Interessen des Klienten aufzugreifen und zu berücksichtigen. Seine eigenen Gefühle, Gedanken, Einstellungen und Meinungen hält er dabei zurück. Er zeigt seine Anteilnahme an den Problemen und Befürchtungen des Klienten. Im sprachlichen Ausdrucksverhalten zeigt sich das in der Vermeidung von selbstbezogenen Worten wie "ich" und "wir", oder von übertriebenen Verallgemeinerungen wie "man", "auf jeden Fall" etc.

Er benützt dagegen häufiger das Wort "Sie", das den Gesprächspartner deutlicher in den Mittelpunkt stellt.

Beispiele:
"Sie haben das Gefühl, dass..."
"Sie wünschen, dass ..."
"Sie beklagen den schlechten Sitz der Fassung ..."
"Sie stellen sich eine Fassung vor, die Sie begeistert und die Ihrer Frau auch zusagen würde."

4.6.9 Nichtsprachliches Verhalten: Mimik und Gestik

Der augenoptische Berater beachtet das nichtsprachliche Verhalten des Klienten wie es sich in der Mimik und in der Gestik niederschlägt. Er zeigt seinem Klienten damit, dass er ihn auch in seinem nichtsprachlichen Ausdrucksbereich, in seinem Erleben und Fühlen akzeptiert und versteht.

Beispiele:
„Hm, ja, nun, hm, ...“

Der Berater reagiert bei wichtigen Klientenäußerungen mit "hm" oder "ja", er nickt mit dem Kopf oder nimmt einen beruhigenden, aber nicht aufdringlichen Blickkontakt auf. Das eigene Körperverhalten ist beweglich und lebendig, ohne unruhig zu wirken. Er kommt direkt auf den Klienten zu und wendet sich ihm stets aufmerksam zu.

Auf der nichtsprachlichen Ebene werden die motorischen Verhaltensweisen wie Gesichtsausdruck, Sitzhaltung, Tonfall aufgenommen und wahrgenommen. Nonverbal äußert sich der Klient manchmal offener und weniger geschützt als verbal. Die beobachteten Verhaltensweisen können schließlich dem Klienten zurückgespiegelt werden, d. h. der Berater verwendet ähnliche motorisch orientierte Verhaltensweisen und ähnlich klingende Redewendungen um dem Klienten einen vertrauten Rahmen bieten zu können.

4.6.10 Zusammenfassung

Diese neun methodischen Elemente zur Gestaltung eines klientenzentrierten Gespräches sind die wesentlichen Bausteine, mit denen Klienten mit ihren Anliegen kontinuierlich in den Mittelpunkt gestellt werden können. Die Anwendung dieser Methode der Spiegelung mit ihren methodischen Schritten bilden zusammen die Faktoren des Einfühlungsvermögens: Zuwendung, Geduld, Vertrauen, Anteilnahme und Wärme. Sie vermitteln das notwendigerweise zu schaffende Vertrauen, zeigen Zuwendung und Wertschätzung, strahlen Ruhe und Geduld aus und lassen die erfreuliche Wärme spüren. Die Klienten können, müssen und dürfen sich in den Beratungen aufgehoben fühlen, vor allem:

Stets daran denken, die Klienten sind immer nur zu einem bestimmten Zeitpunkt in der Beratung. Das *Hier & Jetzt* bildet den Rahmen, in welchem der Berater den Klienten präsent hat und im erwünschten Sinne der Klienten wirken kann.

4.7 Übungen zu Kapitel 4

Hinweise mit lernkonformen Lösungsangeboten zu einigen Übungen finden Sie in den Anmerkungen unter [48]

Übung 1

Beschreiben Sie die möglichen Reaktion eines Klienten, dem Sie bei der Begrüßung innerhalb

a) seiner Intimdistanz,

b) seiner persönlichen Distanz

zu nahe getreten sind.

Übung 2

Welches Verhalten zeigt ein Klient, dem Sie über den Anpasstisch hinweg eine Fassung aufsetzen möchten?

Warum zeigt er dieses Verhalten?

Übung 3

Eine Vielzahl von destruktiven Gesprächsformen wurde mit Beispielen belegt. Versuchen Sie nun, je ein Beispiel der beschriebenen Unarten so umzuformulieren, dass die Unart vermieden wird (Siehe Seite 114).

Übung 4

Überlegen Sie sich bitte verschiedene Möglichkeiten, wie Sie mit den beschriebenen methodischen Mitteln für sich ein partnerschaftliches Verhalten zu einem Klienten umsetzen können.

Übung 5

Lesen Sie die folgenden Erwiderungen auf eine Klientenäußerung durch und überlegen Sie, welche destruktiven Gesprächsverhaltenswiesen sich auffinden lassen! Bedenken Sie, dass sich in einer Erwiderung durchaus auch mehrere Möglichkeiten destruktiver Gesprächsverhaltenswiesen enthalten sein können.

Klient:
"Ich bin ja schon so alt, da brauche ich keine teure Brille mehr."

Verschiedene Erwiderungen:

1. Wieso soll man sich nicht im Alter noch das gönnen, was einem gefällt?

2. Selbst im Alter sollten Sie weniger auf den Preis, sondern mehr auf das Aussehen einer Brille achten. Sie sollten sich mit der Brille wohl fühlen. Ich zeige Ihnen mal Fassungen in jeder Preislage.

3. Wir haben Brillen in allen Preisklassen, wichtig ist nur, dass sie Ihnen gut steht!

4. Wie alt wollen Sie denn noch werden?

5. Gerade in Ihrem Alter ist es doch wichtig, dass Sie eine gute Brille haben, mit der Sie gut sehen und die Ihnen gefällt.

6. Machen Sie sich mal keine Sorgen mit Ihrem Alter, Sie werden noch lange leben.

7. Also, ich finde das ganz toll, ich habe auch eine Großmutter in so hohem Alter, und die ist auch noch ganz schön rüstig.

8. Machen Sie es doch wie ein älterer Klient von uns, der sich erst kürzlich eine ganz tolle Fassung zugelegt hat.

9. Wer wird denn im Alter geizen!

10. Unter meinen preiswerten Fassungen werden Sie sicherlich eine Brille finden, die Ihrem Wunsch entspricht.

Übung 6

Erwidern Sie spontan folgende Äußerung eines Klienten und analysieren Sie Ihre Erwiderung anhand der beschriebenen Gesprächsverhaltensweisen:

Vorbemerkung:

Der Klient hat am Tag vor seinem Erscheinen telefonisch einen Termin vereinbart. Er erscheint pünktlich zum vereinbarten Termin und eröffnet das Gespräch mit folgenden Worten:

"Guten Tag, Herr Optiker, ich weiß, dass Sie viel zu tun haben, hoffentlich störe ich Sie nicht."

Antworten Sie bitte spontan, analysieren Sie Ihre Erwiderung anhand der Erklärungen im Text und überlegen Sie sich andere Alternativen anhand der methodischeren Elementen zur konstruktiven Gesprächsführung.

Übung 7

Nach Ihrer Erwiderung in der vorigen Übung macht der Klient in seiner Rede weiter:

"Ich habe da ein schwieriges Problem, ich weiß eigentlich nicht, wie ich es Ihnen erzählen soll."

Was werden Sie diesmal erwidern?

Antworten Sie ebenfalls spontan, analysieren Sie bitte anhand des Textes Ihre Erwiderungen und kennzeichnen Sie Ihre "Unarten"! Auch eine günstigere Alternative nach den Elementen der konstruktiven Gesprächsführung dürfen Sie sich entwickeln.

Übung 8

Konstruieren Sie zu einigen in diesem Kapitel als Beispiel genannten Berateräußerungen (vgl. Seite 114) eine Gesprächssituation, die unmittelbar vorausgegangen sein könnte.

Was könnte der Klient zuvor gesagt haben?

Übung 9

Im Verlauf eines Beratungsgespräches bemerkt der Klient:

"Mir gefällt diese Brille sehr gut, aber komme ich mit der Brille bei meinem Bekanntenkreis gut an?"

Was werden Sie erwidern?

Übung 10

Zu Beginn einer Beratung entschuldigt eine Klientin ihren Mann mit den Worten:

"Mein Mann kann leider nicht mitkommen. Er arbeitet in letzter Zeit so viel, dass er kaum noch Zeit für mich hat. Er sagt, das sei für den Urlaub. Aber ich kann mich schon gar nicht mehr richtig darauf freuen, weil ich jetzt nicht weiß, was ich mit für eine Fassung aussuchen soll."

Was werden Sie erwidern?

Übung 11

Klient:

"Ich brauche eine neue Brille, aber ich weiß noch nicht, wie sie aussehen soll."

Was werden Sie erwidern?

Übung 12

Mitarbeiterin:

"Schon seit längerer Zeit möchte ich zum Chef gehen, um ihm gehörig die Meinung zu sagen. Ich denke, er würde sich dafür interessieren. Ich habe nur ziemliche Bedenken."

Was werden Sie erwidern?

4.8 Selbstkontrollfragen zu Kapitel 4

Aufgabe 1

Wofür ist in einem personenorientierten Gespräch partnerschaftliches Verhalten Voraussetzung?

Aufgabe 2

Was versteht man unter personenzentrierter Gesprächsführung?

Aufgabe 3

Wie kann das nicht-direktive Beratungsgespräch entsprechend den verschiedenen Anwendungsbereichen bezeichnet werden?

Aufgabe 4

Benennen Sie zwei Möglichkeiten, mit denen personenzentriertes Verhalten verhindert wird.

Aufgabe 5

Wie kann der Aspekt "Konzentration auf den Klienten" als Förderung personenzentrierten Verhaltens ausgestaltet werden?

Aufgabe 6

In welchem Bereich der augenoptischen Versorgung ist der Aspekt von Distanz und Nähe besonders wichtig? Warum?

Aufgabe 7

Beschreiben Sie den Unterschied von Gesprächsstil und Gesprächsverhalten?

Aufgabe 8

Erläutern Sie die dirigistische Maßnahme in der Beratung.

Aufgabe 9

Mit Deutungen und Interpretationen soll man sehr zurückhaltend sein. Warum?

Aufgabe 10

Was dürfte der Grund sein, warum ein Berater oder Vorgesetzter manchmal zur Bagatellisierung greift?

Aufgabe 11

Wann kann man davon sprechen, dass ein Meister in einem Ausbildungsgespräch mit einem Lehrling einen moralisierenden Gesprächsstil verwendet?

Aufgabe 12

Um in einer Beratung "Abstraktion" vermeiden zu können, muss man die wissenschaftliche Erklärung beherrschen. Warum ist das kein Widerspruch?

Aufgabe 13

Erläutern Sie in kurzen Worten das Prinzip des konstruktiven Gesprächsverhaltens.

Aufgabe 14

Welche Gründe sprechen für das personenzentrierte Verhalten, wenn Sie die Wirkung der Gesprächsführung auf das Klientenverhalten in Betracht ziehen?

Aufgabe 15

Den Klienten in den Mittelpunkt der Beratung zu stellen, bedeutet für das Beraterverhalten, ...

Aufgabe 16

Überlegen Sie sich ein Beispiel dafür, wann es wichtig ist, ein Abschweifen des Klienten vom Inhalt des Gesprächs aufzugreifen! Wie gehen Sie dabei vor?

Aufgabe 17

Welche Gründe sprechen für eine sinnvolle und bedeutsame Anwendung der Methode der Spiegelung im Beratungsgespräch?

Aufgabe 18

Was bedeutet die Beratervariable "Aktuell"?

Aufgabe 19

Skizzieren Sie mit eigenen Worten die wesentlichen methodischen Schritte einer klientenzentrierten Gesprächsführung.

Die Lösungen zu den offenen Testfragen finden Sie durch Selbststudium an den entsprechenden Stellen in diesem Kapitel.

5 Methodik des Antwortens & des Fragens

„Wenn Du eine weise Antwort erwartest, musst Du weise fragen.“
(J. W. Goethe)

Die Qualität einer Frage und einer Antwort entscheidet darüber, ob das sich gesetzte Ziel erreicht wird. Je nach Art der Frage werden beim Gesprächspartner unterschiedliche Wirkungen erzielt, unterschiedliche Antworten erzeugt. Oftmals ist die Antwort nicht erwünscht, die Frage ungeschickt formuliert und das Wechselspiel zwischen Frage und Antwort verwirrend. In verschiedenen Publikationen zur Frage- und Antworttechnik wird immer wieder darauf hingewiesen[49]. Schauen wir uns das zunächst einmal bei einer ganz einfachen Absicht an und prüfen, mit welcher Frage und welcher korrekten Antwort ein Ziel erreicht werden kann.

Die Absicht:
Jemand möchte die Uhrzeit wissen.

Die Frage:
"Haben Sie vielleicht eine Uhr?"
Die Antwort:
"Ja."
Ziel nicht erreicht!
Eine Nachfrage ist notwendig.

Die Frage:
"Wissen Sie, wie viel Uhr es ist?"
Die Antwort:
"Ja."
Ziel nicht erreicht!
Eine Nachfrage ist notwendig.

Die Frage:
"Können Sie mir sagen, wie viel Uhr es ist?"
Die Antwort:
"Ja."
Ziel nicht erreicht!
Eine Nachfrage ist abermals notwendig.

Die Frage:
"Ach Sie tragen auch eine "Pattex-Swatch", ich hab' meine nur Zuhause liegen lassen."
Die Antwort:
"?"
Ziel nicht erreicht!
Die Absicht, jemanden durch gespielte Begeisterung zu einem erwünschten Verhalten zu veranlassen, führt nicht unbedingt zum Ziel.

Die Frage:
"Sie haben so eine wunderschöne Uhr, kann ich die mal anschauen?"
Die Antwort 1:
"Nein, ich gebe sie nicht her."
Ziel nicht erreicht!
Eine Nachfrage ist notwendig.
Die Antwort 2:
"Ja, hier."
Ziel über Umweg erreicht!

Die Frage:
"Wie viel Uhr ist es?"
Die Antwort:
"15.30 Uhr."
Ziel erreicht!

Wie zu sehen ist, gestaltet es sich sehr leicht, mit der richtigen Frage zum erwünschten Ziel zu kommen. Obgleich alle Fragen richtig beantwortet worden sind, unterstellte der Fragende dem Antwortenden, dass er ihm schon die Uhrzeit nenne und ihn eigentlich damit indirekt aufforderte, ihm eine „falsche“ Antwort zu geben.

Die Kunst zu Antworten und die Magie zu Fragen sind Fähigkeiten, die zu lernen und auch erlernbar sind. Auf keinen Fall sind sie angeboren.

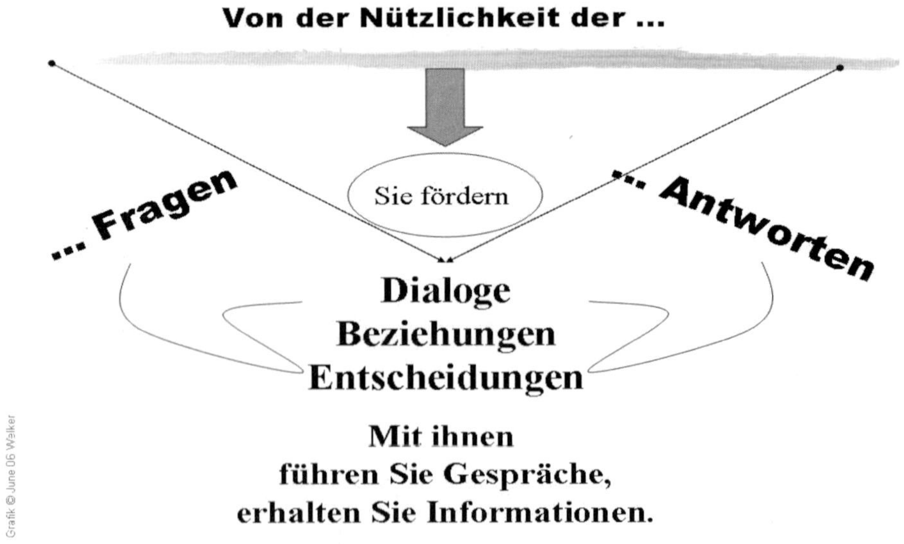
Von der Nützlichkeit der ...
Sie fördern
... Fragen
... Antworten
Dialoge
Beziehungen
Entscheidungen
Mit ihnen
führen Sie Gespräche,
erhalten Sie Informationen.
Grafik © June 06 Walker

5.1 Antworten & Fragen ...

Alle Antworten und Fragen, vor allem wenn sie zielgerichtet und zweckmäßig gegeben und gestellt werden, haben für den Ablauf und den Erfolg eines Anamnese- und Beratungsgesprächs eine außerordentlich große Bedeutung. Die Eigenschaften von Antworten und Fragen sind:

5.1.1 ... beziehungsfördernd

Der Klient will nicht nur zuhören, er möchte selbst zu Wort kommen können. Lässt man den Klienten im Gespräch nicht reden, wird die Beziehung sehr einseitig.

Als Berater baut man damit eine Beziehung unerwünschter *Antipathie* auf, deren Vermeidung oder Reduzierung während des laufenden Gespräches nicht mehr recht gelingen mag.

Sympathie wird geweckt, indem der Klient durch Fragen stets Gelegenheit erhält, sich zu äußern, seine Bedürfnisse zu sagen und seine Meinung darzustellen.

Fragen fördern die positive emotionale Beziehung zum Klienten.

5.1.2 ... Dialog fördernd

Beratungsgespräche sind keine die Antipathie fördernde Monologe. Wer sehr viel redet und dabei den Klienten nicht ins Gespräch mit einbezieht, wird als aufdringlich, unangenehm und sehr Ich-bezogen erlebt. Dies kann sich destruktiv auf die Beziehung auswirken.

Um einen echten Dialog mit dem Klienten aufzubauen, ist das Wechselspiel zwischen Antworten und Fragen ein wichtiges Werkzeug!

Die Kunst jeden Gesprächs liegt im Dialog.

5.1.3 ... gesprächsführend

Viele Berater beschränken sich im Gespräch darauf, dem Klienten Auskünfte zu erteilen. Sie reagieren nur. Stellt der Klient keine Frage, so schweigen sie selbst und halten sich zurück. Dadurch entstehen Pausen in der Beratung, die peinlich und unangenehm erlebt werden können. Wenn der Klient eine Frage stellt, erhält er in der Regel zwar eine fachlich kompetente Auskunft. Da der Berater aber nur reagiert, führt er das Gespräch nicht. Der Berater überlässt das Gespräch dem Einfallsreichtum des Klienten.

Fragen initialisieren, mit Antworten führt man ein Gespräch!

5.1.4
... INFORMATIONENSLIEFERND

In jedem Anamnesegespräch ist man darauf angewiesen, Informationen über den Klienten zu erhalten: Über seinen Bedarf, seine Interessenslage, seine Vorstellungen, seine Probleme, seine Sehgeschichte, seine visuellen Leistungsanforderungen, auch darüber, ob ihm das Angebot zusagt oder nicht.

Ein Berater kann sich nicht darauf verlassen, dass Klienten alle wichtigen Informationen selbst liefern. Sie haben meist nur einen Wunsch oder ein Problem, aber keinen Überblick, wie er oder es zu realisieren oder zu lösen ist. Klienten sind oft auch nicht in der Lage, ihre Probleme im rechten Zusammenhang zu erkennen, wobei ihnen aber die Fragen des Beraters weiterbringen können.

Gezielte Fragen und integrierte Antworten liefern alle wichtigen Informationen!

5.1.5
... ENTSCHEIDUNGSFÖRDERND

In jedem Beratungsgespräch wird der Klient eine Reihe von Entscheidungen treffen oder vorerst Teilentscheidungen vornehmen. Dieser Prozess der Entscheidungsfindung kann durch Fragen gefördert und mit guten Antworten beschleunigt werden.

Der Klient wird dazu bewegt, seine Zweifel zu äußern, seine Meinung zu überdenken und schließlich sich mit einer eindeutigen Antwort festzulegen, und damit den Abschluss des Gesprächs vorzubereiten.

Fragen entwickeln den Entscheidungsprozess und Antworten stellen die Entscheidung sicher.

5.2
DIE KUNST ZU ANTWORTEN

In allen Phasen eines Anamnesegespräches oder eines Beratungsgesprächs werden Fragen benutzt, um über die Antworten die Wünsche oder Probleme des Klienten zu ermitteln und darauf auch die entsprechenden Antworten geben zu können.

Mit Fragen wird versucht herauszufinden, welche Sehgeschichte dem Klienten zugrunde liegt, über welche

Seh-Erfahrungen der Klient berichten kann, ob dem Klienten diese oder jene Fassung gefällt, seinem Bedürfnis zusagt oder ob er lieber Kontaktlinsen sich zulegen möchte – alles Fragen, die notwendig sind, um eine gute Antwort geben zu können.

Mit erhöhter Aufmerksamkeit wird ergründet, was ein Klient mit seinen Fragen und seinen Einwänden genau meint, zum Ausdruck bringen will, welche Antworten er erwartet und was seine eigentlichen Kaufabsichten sind.

Im Folgenden geht es speziell um den Umgang mit Fragen des Klienten, die an einen Berater gerichtet werden.

5.2.1 Vom Umgang mit Fragen des Klienten

Wie liest es sich, wenn eine Klientin nach der Begrüßung das Gespräch mit nachfolgenden Worten beginnt?

"Ich komme eben vom Augenarzt, und der hat mir eindringlich zu verstehen gegeben, dass ich eine Brille tragen muss. Er hat mir meine Situation als sehr schlimm beschrieben, so dass ich richtig Angst bekommen habe.
Vor allem, weil ich meine, dass ... ich bin doch bislang auch ohne Brille ausgekommen. Meinen Sie auch, dass ich eine Brille tragen muss?"

Bevor Sie weiter lesen, überlegen Sie sich bitte eine Antwort.

Wenn Klienten Fragen stellen, bringen sie vielfältige Erscheinungen der zwischenmenschlichen Kommunikation zum Ausdruck:

- Sie möchten eine Antwort.
- Sie wollen etwas wissen.
- Sie zeigen Interesse.
- Sie sind neugierig.
- Sie möchten Informationen.
- Sie möchten am Gespräch beteiligt werden.
- Sie sind am Angebot interessiert.
- Sie möchten den Berater provozieren und testen.
- Sie sind verlegen.
- Sie möchten Entscheidungen abgeben.
- Sie möchten einen schnellen Rat.
- Sie möchten im Gespräch bleiben.

Auf das Klientenzitat könnten z.B. folgende oder ähnliche Antworten gegeben worden sein:

Beispiele

"So schlimm wird es schon nicht sein, was der Augenarzt gesagt hat."

„Ich denke schon, dass Sie eine Brille tragen müssen, aber so genau kann ich das nicht sagen."

"Mit einer Brille werden Sie gut zu Recht kommen."

"Wer hat Sie denn so in Schrecken versetzt?"

„Wenn der Augenarzt sagt, dass Sie eine Brille tragen müssen, wird das schon richtig sein."

"Was hat denn der Augenarzt zu Ihnen gesagt?"

Es lässt sich leicht feststellen, dass in diesem Fall sich kaum jemand zutraut, die direkte Frage der Klientin

„Meinen Sie auch, dass ich eine Brille tragen muss?"

mit einem eindeutigen "Ja" oder "Nein" zu beantworten. Aus der Fragestellung kann allerdings heraus gehört werden, dass die Klientin

- unter Druck steht,
- verängstigt ist,
- einen Verbündeten sucht, der ihre Ansicht teilt,
- eine Bestätigung ihrer Ansicht sucht,
- mit einem Problem belastet ist,
- eine Entlastung will.

Darauf eine *direkte Antwort* zu geben, gestaltet sich auch ziemlich schwierig, wäre voreilig, wenn nicht sogar falsch! In diesem Fall ist eher angebracht, die emotionale Belastung anzusprechen.

Beispiel:

„Die Mitteilung des Augenarztes beunruhigt und belastet Sie im Moment sehr. Was war denn für Sie der Anlass, zum Augenarzt zu gehen?"

5.2.2 Charakter einer Antwort

Zwei grundlegende Überlegungen zur *Methodik des Antwortens* sollen deutlich machen, welchen charakteristischen Eigenarten die Beantwortung von Fragen unterliegen kann. In Abhängigkeit der jeweiligen Beratungsphasen ist es oft nicht eindeutig erkennbar,

- welche Antwort der Klient eigentlich erwartet,
- wann eine direkte Beantwortung der Klientenfragen angeraten erscheint,
- unter welchen Gesichtspunkten eigentlich indirekt geantwortet werden sollte,
- wann eine Gegenfrage weiterhilft,
- ob es nicht besser sein könnte, mit der Beantwortung zu warten.

Überlegung I

Es gibt bestimmte Beratungsphasen, wie zum Beispiel die Eröffnungsphase einer Beratung, in denen es überflüssig ist, Klientenfragen direkt und spontan zu beantworten, denn

- unüberlegte Antworten können fehlerhaft sein.
- verletzende Antworten werden mit neuen Einwänden quittiert.
- entsprechen die Antworten nicht den Erwartungen des Klienten, reagiert er mit einem Rückzug.

Überlegung II

Andererseits gibt es Beratungsphasen, in denen es nützlich und für das Gespräch förderlich ist, wenn Klientenfragen entweder direkt beantwortet werden oder in angemessener Form zurückgegeben werden, denn

- gute Antworten liefern Informationen,
- rücksichtsvolle Antworten bestärken das Vertrauen,
- exakte Antworten schaffen Klarheit.

5.3 Methodik des Antwortens

Die Methodik des Antwortens besteht nun darin, erst einmal grundsätzlich einige Fragen zu entwickeln und daraus das Prinzip des Antwortens zu analysieren.

- Erscheint es denn sinnvoll, mit der Beantwortung zu warten und wann wäre das günstig?
- Welche Fragen werden gerne voreilig beantwortet?
- Welche Wirkung hat es, wenn eine Frage zurückgegeben wird und wann ist der beste Zeitpunkt dafür?
- Welche Antwortmöglichkeiten stehen zur Verfügung, wenn Klienten beharrlich auf einer direkten Antwort bestehen?
- Welche Prinzipien gibt es zur Beantwortung einer Frage?

Im Folgenden werden diese Überlegungen näher ausgeführt und zu einer Methodik des Antwortens entwickelt.

Methodik des Antwortens

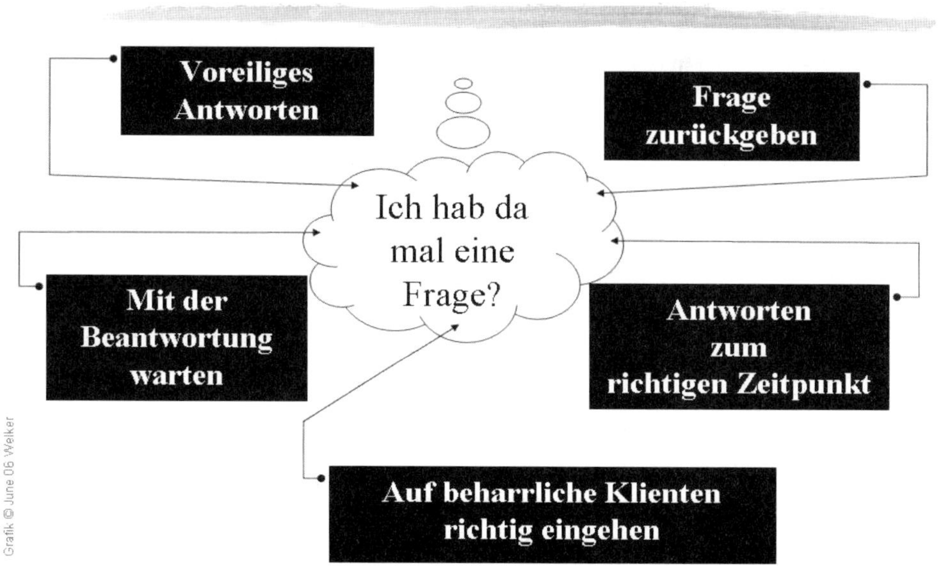

5.3.1 Voreiliges Antworten

Mit direkten Fragen an den Berater wollen die Klienten seine Meinung, seinen Rat hören oder eine Information erhalten, die der in der Frage enthaltenen Erwartung des Klienten entsprechen soll. Allzu oft ist ein Berater geneigt, diesen Erwartungsfragen zu entsprechen und sie auch aus welchen Gründen auch immer spontan zu beantworten. Beliebte Klientenfragen zu Beginn eines Beratungsgesprächs sind Fragen in der W-Form (was, warum, wieso, weshalb etc.), in der geschlossenen Form oder in der suggestiven Form. Überlegen Sie einmal, ob Sie jede der Fragen mit gutem Gewissen korrekt beantworten?

Beispiele:

"Was raten Sie mir?"

"Was soll ich bloß tun?,

"Was meinen Sie zu dieser Fassung?"

"Warum muss ich jetzt bloß eine Brille tragen?"

"Was würden Sie an meiner Stelle tun?"

"Wie finde ich bloß die richtige Entscheidung?"

"Wie komme ich aus dieser Unentschlossenheit heraus?"

"Was nützen denn Kontaktlinsen?"

"Was soll ich bloß mit einer Brille anfangen?"

"Ich muss die Brille immer tragen"

"Wie viel kostet denn eine Brille?"

"Sind Sie denn auch wirklich Augenoptiker?"

„Eine Brille entstellt doch mein Gesicht, nicht wahr?"

Eine exakte Beantwortung dürfte in manchen Fällen gar nicht möglich sein. Die exakte, konkrete und kurze Antwort kennt man oft nicht. Falls man eine Antwort wüsste, ist es fraglich, ob sie vom Klienten verstanden, nachvollzogen und angenommen werden kann, wenn sie direkt ausgesprochen wird. Eine methodisch exakte Umgangsweise mit den Fragen des Klienten ist also angebracht.

5.3.2 Mit der Beantwortung warten

"Mit der Beantwortung warten" mag auf den ersten Blick überraschen. Nicht gemeint ist damit ein bestimmter Zeitraum, in welchem nichts gesagt oder erwidert wird. Eine Vielzahl von Gründen sprechen dafür, sich in der Beantwortung von Klientenfragen zurückzuhalten, abzuwarten und bewusst die Antwort zurückzustellen.

5.3.2.1 Die Antwort – subjektiv

Wenn direkt und vor allem spontan geantwortet wird, ist es nicht immer gewährleistet, dass dies frei von subjektiven Wertungen und Einschätzungen erfolgt.

Eine subjektive und individuelle Antwort des Beraters hilft dem Klienten mit seiner subjektiven und individuellen Eigenart nur selten und setzt ein tief greifendes Vertrauen voraus.

5.3.2.2 DIE ANTWORT – FEHLERHAFT

Spontane Erwiderungen können fehlerhaft sein oder verletzend wirken. Sie entspringen meist aus persönlicher emotionaler Beteiligung und geben nur eine subjektive Ansicht wider. Sie gehen in der Regel an den Anliegen des Klienten vorbei, vor allem wenn er sich in seiner emotionalen Befindlichkeit missverstanden fühlt.

5.3.2.3 DIE FRAGE – EINE FALLE

Scheinbar gezielte und offene Fragen der Klienten beruhen gar nicht auf dessen Uninformiertheit oder Unwissenheit, sie haben oft andere Ursachen.

Klientenfragen haben nämlich auch, wie die in den Beispielen zur "voreiligen Antwort" angeführt, den Charakter von Fang- und Testfragen, mit denen die Klienten ihr Gegenüber prüfen wollen, ob und in wie weit sie

Methodik des Antwortens

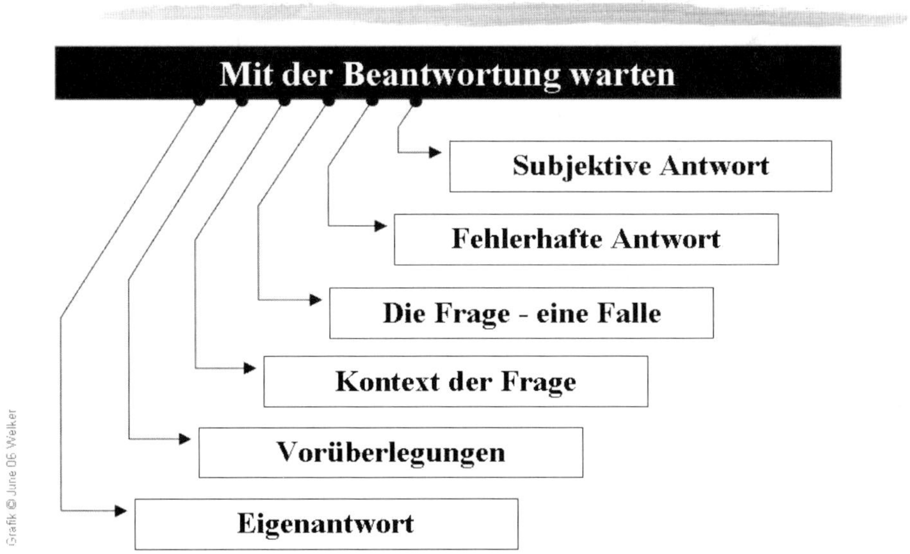

mit einer Akzeptanz ihrer persönlichen Eigenwilligkeit rechnen dürfen. Fangfragen von Klienten haben auch den Zweck, die Kompetenz und Offenheit des Gesprächspartners zu testen.

5.3.2.4 Die Frage – der Kontext

Gerade zu Beginn eines Beratungsgespräches kennt man den Zusammenhang zwischen der Klientenfrage und der höchst individuellen Struktur des Fragenden nicht. Deshalb ist eine nützliche und exakte Erwiderung nur schwer möglich. Ebenso dürfte auch der Zusammenhang, der gedankliche Kontext, der individuelle Hintergrund, vor dem die Frage gestellt ist, noch unbekannt sein. Aus diesem Grund sind spontane und unüberlegte Antworten zu vermeiden.

5.3.2.5 Die Frage – Die Eigenantwort

Stets gilt es zu prüfen, ob der Klient sich seine Frage selbst eventuell genauer und besser beantworten könnte als der Berater. Denn Klienten sprechen mit ihrer Frage oft eine Bestätigung ihrer eigenen Überlegungen und Gedanken aus. Die Fragen haben gewissermaßen rhetorischen Charakter.

5.3.2.6 Die Frage – die Vorüberlegung

Man ist sich nicht immer sicher, ob nicht der Klient für sich selbst bereits einige Vorüberlegungen angestellt hat. Bei einer direkten Beantwortung könnten mögliche Antworten und Ideen übersehen werden.

Das würde die Bearbeitung der Fragestellung zusätzlich erschweren, wenn man mit seiner Antwort eine entgegengesetzte Richtung einschlagen würde. Vorüberlegungen des Klienten sind zur Beantwortung oft sehr nützlich und daher zu erfragen und auszuloten.

5.3.2.7 Die Frage – ihre Konsequenz

Solange noch keine Gewissheit vorliegt, dass die Bedenken des Klienten hinsichtlich einer Entscheidung und deren Folgen, ausgeräumt sind, bleiben die Befürchtungen um mögliche unangenehme Konsequenz bestehen. Das ist zum Beispiel der Fall, wenn Klienten noch Angst haben

- vor der Verantwortung,
- vor einem zu hohen Preis,
- vor einer zu großen Umstellung.

Eine zu früh getroffene Entscheidung kann der Klient nicht ohne weiteres übernehmen oder auf sich nehmen, wenn der Entscheidungsprozess verkürzt wird. Die möglichen

Konsequenzen müssen in aller Regel für einen Menschen klar und deutlich erkennbar sein.

5.3.2.8 DIE FRAGE UND IHRE ROLLE

Man kann sich nicht sicher sein, ob der Klient eine direkte und ihn dirigierende Antwort will. Viele Klienten begeben sich in die Rolle des Unwissenden, andere Klienten möchten eine autoritäre Antwort, wieder andere streben mehr nach den „Streicheleinheiten“, die eine Antwort mit sich bringen kann.

Der Berater wird nämlich oft die Rolle des "allwissenden Vaters", der "kompetenten Fachfrau", der „Beschützenden“ zugeschoben. Ihn kann man ständig fragen, er trägt ja die Hauptverantwortung.

5.3.2.9 ZUSAMMENFASSUNG

Je mehr der Berater sich dieser Gründe bewusst ist und die möglichen Absichten einer Klientenfrage erkennt, desto leichter wird es ihm fallen, eine erwünschte und nützliche Antwort zu geben, die auch ihm selbst ein Gefühl der Gewissheit gibt. Es ist dies also keine Frage der Zeit, wenn mit der Beantwortung einer Klientenfrage unter den genannten Formen für einen Augenblick abgewartet wird.

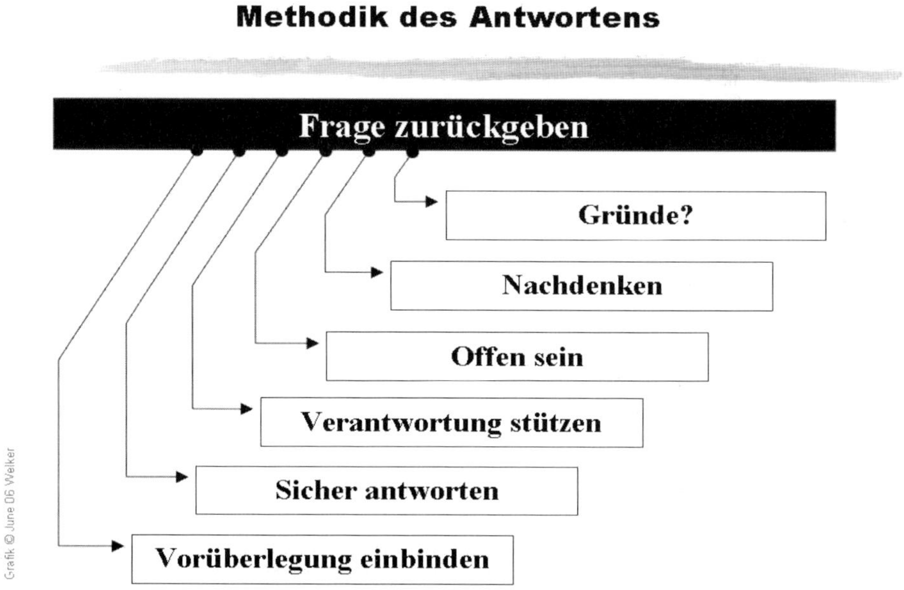

5.3.3
Frage zurückgeben

Oft ist es angebracht die Klientenfragen in angemessener Form, mit eigenen Worten zurückzugeben oder sie direkt/indirekt zu beantworten. Mit diesem Prinzip wird das Nachdenken gefördert, Vorüberlegungen mit eingebunden, Ratlosigkeit vermieden, die Verantwortung des Klienten gestützt, um schließlich selbst sicher antworten und ohne Zeitdruck sich dem Klienten widmen zu können. Folgende Verhaltensweisen und Aspekte lassen sich dazu im Einzelnen anführen:

5.3.3.1
Das Nachdenken fördern

Zur Förderung des eigenständigen Nachdenkens ist der Berater auf der Suche nach einem geeigneten Lösungsweg behilflich. Verhindert wird damit eine überflüssige Abhängigkeit des Klienten, vor allem wenn Unachtsamkeit im Umgang mit der Fassung oder Kontaktlinsen vorherrschend war.

Zum Beispiel:

„So wie ich Ihre Frage verstehe, denken Sie darüber nach, ob...“

„Sie denken im Augenblick darüber nach, ob...“

5.3.3.2
Vorüberlegungen einbinden

Der Klient kennt seine Möglichkeiten (Stärken und Schwächen, Wünsche und Bedenken) oft genauer als der Berater. Wenn entsprechend nachgefragt wird, könnten wichtige Vorüberlegungen aufgegriffen und durchsichtig gemacht werden.

Beispiel:

„Ihrer Frage entnehme ich einige Vorüberlegungen, die Sie schon angestellt haben, die wir vielleicht mit einbinden sollten...“

5.3.3.3
Ratlosigkeit vermeiden

Es wäre zu schön, wenn man immer und auf alles eine vernünftige Antwort parat hätte – der Wunsch vieler Berater oder Führungskräfte. Oft ist man überfordert, um eine exakte und individuell zugeschnittene Antwort geben zu können.

Da es vielen Beratern schwer fällt, zuzugeben:

„Da bin ich überfragt“

oder

„Das weiß ich nicht“

und mit dem Angebot verknüpfen sich kundig zu machen, verfallen sie oft der Versuchung, sich hinter dirigistischen, dogmatischen, pauschalisierenden, moralisierenden oder bagatellisierenden Antworten zu verstecken, oder die Antworten fallen i. S. einer Abwiegelung oder Verharmlosung aus.

So bemerkt der Klient die "versteckte" Ratlosigkeit und wird vermutlich weitere (Fang-)Fragen stellen.

5.3.3.4 Verantwortung stützen

Zu vermeiden ist es, dem Klienten die Verantwortung für die Entscheidung abzunehmen. Wird nämlich einem Klienten die Entscheidung abgenommen, würde der Berater automatisch für alle Konsequenzen verantwortlich gemacht werden, was er z.B. spätestens bei Reklamationsgesprächen zu spüren bekäme.

Beispiel:

„Nehmen Sie einmal an, Sie müssten jetzt entscheiden, was wäre Ihnen da wichtig...?“

5.3.3.5 Sicher antworten

Sinnvoll ist es, erst dann direkt zu antworten, wenn man sich sicher sein kann, dass man mit der Beantwortung ein wirkliches Informationsbedürfnis des Klienten zufrieden stellen oder zu einer tatsächlichen Problemlösung beitragen kann.

Beispiel:

„Prüfen Sie bitte, ob Ihnen meine Antwort auch zusagt und Ihnen weiter hilft...“

5.3.4 Antwort zur rechten Zeit

Bis jetzt wurde erörtert, dass man nicht voreilig antworten, mit einer Beantwortung warten und Fragen zurückgeben sollte. Da entsteht nun jetzt sicherlich die Frage:

„Wann soll ich denn dann antworten?!"

Man tut es ja bereits, denn die bisherigen Überlegungen bedeuteten ja nicht, dass nichts gesagt wurde, im Gegenteil. Ein nützlicher Umgang mit Klientenfragen kann in der Praxis so aussehen, dass man gegenüber dem Fragesteller unter Berücksichtigung der Frage, der Situation und des Zeitpunktes nachfolgende Methoden anwenden kann.

5.3.4.1 Frage neu formulieren

Eine günstige Antworttechnik besteht darin, dass der Berater die Frage neu formuliert. Als aktiver Zuhörer nimmt er die Gefühle, die Wünsche, die Probleme und Wertvorstellungen des Klienten aufmerksam wahr. Dies versucht er nun zu konkretisieren und evt. synonyme oder antonyme Sprachelemente zu verwenden.

Beispiele:

"Wenn ich die Frage recht sehe..."

"Ja, ich frage mich, ob eine persönliche spontane Beantwortung Ihrer Frage ... Ihnen nützlich ist."

"Wenn ich Sie richtig verstanden habe, stehen Sie vor der Frage: ..."

"Wenn ich Sie recht verstehe, dann haben Sie den Wunsch ..."

5.3.4.2 INHALT & EMOTION ANSPRECHEN

Der Berater hebt den inhaltlichen und emotionalen Aspekt der Frage hervor. Damit können die Kaufmotive und die Problemstellungen deutlicher heraus gearbeitet werden. Seine eigenen Bemühungen, den Klienten besser verstehen zu wollen, über nichts hinweg zu huschen, bringt man so zum Ausdruck. Die Herzlichkeit, mit dem Klienten begegnet wird, ist stets akzeptiert.

Methodik des Antwortens

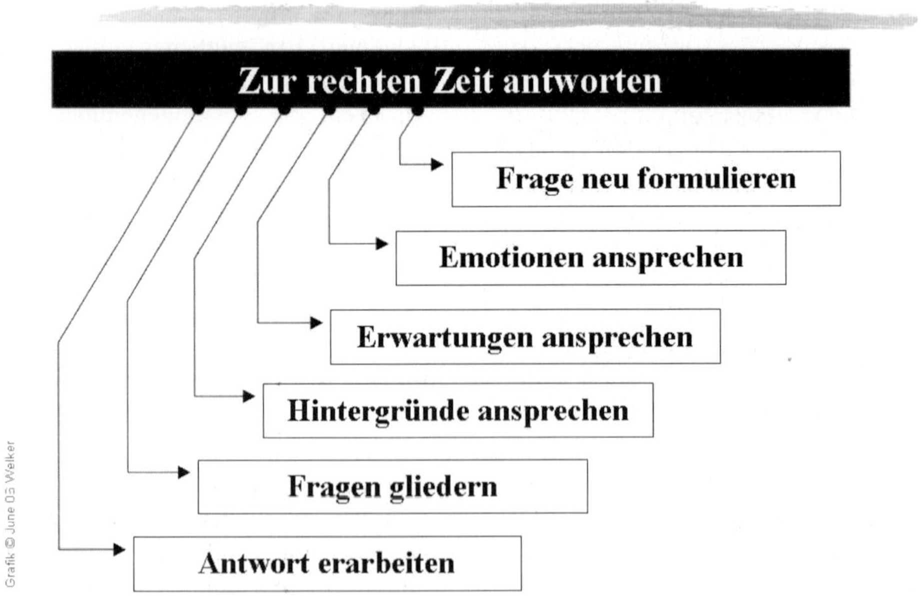

Beispiele:

"Was Ihnen der Augenarzt gesagt hat, war für Sie schwer nachvollziehbar. Ich möchte es Ihnen gerne erläutern."

"Das Problem, das Sie angesprochen haben, ist Ihnen sehr wichtig."

"Diese Frage macht Sie ziemlich unruhig, geht Ihnen sehr zu Herzen."

"Ich versuche mir im Augenblick vorzustellen, welche Schwierigkeiten Sie mit dieser Fassung haben könnten."

5.3.4.3 Erwartungshaltung benennen

Sehr oft stecken in den Fragen bestimmte Erwartungen, die der Klient erfüllt sehen möchte. Wenn man bemerkt, dass man den Erwartungen nicht entsprechen kann, ist es zweckmäßig, die mögliche Erwartung ruhig anzusprechen. Für Klienten kann es unangenehm sein, wenn sie mit ihren Erwartungen "in der Luft hängen".

Beispiele:

"Erwarten Sie jetzt eine bestimmte Antwort von mir?"

"Als Antwort wünschen Sie sich am liebsten, ... ?"

"Am liebsten wäre Ihnen ... "

"Ich hoffe, dass Sie doch nicht eine vorschnelle Antwort von mir haben wollen."

5.3.4.4 Antwortmöglichkeiten des Klienten ausloten

Der Berater bemüht sich herauszufinden, ob der Fragende eigene Antwortmöglichkeiten hat, um zusätzliche Informationen zu erhalten. Der erweiterte Informationsbereich kann dann in den weiteren Beratungsverlauf mit einbezogen werden, um die Fragestellung zu bearbeiten und zu beantworten.

Beispiele:

"Sie haben sich sicherlich schon selbst Gedanken über dieses Thema gemacht, selbst einige Antworten erwogen."

"Sie haben das Gefühl, dass Sie da viele Möglichkeiten haben: einerseits ..., andererseits ..."

"So, wie ich Sie verstehe, haben Sie ganz konkrete Vorstellungen."

5.3.4.5 Fragenkomplex gliedern

Hinter den von Klienten gestellten Fragen stecken oft noch eine ganze Reihe weiterer Fragestellungen. Aus einer Frage können oft viele Fragen heraus gehört werden. Sie sind herauszufinden und zu gliedern. Das Bemühen, sie zu gliedern und zu sortieren, sollte von dem Berater dargelegt und notfalls begründet werden.

Beispiel:

„Ich habe das Gefühl, hinter Ihrer Frage stecken noch andere Frage.“

"Sie haben mir nun eine ganze Reihe von Fragen gestellt. Ich möchte Sie Ihnen auch der Reihe nach beantworten."

„Sie setzen sich mit einem ganzen Bündel von Fragen auseinander."

„Ich möchte Ihre Fragen gerne aufteilen, um Sie Ihnen im Verlauf der Beratung zu beantworten."

5.3.4.6 Antwort gemeinsam finden

Dem Fragesteller wird angeboten, gemeinsam eine für ihn passende Antwort oder Lösung zu erarbeiten.

Das ist vor allem dann nützlich, wenn man selbst noch keine klare Antwort geben kann.

Beispiel:

"Vielleicht können wir gemeinsam nach einer für Sie nützlichen Lösung suchen."

"Ich versuche, mit Ihnen das Für und Wider gemeinsam abzuwägen."

"Wenn Sie möchten, können wir gemeinsam eine für Sie angenehme Fassung finden."

5.3.5 Beharrliche Klienten

In der Beratung muss man auch auf die Situation gefasst sein, was geschehen könnte, wenn die Frage des

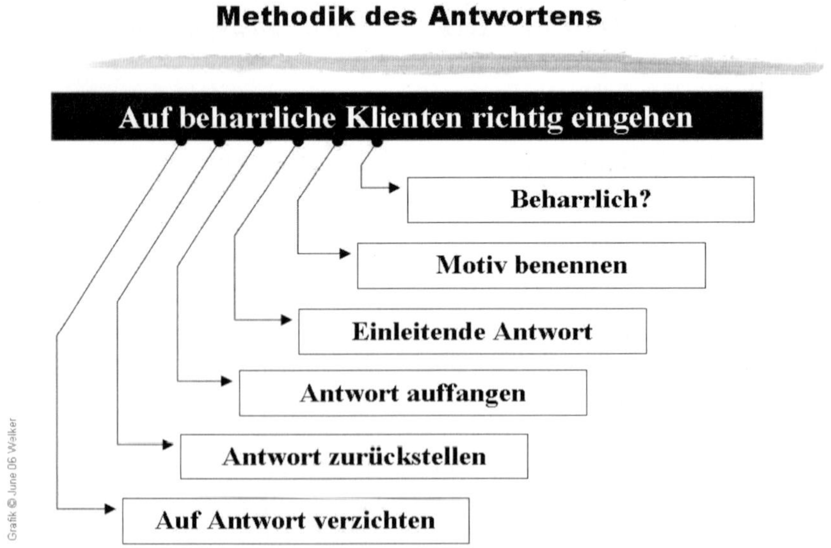

Klienten zwar in angemessener Form zurückgegeben wurde, verbunden mit emotionaler Wärme, aktivem Bemühen und professioneller Sachlichkeit, aber der Klient nicht darauf eingeht und auf einer Beantwortung beharrt.

Beispiel:

"Jetzt sagen Sie mir doch, was habe ich für denn ein Augenleiden?"

Die Beharrlichkeit der Klienten begründet sich aus der festen Erwartung, dass der Berater gerade als Fachmann die Antwort zu wissen habe, damit er ihnen weiterhilft. Deshalb gehen sie ja ins Fachgeschäft.

Doch auch als Fachmann kann man in besonderen Situationen erklären, warum eine direkte und schnelle Antwort nicht gegeben werden kann oder darf.

Beispiel:

„Ich möchte Ihnen nicht vorschnell und oberflächlich antworten, sondern mit Ihnen zusammen eine maßgeschneiderte Antwort erarbeiten."

Für den Berater ist es in solchen Fällen wichtig zu wissen, ob man selbst die innere Überzeugung und Selbstsicherheit hat, dem Klienten und sich selbst zuzugestehen, dass man sich zu einer direkten Antwort nicht autorisiert fühlt und daher lieber auf eine mögliche unzulängliche Antwort verzichtet. Mit "Lebenserfahrung", mit spontaner Schlagfertigkeit und mit Eloquenz (Beredsamkeit) kann jeder glänzen - ob damit aber die Fragen des Klienten wirklich in einem für ihn nützlichen Sinne beantwortet wären, bleibt offen. Nur mit sachlichem Wissen, das gezielt zur Beantwortung eingesetzt wird, kann dem Klienten weitergeholfen werden.

Was kann also geschehen, wenn der Klient auf seinen Fragen beharrt und von Ihnen unbedingt eine direkte Antwort möchte?

5.3.5.1 Motiv benennen

Zunächst kann man dieses Bedürfnis des Klienten nach einer direkten Antwort wiedergeben. Man stellt klar, dass man ihn nicht mit voreiligen Antworten überfahren will.

Beispiel:

"Ich kann Sie sehr gut verstehen, dass Sie eine klare Antwort erwarten. Ich komme auf Ihre Frage zurück. Doch möchte ich Sie erst noch auf folgendes aufmerksam machen."

Ich kann gut verstehen, dass Sie eine klare Antwort möchten, aber lassen Sie mich vorher noch folgendes klären....."

5.3.5.2 Antwort einleiten

Im Sinne eines Angebots werden verschiedene "vorläufige" Antworten vorstellig gemacht. Zusammen mit dem Klienten wird herausgefunden, was für ihn davon Gültigkeit hat, was der Klient akzeptieren kann.

Man gibt ihm eine Antwort und beginnt aber mit einer Bemerkung:

Beispiele:

"Ich möchte auf Ihre direkte Frage folgende Antwort wagen... “

"Ich versuche eine Antwort zu geben, bleiben Sie bitte kritisch ...“

"Meine Antwort muss nicht Ihre Antwort sein. Ich möchte so antworten: ... "

5.3.5.3 ANTWORT AUFFANGEN

Alternativ zur Einleitung einer Antwort, können Sie jede Antwort, die Sie einem Klienten geben, mit auffordernden Worten abschließen. Selbst wenn es Ihnen passiert ist, dass Sie eine voreilige, spontane Antwort gegeben haben, können Sie dies mit einer Schlussbemerkung wieder auffangen.

Beispiele:

"Ich frage mich, ob diese Antwort zu Ihnen passt".

"Wo hilft Ihnen diese Antwort, wo hilft sie nicht?"

"Haben Sie andere Ansichten?"

Haben Sie eine andere Antwort erwartet?“

"Ich weiß jetzt natürlich nicht, ob meine Antwort Sie zufrieden stellt."

5.3.5.4 ANTWORT ZURÜCKSTELLEN

Wenn man in der aktuellen Fragesituation wirklich keine Antwort weiß, dann ist es nicht nützlich, die Frage zum besseren Verständnis mit eigenen Worten zu wiederholen.

Stattdessen weist man darauf hin, dass die Frage im Augenblick nicht beantwortbar ist. Man möchte die Beantwortung zurückstellen und später wieder darauf zurückkommen.

Beispiel:

"Ich möchte Ihnen zuerst einige Vorzüge von Fassungen und Glastypen zeigen, um Ihnen dann den Preis zu nennen."

5.3.5.5 AUF ANTWORT VERZICHTEN

Wenn die Situation es erfordert, sollte man dem Klienten und sich selbst zumuten, dass (im Augenblick) keine Antwort und Lösung zu finden ist. Oft muss erkannt werden, dass es in bestimmten Situationen einfach keine Antwort gibt. Das ist sowohl vom Fragenden als auch vom Beratenden zu akzeptieren.

Dabei ist es wichtig, diese oft bittere Erkenntnis in eine Form zu kleiden, die einen unbeteiligten oder gar ablehnenden Eindruck und eine aggressive Formulierung vermeidet. Der Fragende muss die Bemerkung als aufrichtige und ehrliche Aussage akzeptieren können. Der Verzicht auf eine Antwort kann für den Fragestellenden oft schmerzlich sein, da in die zu erwartende Antwort oftmals viel Hoffnung gelegt wird, die nun enttäuscht wird.

Beispiel:

"Es fällt mir, ähnlich wie Ihnen, schwer. Im Moment weiß ich keine Antwort."

"Können Sie sich vorstellen, dass jemand anderes die Lösung weiß?"

"Es tut mir leid, ich bin hier (im Augenblick) überfragt. Was könnten wir jetzt tun?"

Anregung für den Leser:

"Vielleicht werden Ihre Fragen zu einem späteren Zeitpunkt beantwortet, wenn Sie sich in den weiteren Kapiteln und "Methoden der Fragetechnik" umgesehen haben?"

5.4 Die Kunst zu Fragen

Soweit im Rahmen einer Beratung Fragen an den Klienten gerichtet werden, sollte das sehr überlegt und gezielt geschehen, denn mit Fragen werden grundsätzlich Wirkungen erzielt. Unter dem Gesichtspunkt der Beraterfragen werden nun an einigen Beispielen angeführt, welche verschiedenen Wirkungen die unterschiedlichsten Fragen ausüben, was mit ihnen also erreicht werden kann. Darüber hinaus können sich Fragen ebenso konstruktiv wie destruktiv auswirken.

5.4.1 Wirkungen erzeugen

Es ist unumstritten, dass Fragen Wirkungen hervorrufen. Nur welche Wirkung jeweils hervorgerufen wird, ist abhängig von der Qualität und der Art der Frage. Die unterschiedlichsten Fragestrukturen können in der Kommunikation produktive, kreative oder pathologische Wirkungen in den Antworten hervorrufen. So können Fraugen förderlich oder verletzend wirken. Der Leser möge sich nun überlegen, was mit den folgenden Fragen an Wirkung jeweils erreicht werden kann.

Die Frage:
"Wozu soll die Fassung passen?"
Wirkung:
Die Frage löst eine Überlegung aus und zielt auf Information.

Die Frage:
"Für welchen Anwendungsbereich benötigen Sie die Brille?"

Wirkung:
Der Klient wird bereitwillig sein Tätigkeitsfeld erwähnen oder beschreiben.

Die Frage:
"Finden Sie nicht auch, dass diese Farben hervorragend zu Ihrem Kleid passen?"
Wirkung:
Die Frage wirkt einengend. Sie kann auch Zustimmung hervorrufen.

Die Frage:
"Wie gefällt Ihnen dieses Etui?"
Wirkung:
Der Gesprächspartner kann sich offen äußern.

Die Frage:
"Wie kann ich Ihnen helfen?"
Wirkung:
Vielleicht wird der Klient die Frage ablehnen.

Die Frage:
"Diese Gläser sind leicht. Das ist doch angenehm, oder?"
Wirkung:
Mit praktischer Überzeugung kann eine Zustimmung erzeugt werden, wird die Frage jedoch zu suggestiv vorgetragen, ruft sie eine Ablehnung hervor.

Die Frage:
„Welche bestimmten Vorstellungen haben Sie schon?"
Wirkung:
Die Frage hat öffnende Wirkung.

Die Frage:
"Welches von den beiden Etuis gefällt Ihnen besser?"
Wirkung:
Zur Auswahl stehen nur noch zwei Dinge. Die Alternative kann einengend, kann aber auch strukturiert und zweckmäßig erlebt werden.

Die Frage:
"Wann möchten Sie zur Refraktion kommen, was wäre Ihnen lieber morgen Nachmittag oder am Freitag?"
Wirkung:
Der Gesprächspartner kann frei den Zeitpunkt aus einer ihm vorgelegten Alternative bestimmen. Sie zeigt deutlich die Terminwahlmöglichkeit.

Die Frage:
"Was halten Sie von dieser Fassung?"
Wirkung:
Offenes Antworten zu einer freien Entscheidung ist möglich.

Die Frage:
„Welche Farben bevorzugen Sie denn bei Ihrer Kleidung?"
Wirkung:
Beabsichtigt ist, eine Information über die farbliche Abstimung der Kleidung zu erhalten.

Die Frage:
„Sollen wir Sie morgen oder übermorgen anrufen?"
Wirkung:
Die Frage lässt aus einer sinnvollen Alternative entscheiden.

Die Frage:
„Sie wollen die Brille doch sicher so schnell als möglich haben, oder?"
Wirkung:
Die Frage ist und wirkt suggestiv, denn wer will schon lange auf etwas warten.

Die Frage:
„Es gibt eine Reihe von Infektionskrankheiten, welche Störungen im Sehen hervorrufen können. Welche Erkrankungen fallen Ihnen dazu spontan ein?"
Wirkung:
Die erläuternde Frage hilft dem Klienten, sich leichter auf die Erinnerung an mögliche Infektionskrankheiten einlassen zu können.

Die hier modellhaft mit den verschiedensten Fragetypen erzeugten Wirkungen beruhen stets darauf, dass mit ihnen ein Zweck verfolgt wird.

Es kann einem Berater daher nicht gleichgültig sein, welche Frageart er auswählt. Zusätzlich ist jedoch zu beachten, dass Gesprächspartner oft nicht so reagieren, wie man es von der Zwecksetzung der Fragestellung her vielleicht erwarten würde.

Fragen sind eines der wichtigsten (Hand)Sprach-Werkzeuge eines Beraters. Und wer sich in der Antworttechnik nun ein wenig auskennt, weiß so ganz nebenbei auch mit eigenen Fragen besser umzugehen.

5.4.2 Mit Fragen Türen öffnen

„Wer fragt, der führt!" lautet ein beliebtes Motto. Wir wollen uns mal ansehen, was es damit auf sich hat.

Fragen können die Herstellung der beratenden Beziehung beschleunigen oder verhindern. Sie können Zeit sparen und Zeit kosten.

Eröffnungs- und Eingangsfragen können über den Gesprächsverlauf entscheiden, können Vertrauensbrücken zum Gesprächspartner schaffen oder dessen Hemmschwelle festigen. Fragen können ein Gespräch lebendig gestalten und somit die Aktivität des Gesprächspartners steuern und begünstigen, sie können auch den Fluss eines Gespräches blockieren.

Sprechen die Fragen das Interesse des Gesprächspartners an, wird er zum Denken und selbst zum Sprechen angeregt. Er kann erkennen, worauf es dem anderen ankommt. Die Gedanken der Fragen werden zu denen des Gesprächspartners gemacht.

Mit Fragen können die Anliegen und Interesse, die Wünsche, Motive oder Probleme des Gesprächspartners offen gelegt werden. Fragen können die wahren Ansichten des Gesprächspartners herausfinden und die Aufmerksamkeit auf diejenigen Aspekte des Angebotes und der Dienstleistung lenken, die Ihnen für den Gesprächspartner wichtig erscheinen.

Die Qualität der Fragen beeinflusst die Tendenz, den Verlauf und das Ergebnis eines Gespräches. Daher die Unterscheidung zwischen destruktiven und konstruktiven Fragetypen. Denn mit diesen Fragetypen wird der Gesprächseinstieg gehemmt oder gefördert, der Gesprächsverlauf unterbrochen oder flüssig gehalten, der Gesprächsabschluss erzwungen oder harmonisch eingeleitet werden.

Die Beschaffenheit dieser Fragetypen und ihre Wirkungen auf den Klienten werden an Beispielen veranschaulicht. Sie sind als Anregung gedacht, doch ist zu bedenken, dass sie nur situationsgebunden verwendet werden können.

5.4.3 Destruktive Frageformen

Eine Reihe von Frageformen ist für den Gesprächspartner untauglich und kann sich nachteilig und hemmend auf das Gespräch auswirken. Sie werden als destruktive Fragen bezeichnet.

Sie können den Gesprächspartner überfordern, beeinträchtigen und in ihm eine Abwehrhaltung und Unwilligkeit hervorrufen. Die Bereitschaft zur Mitarbeit und die aufmerksame Lernwilligkeit können mit destruktiven Fragen sehr beeinträchtigt werden.

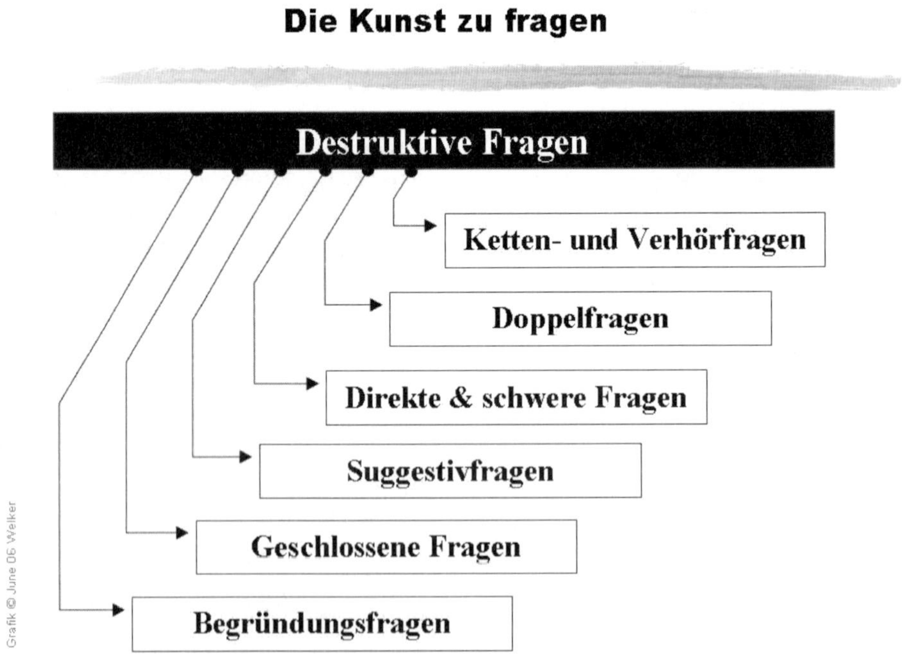

5.4.3.1 Kettenfragen. Eine Vielzahl von Fragen.

Wenn eine Vielfalt von Fragen auf den Gesprächspartner "niederprasselt", kann seine freie Rede, der freie Fluss seiner Gedanken leicht ins Stocken geraten. Mit Kettenfragen wird nach eigenem Ermessen dirigistisch in den Gesprächsverlauf eingegriffen, ohne entsprechende Antworten abzuwarten.

Beim Klienten kann das Gefühl entstehen, dass er einem Kreuzverhör ausgesetzt ist. Er wird sich gegen die Neugier der Berater zur Wehr setzen. Der Klient kann sich aber auch passiv verhalten und Zurückhaltung üben, so dass mit seiner konstruktiven Mitarbeit nicht mehr zu rechnen ist.

Beispiele:

"Haben Sie ein Rezept dabei, waren Sie schon beim Augenarzt, was hat der Augenarzt gesagt, warum sind Sie denn zum Augenarzt gegangen?, wie heißen Sie, wann sind Sie geboren und wo wohnen Sie?, Welche Qualität sollen die Gläser haben, wie viel möchten Sie ausgeben?"

5.4.3.2 Verhörfragen

Den Kettenfragen verwandt sind die Verhörfragen. Wenn der Klient Misstrauen hinter den Fragen vermuten muss oder die Tendenz bemerkt, ihn „überführen“ zu wollen, zieht er sich entweder zurück oder tritt aggressiv die Flucht nach vorn an.

Beispiele:

"Wo ist Ihnen die Fassung zu Bruch gegangen?"

„Wie ist die Fassung zu Bruch gegangen?“

"Wann waren Sie das letzte Mal beim Augenarzt?"

"Wie oft waren Sie jetzt bei mir?"

„Warumwaren Sie nicht schon früher beim Augenarzt?“

"Warum sind Sie nicht zum vereinbarten Termin gekommen?

5.4.3.3 Doppelfragen

Wird der Klient mit zwei unabhängigen Fragen auf einmal konfrontiert, kann er verwirrt und überfordert reagieren. In der Regel wird nur die letzte Frage beantwortet oder nur diejenige, die dem Klienten dann wichtig erscheint.

Beispiele:

"Kommt es Ihnen auf eine hübsche Farbe der Fassung an und möchten Sie die Brille nur zu bestimmten Gelegenheiten tragen?"

"Ist Ihnen die Fassungsform gleichgültig und möchten Sie lieber Gläser mit kleinem Durchmesser?"

5.4.3.4 Direkte Fragen

Durch direkte Fragen kann der Klient das Gefühl bekommen, dass er unbedingt antworten muss. Er muss etwas tun, was er (noch) nicht kann oder will.

Ist die Zielrichtung der Fragen für ihn nicht nachvollziehbar, fühlt er sich unter Druck gesetzt, was bei ihm Spannung, Angst oder Stress auslösen kann.

Beispiele:

"Hatten Sie sich nicht für diese Fassung entschieden?"

"Welche Überlegung haben Sie momentan?"

"Welches Problem wollen Sie lösen?"

"Wie ist unser bisheriger Stand?"

"Wie verlief bisher unser Gespräch?"

"Was sind die wichtigen Punkte unseres Gesprächs?"

5.4.3.5 Schwierige & leichte Fragen

Schwierige Fragen sind dadurch gekennzeichnet, dass der Zuhörer zunächst länger darüber nachdenken muss, was der Fragende eigentlich meint. Durch schwierige Fragen kann sich der Klient überfordert fühlen und infolgedessen lustlos und mutlos werden. Trotz vorhandener Interessen und Kaufmotive sinken die Aufmerksamkeit und die Kauflust des Klienten sehr schnell.

Hingegen können sehr leichte Fragen den Eindruck erwecken, er und sein Problem würden verniedlicht und simplifiziert. Er fühlt sich nicht ernst genommen.

Beispiele:

"Sie kennen Sonnenbrillen?"

"Sollen wir bei hohem vorliegenden ACA-Quotient Ihre Nahesophorie korrigieren?"

5.4.3.6 Suggestivfragen

Dem Klienten wird von vornherein eine bestimmte Richtung oder Antwort in den Mund gelegt. Er wird leicht vereinnahmt und die erwartete Antwort wird ihm untergeschoben.

Eine freie Beantwortung ist nur schwer möglich. Das Bemühen, die Gedanken des Gesprächspartners in die gewünschte Richtung zu lenken, endet eher in der Beeinflussung seiner Meinung.

Nur willensstarken und redegewandten Personen ist es möglich, auf den provozierenden Charakter einer Suggestivfrage eine entsprechende Antwort zu geben. Sie werden dann selbst wortreich agieren, was nicht unbedingt im Sinn der Berater sein dürfte.

Beispiele:

"Meinen Sie nicht auch, dass ..."

"Sie sind doch sicherlich auch der Meinung, dass Ihr Mitarbeiter kann diese Zusatzarbeit übernehmen, stimmt's?"

"Es stört Sie doch nicht, wenn ich das tue?"

"Sie meinen doch sicher auch, dass eine gute Verarbeitung besonders wichtig ist?"

"Sie haben doch sicherlich jetzt einen besseren Seheindruck?"

"Ich kann mir nicht vorstellen, dass Sie auf eine hochwertige Ausführung verzichten wollen?"

"Sie sehen jetzt doch folgendes...., eigentlich müssten Sie jetzt besser sehen..?"

5.4.3.7 ALTERNATIVFRAGEN

Alternativfragen erlauben zwar die Auswahl aus zwei oder mehreren vorgegebenen Möglichkeiten, die Antwort des Gesprächspartners erfährt aber eine gewisse Vorstrukturierung, die ihn in bestimmten Gesprächsabschnitten auf unerwünschte Weise schon festlegen und damit einengen kann.

Alternativfragen verlangen eine klare Antwort und somit ermöglichen sie theoretisch eine Entscheidung in relativ kurzer Zeit. Sie bergen jedoch die Gefahr des 'Alles oder Nichts' in sich. Bei der Auswahl aus zwei Alternativen werden die Wahlmöglichkeiten und die Aktivitäten des Gesprächspartners eingeschränkt. Personen, die dazu neigen, den Weg des geringsten Widerstandes zu gehen, können sich leicht der mutmaßlichen Meinung des Fragenden anschließen.

Beispiele:

"Möchten Sie jetzt diese Fassung nehmen oder jene?"

"Haben Sie sich für diese Brillenfassung entschieden oder war es Ihre Frau?"

"Wollen Sie eine weitere Hilfskraft einstellen oder nicht?"

"Möchten Sie mit Bargeld oder mit Kreditkarte zahlen?"

5.4.3.8 GESCHLOSSENE JA-NEIN-FRAGEN.

Wird dem Klienten eine Verb-Frage[50] gestellt, auf die er mit einem einfachen "Ja" oder "Nein" antworten kann, so wird er kaum zum Nachdenken und zu weiteren Aussagen angeregt. Da der Berater zwangsläufig weitere Fragen stellen muss, übernimmt er die Lenkung. Da mit dieser Fragestellung das Beratungsgespräch sehr einseitig verlaufen würde, ist sie wenig ergiebig. Geschlossene Fragen werden auch Entscheidungsfragen genannt. Sie beginnen in der Regel mit einem Zeitwort (Verb), dem Prädikatskern, oder mit einem Hilfszeitwort. (*"Tragen Sie ...?", „Haben Sie ...?", "Sind Sie ...?"*).

Gesprächige Personen werden besonders umständlich und ausschweifend antworten, um einer klaren Antwort auszuweichen, und weniger gesprächige Personen werden damit weniger zum Sprechen angeregt.

Beispiele:

"Waren Sie schon beim Augenarzt?"

"Haben Sie ein Rezept?"

"Haben Sie schon Vorstellungen, wie Ihre Fassung aussehen soll?"

"Sind Sie für TriColorGläser?"

"Ist das ein guter Preis?"

"Gefällt Ihnen diese Fassung?"

"Darf ich Sie kurz stören?"

„Möchten Sie etwas zum Trinken haben?"

5.4.3.9 BEGRÜNDUNGSFRAGEN

Die Begründungsfragen, oder sog. Warum-Fragen nach dem Grund einer Angelegenheit, bedeuten für Klienten oft eine Überforderung. Sie führen zu einseitigen rationalen Erklärungsversuchen sowie zu angstbesetzten Rechtfertigungen.

Der Klient fühlt sich in die Ecke getrieben, weil diese Frageform aggressiv erscheinen und Aversionen hervorrufen kann. Sie können jede Antwort verhindern und Abwehr und Trotzreaktionen hervorrufen.

Beispiele:

"Warum sind Sie nicht zum Augenarzt gegangen?"

"Warum wollen Sie diese Fassung unbedingt haben?"

"Warum ist Ihnen die Fassung zerbrochen?"

"Warum kommen Sie jetzt erst zur Reklamation?"

"Warum wollten Sie ausgerechnet Herrn X diese Fassung verkaufen?"

5.4.3.10 ZUFALLS-, VERLEGENHEITS- UND ÜBERRASCHUNGS- FRAGEN

Diese Art des Fragens ist nicht gezielt und nicht auf den Klienten zentriert. Die Fragen entstehen dann, wenn dem Berater eine Gesprächspause zu lange vorkommt, oder wenn er das festgefahrene Gespräch mit einer spontanen Äußerung wieder in Schwung bringen will. Eine Verlegenheitsfrage kann Ausdruck davon sein, dass dem Gesprächspartner das Gesprächsthema zu "heiß" erscheint, und mit ihr das Thema gewechselt wird.

Beispiele:

"Was ich noch fragen wollte ...?"

"Mal nebenbei gefragt ...?"

"Ich wollte Sie eigentlich noch etwas anderes fragen ...?"

"Übrigens, haben Sie schon ...?"

„Eh, ich es vergesse, folgendews muss ich Sie noch fragen ...?"

5.4.3.11 Zwischenbilanz

Zehn so genannte destruktive Fragetypen wurden nun erläutert. Sie liefern die Begründung für die in der Einleitung zu den destruktiven Fragetypen aufgestellte Behauptung, dass mit Fragen solcher Art der Gesprächseinstieg für den Klienten gehemmt, der flüssige Gesprächsverlauf unterbrochen oder ein Gesprächsabschluss erzwungen wird. Nun stellt sich Frage, welche konstruktiven Fragetypen stehen denn zur Verfügung.

„Nebenbei“ gefragt: Haben Sie nicht auch das Gefühl, dass die letzte Bemerkung suggestiv formuliert ist?

5.4.4 Konstruktive Frageform

Fragetypen des Beraters an seinen Klienten sind in der Regel konstruktiv und nützlich, wenn sie eine positive Wirkung auf ihn haben. Mit diesen Fragetypen wird eine positive Beziehung zum Klienten aufgebaut und das Gespräch verläuft zielgerichtet. Konstruktive Fragen signalisieren dem Klienten Wertschätzung, unbedingtes Akzeptiert-werden und ein verstärktes Bemühen seitens des Beraters, welches seiner Bereitschaft zur Mitarbeit förderlich ist (Komplianz).

Mit Fragen kann der Klient angeregt und begeistert werden – der Berater hat es in der Hand!

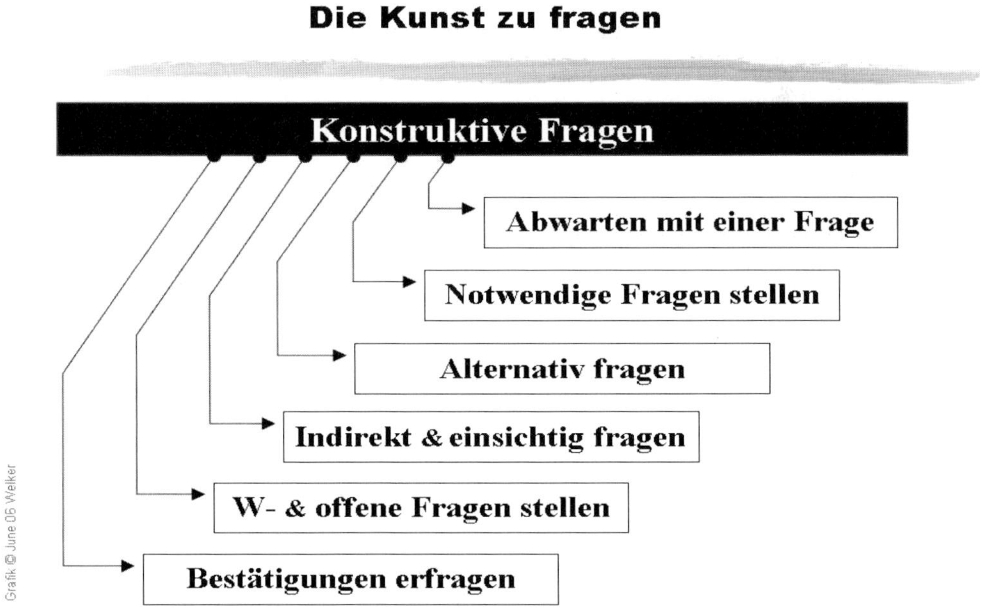

5.4.4.1 GEDULD MIT EINER FRAGE

Der Klient muss im Gespräch an einem Punkt angelangt sein, wo die zu stellende Frage exakt hineinpasst. Oftmals stellt der Klient die nötigen Fragen selbst. Seine Einwände sind meistens Fragen, die er an den Berater richtet. Wie lange man mit der Frage abwartet, ist situationsabhängig - es genügen manchmal nur einige Sekunden.

Beispiel:

Anstatt zur Begrüßung die Frage *"Was kann ich für Sie tun?"* zu stellen, kann während der Begrüßung auf den Klienten zugegangen werden. Der Klient wird in aller Regel den Gruß erwidern und sein Anliegen sofort vortragen. Der Berater wartet einen Moment, er kann dann etwas zeitverzögert die Frage anschließen, nachdem er dem Klienten einen Platz angeboten hat:

Beispiel:

„Was führt Sie zu mir?"
„Was ist Ihr Anliegen?"
„Was wünschen Sie?"

5.4.4.2 NOTWENDIGE FRAGEN

Unentbehrliche Fragen zur Informationsgewinnung, die zum richtigen Zeitpunkt gestellt werden, signalisieren dem Klienten die fachliche Kompetenz und eine souveräne Beratung. Sie machen ihm deutlich, wie sehr der Berater um seine Anliegen und seine Probleme bemüht ist.

Exakte Informationsfragen, die sich auf Tatsachen beziehen, erhöhen die Aufmerksamkeit des Klienten. Er bekommt das Gefühl, dass nicht um den 'heißen Brei' geredet wird.

Notwendige Fragen fallen zum Beispiel im Bereich der subjektiven Augenglasbestimmung an. Zur unentbehrlichen und zielgerichteten Informationsgewinnung ist die Benützung von geschlossenen Fragen sinnvoll.

Beispiele:

"Haben Sie schon einmal eine Brille getragen?"

"Sie haben noch keine Erfahrung mit Fassungsmaterialien gemacht?"

„Wann waren Sie das letzte Mal bweim Augenarzt oder beim Augenoptiker?"

5.4.4.3 FREI ENTSCHEIDBARE FRAGEN

Wenn dem Klienten eine Frage gestellt wird, soll er frei entscheiden können, ob und inwieweit er auf die Frage des Beraters eingehen möchte.

Das gibt ihm das Gefühl, dass er nicht antworten muss bzw. dass er Zeit zum Nachdenken bekommt und seine Antwort zurückstellen kann. Er fühlt sich dadurch weniger unter Druck gesetzt oder zur Eile gedrängt.

Beispiele:

"Darf ich Ihnen eine Frage stellen?"

"Möchten Sie mir folgende Fragen bitte beantworten?"

"Ihnen erscheint (in diesem Augenblick) diese Frage unwichtig?"

Ehe der Berater eine Frage stellt, könnte er vorausschicken:

"Kann es sein, dass folgende Überlegung weiterhilft?"

"Vielleicht sagen Sie, was Ihnen daran wichtig/von Bedeutung ist."

5.4.4.4 Durchsichtige Fragen

Der Klient muss verstehen können, warum er gefragt wird, welcher Zweck mit der Frage verfolgt wird. Die Fragen sind daher möglichst kurz, konkret und leicht verständlich zu formulieren. Eine durchsichtige Frage, die vom Klienten nachvollzogen werden kann und ihm einsichtig ist, wird wesentlich bereitwilliger beantwortet als undurchsichtige Fragen, die ein Zögern bewirken und den Klienten zu einer Gegenfrage veranlassen.

Beispiel:

„Ich werde Ihnen bei diesem Sehtest jetzt einige Fragen stellen und ich bitte Sie, zur Klarheit nur mit 'ja' oder 'nein' zu antworten"

„Ich stelle Ihnen jetzt einige Fragen zu Ihrer Lebensentwicklung im Zusammenhang mit Ihrem Sehen."

5.4.4.5 Indirekte Fragen

Indirekte Fragen können zur Strukturierung und zum Ordnen eines bisherigen Gesprächsverlaufs dienen, und so dem Klienten wieder einen Überblick verschaffen. Eine direkte Frage kann beim Klienten zur Anspannung, Angst oder Rückzug führen. Die Umwandlung und die Umformulierung einer direkten Frage in eine indirekte eröffnet eher die Gesprächsbereitschaft.

Mit der indirekten Frage wird das Gespräch mit dem Klienten positiver und persönlicher gestaltet, der Klient fühlt sich weniger bedrängt.

Beispiele:

„Wenn Sie möchten, ..."

"Mich beschäftigt momentan folgende Überlegung, ..."

"Wenn ich es recht sehe, wollen Sie folgende Frage lösen..."

"Ich überlege mir gerade, ob Sie lieber..."

"Darf ich kurz zusammenfassen, wie unser Gespräch bisher verlief?"

"Wenn ich einmal zusammenfassen darf, wie unser bisheriger Stand ist?"

"Ist es Ihnen recht, wenn ich versuche, einige wichtige Punkte unseres Gesprächs aufzuzählen?"

5.4.4.6 W-FRAGEN

Gezielte Fragen beginnen mit einem Fragewort (wer, was, wie, wo, wohin, woher, wodurch, wozu, wie viel), mit Ausnahme des Fragewortes „Warum". Sie bedeuten für den Klienten, dass er ein konkretes Teilproblem inhaltlich deutlich beantworten kann. Der Berater muss allerdings darauf achten, dass er mit diesem Fragetyp nicht beharrlich, stur und bohrend wirkt. Mit einer offenen Einstellung zum Klienten vermeidet er die Beeinträchtigung der Lebendigkeit des Gespräches. W-Fragen können der Schlüssel für eine gute Argumentation in den verschiedenen Gesprächsabschnitten sein.

Beispiele:

"Was ist hier für Sie am wichtigsten?"

"Was für Farben bevorzugen Sie am ehesten?"

„Wer hat Ihnen denn die Empfehlung ausgesprochen, zu mir zu kommen?"

"Wie würden Sie Ihren Modestil charakterisieren?"

„Wobei ist Ihnen aufgefallen, dass Sie eine Brillen benötigen würden?"

"Worauf kommt es Ihnen in erster Linie an?"

"Worauf könnte das denn zurückzuführen sein?"

"Welche Farbe sagt Ihnen am meisten zu?"

"Welchen Vorteil sehen Sie darin?"

"Wann ist Ihnen ein Termin recht?"

"Weshalb sind diese Probleme aufgetaucht?"

5.4.4.7 OFFENE FRAGEN

Offene Fragen können nach verschiedenen Richtungen beantwortet werden, der Klient kann sich mit seiner Antwort frei und umfassend entfalten.

Offene Fragen können als W-Fragen, als Bitte, als sanfte Aufforderung oder auch als indirekte Fragen gestellt werden.

Beispiele:

"Möchten Sie mir bitte Ihre Unentschiedenheit noch etwas erläutern?"

"Worauf legen Sie Wert?"

"Es beschäftigt mich, was Ihnen dazu einfällt."

"Ich frage mich, was Ihr Eindruck dazu ist."

"Ich möchte gern, dass Sie mir Ihren Einwand erläutern."

5.4.4.8 ALTERNATIVFRAGEN

Neben der Alternativfrage als eine destruktive Form des Fragens gibt es wichtige Situationen im Gesprächsverlauf, in denen mit alternativen - Fragen dem Klienten Brücken gebaut werden können und müssen. Insbesondere ist das dann der Fall, wenn der Klient unentschlossen wirkt, Zweifel äußert oder seine mutmaßliche Meinung zurückhält.

Gut formulierte Alternativfragen sind eine Formulierungshilfe und bieten dem Klienten eine Gelegenheit, sich besser ausdrücken zu können. Der betreffende Sachverhalt oder das aktuelle Erleben des Klienten muss daher immer lebendig und sprachlich anschaulich beschrieben und bezeichnet werden.

Mit Hilfe von alternativen Fragen können Teilentscheidungen eingeleitet werden, indem die Anzahl der Alternativen solange eingegrenzt werden, bis schließlich zwei echte Möglichkeiten übrig bleiben.

Alternative Fragen, oft auch als Alternativ-Technik bezeichnet, können Abschlussentscheidungen erleichtern und herbeiführen.

Beispiele:

"Sind Sie eher der Ansicht (der Meinung), dass ..."

"Würden Sie eher dieser Fassung oder jenem Modell den Vorrang geben?"

"Wenn ich Sie recht verstehe, fällt es Ihnen im Augenblick nicht leicht, sich zwischen diesen beiden Fassungen zu entscheiden. Was spricht denn für diese Fassung und was spricht für jene?"

"Ist Ihnen der Preis oder der Service wichtig"?

"Ich sehe, Sie sind von beiden Fassungen begeistert, schwanken aber zwischen ihnen, für welche Sie sich entscheiden wollen."

5.4.4.9 BESTÄTIGUNGSFRAGEN

Mit Bestätigungsfragen, die auch als Kontrollfragen gelten können, sichert sich der Berater die Kaufabsicht des Klienten.

Die Bedürfnisse und Klientenmotive können auf diese Weise geklärt werden. Sie tragen zum besseren Verständnis bei. Der Klient kann seine eigenen Erfahrungen einbringen. Er kann zu verstehen geben, inwieweit er den Nutzen und die Qualität der Angebote und Dienstleistungen erkannt hat. Mit Bestätigungsfragen und Kontrollfragen wird ein Gesprächsabschluss herbeigeführt. Als eine Form der Abschlusstechnik wird mit der direkten Abschlussfrage vom Klienten eine Entscheidung verlangt, ob er das Angebot und die Dienstleistung in Anspruch nehmen will.

Eine direkte Abschlussfrage wird in der Regel offen gestellt. Hat ein Klient seine Zustimmung zum Erwerb eines Produktes oder Dienstleistung gegeben, so wird zum Abschluss geprüft, ob die Kaufentscheidung dem anfänglichen Bedürfnis und Kaufmotiv entspricht oder ob eine mögliche

Differenz auch wirklich akzeptiert wird. Es sollte also die Absicht sein, Klienten in ihrer Entscheidung zu bestärken, eine wohl überlegte Entscheidung getroffen zu haben.

Beispiele:

„Mit Ihrem bisherigen Brillenglas sind Sie zurechtgekommen?"

„Das Material dieser Fassung hat Sie nun überzeugt?"

„Für welches entspiegelte Glas möchten Sie sich entschieden?"

„Für Ihre empfindlichen Augen haben Sie mit diesem Glas eine optimale Lösung gefunden."

„Wann ist es Ihnen recht, Sie von der Fertigstellung der Brille zu benachrichtigen?"

„Auf welchen Namen darf ich die Bestellung ausfüllen?"

„Wann möchten Sie die Fassung abholen können?"

„Ihre Entscheidung trifft auch Ihre Erwartung, die Sie zu Beginn des Gespräches geäußert hatten?"

„Wird Ihr anfängliches geäußertes Bedürfnis nun mit dieser Entscheidung zufrieden gestellt?"

Mit den Bestätigungsfragen können bestimmte, manchmal unausgesprochene Klientenbemerkungen vermieden werden.

Beispiel:

„Eigentlich wollte ich ja was anderes!"

5.4.5 Zusammenfassung

Es wurden nun die unterschiedlichsten Fragetypen ausgeführt.

Mit destruktiven Fragetypen wird das Gespräch auffallend dirigistischer und einseitiger geführt. Die Gesprächsanteile des Beraters sind auch wesentlich umfangreicher, als gemein angenommen wird. Sie sind daher zu vermeiden.

Es liegt schließlich auf der Hand, dass die konstruktiven Fragen ein Gespräch lebendiger und offener gestalten können. Auf Klienten wirken sie persönlicher und sie erleben einen aufgeschlossen Fragesteller. Mit den konstruktiven Fragetypen wird eine positive Beziehung zum Klienten aufgebaut und das Gespräch verläuft zielgerichtet.

Anregung für den Leser:

Beim nächsten Einkauf wird Ihnen sicherlich die Art der Fragestellungen bei Ihrem Berater auffallen. Achten Sie dabei vor allen darauf, wenn Sie ein ungutes Gefühl im Bauch haben, wenn Sie sich durch die Ihnen gestellten Fragen nicht wohl fühlen, wenn Sie eine Frage oder Bemerkung für lästig erleben.

5.5 Methodik des Fragens

Natürlich stellt jeder von uns ganz selbstverständlich Fragen. Auch der Leser hat immer schon Fragen in seinem Beratungsgespräch gestellt. Denn wer verkaufen will, muss beraten und wer beraten will, muss fragen und wer fragt, muss auch antworten. Wie bereits näher beschrieben, werden mit Fragen Klienten unterstützt, ihre Probleme zu formulieren sowie bei ihnen Interessen und Einsichten zu wecken, Entscheidungen herbeiführen zu können und zu Entschlüssen zu kommen. Mit Fragen gewinnt man Klienten. Mit falsch formulierten Fragen werden dem Gesprächspartner bereits Antworten in den Mund gelegt, die man gar nicht hören wollte.

Beispiel:

"Sie kennen wohl die vielen Anwendungsmöglichkeiten von Brillen und Kontaktlinsen?"

Die Frage ist unsinnig, Diese Formulierung ist im Grunde keine Frage! Mit dieser rhetorisch gestellten Frage wird der Klient in Verlegenheit gebracht, wenn er sich nicht auskennt. Auf sie könnte er nur mit "Ja" oder "Nein" antworten, und die Antwort wäre lediglich ein Echo auf das, was der Berater selbst gesagt/gefragt hat.

Um zum Beispiel so eng begrenzte Fragen zu vermeiden, kommt es darauf an, Fragen im Beratungsgespräch bewusst einzusetzen. Dafür ist es

Methodik des Fragens

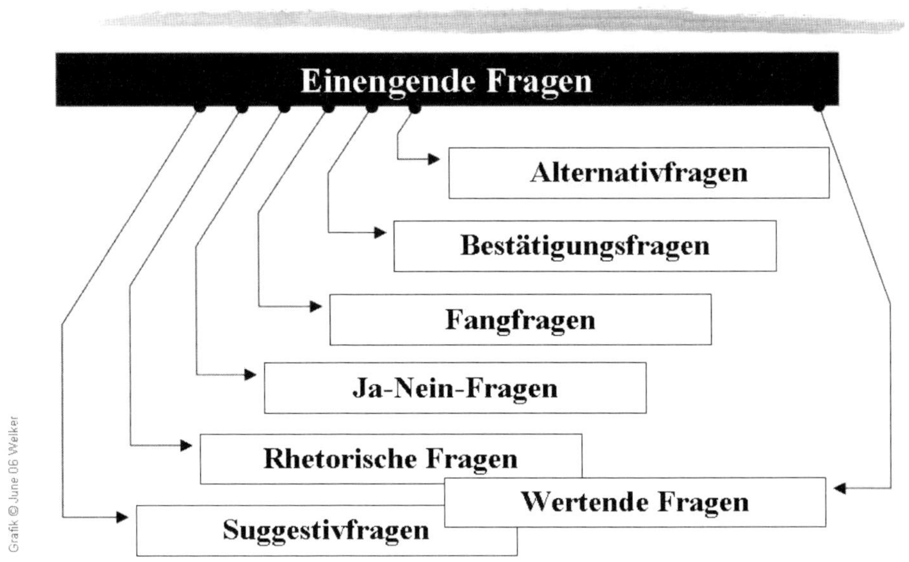

wichtig zu wissen und sich in Erinnerung zu rufen,

- welche Frageformen und -arten es gibt,
- welche Wirkung sie auf den Klienten ausüben,
- welche Vor- und Nachteile sie besitzen.

Da destruktive wie konstruktive Fragenformen nützlich eingesetzt werden können, lassen sich nun für das Beratungsgespräch zwei weitere methodische Gesichtspunkte des Fragens unterscheiden. Fragen können ein Gespräch

•
- einengen oder schließen.
- öffnen und weiterführen.

•

Im Folgenden werden beide methodischen Aspekte, Fragen zu stellen, charakterisiert, ihre Vor- und Nachteil beschrieben und mit Beispielen abgerundet.

5.5.1 EINENGENDE FRAGEN

Die nur selten tauglichen Fragestrukturen schließen oder engen ein Gespräch ein. Sie werden im Folgenden unter dem Gesichtspunkt von Vorteil und Nachteil abgehandelt.

5.5.1.1 ALTERNATIVFRAGEN

Alternativfragen bieten die Auswahl zwischen zwei Entscheidungsmöglichkeiten an, die eindeutig formuliert sind:

Wochentag: Montag oder Freitag?
Farbe: Rot oder grün?
Buchstabe: Größer oder kleiner?
Seheindruck: Besser - Schlechter?

Da sie dem Gefragten die Wahl zwischen zwei positiven Möglichkeiten lässt, wird sie auch als eine spezielle Suggestivfrage angesehen.

Beispiele:

„Ist der Preis oder der Service wichtig?"

„Wollen Sie Skonto haben oder zahlen Sie später?"

„Passt es Ihnen am Montag um 11.00 Uhr oder am Dienstagnachmittag?"

„Soll es eine sportliche oder eher eine elegante Fassung sein?"

„Version A oder Version B ?"

„Version B oder Version A ?"

Vorteil:

Sie können die Entscheidung des Klienten lenken, indem die zur Auswahl stehenden Bedarfsfälle gewendet und darauf hingewiesen wird: (a) oder (b). Diese Frageart beschleunigt den Entscheidungsprozess des Klienten. Das ist dann sinnvoll, wenn nur mehr zwei oder drei Dinge in die engere Auswahl gekommen sind.

Nachteil:

Diese Technik wirkt manipulativ. Der Klient kann sich gedrängt fühlen. Die Angebots- und Wahlmöglichkeiten können auf unerwünschte Weise eingeengt werden, wenn man Alternativfragen zu früh anwendet.

5.5.1.2 BESTÄTIGUNGSFRAGEN

Mit der Bestätigungsfrage werden die schon erzielten Gesprächsergebnisse abgesichert. Sie dienen zur stetigen Kontrolle, ob eine schon/noch eine erzielte Übereinstimmung zwischen Klienten und Berater vorhanden ist. Der Klient wird zur Bestätigung eines bestimmten Entscheidungs- oder Gesprächsstands veranlasst, denn ein einmal bestätigter Standpunkt wird nicht mehr so leicht verlassen.

Beispiele:

„Kann ich davon ausgehen, dass...?"

„Haben Sie sich das auch so vorgestellt?"

„Ist das so in Ihrem Sinne?"

„Sie erwähnten eben, dass Sie die Brille auch zum Sport tragen möchten."

„Von den beiden Fassungen gefiel Ihnen die Blaue am besten?"

Vorteil:

Der Klient wird veranlasst, einen bestimmten Entscheidungs- oder Gesprächsstand zu bestätigen bzw. mit einer erneuten Bestätigung den aktuellen Stand abzusichern. Für den Berater bedeutet dies, die Sicherung einiger Teilentscheidungen

Nachteil:

Bestätigungsfragen werden zur Beteuerung und wirken auf den Klienten als Kontrollfragen, vor allem, wenn der Klient zwischenzeitlich seinen Standpunkt verlassen hat.

5.5.1.3 FANGFRAGEN

So genannte Fangfragen werden gestellt, um indirekt etwas herauszufinden. Die erwartete Information wird nicht direkt erfragt. Der Fragende zieht andere Rückschlüsse als derjenige, der die Antwort gibt.

Beispiele:

"Haben Sie gut einen Parkplatz gefunden?"

- Anreise mit Auto? Sehleistung bei Nacht.

„Wann haben Sie zum ersten Mal eine farblich betonte Fassung ausgewählt?"

- Wie aufgeschlossen ist der Klient?

"Wie viele verschiedene Hobbies pflegen Sie zurzeit?"

- Rückschluss auf Bedarf?

"Kommt es vor, dass Lieferverzögerungen von Zulieferern Ihren eigenen Geschäftsablauf behindern?"

- Besteht prinzipielles Interesse an weiteren - potenten - Lieferanten?

  Vorteil:

  Dem Klienten kann die Absicht des Beraters zunächst verborgen bleiben, sobald er sie aber entdeckt, ist er verärgert oder belustigt sich über ihn.

  Nachteil:

  Sobald der Klient das Prinzip der Fragen erkennt und durchschaut, bekommt er das Gefühl, dass er überführt werden soll. Er beantwortet dann derartige Fragen nur ausweichend.

5.5.1.4 Ja-Nein-Fragen

Ja-Nein-Fragen erscheinen als die einfachsten Fragen, und werden auch als geschlossene Fragen bezeichnet. Sie sind daran zu erkennen, dass sie mit einem Zeitwort (Verb) oder mit einem Hilfszeitwort beginnen:

Beispiele:

„Haben Sie ...“, „Sind Sie ...“, „Wollen Sie ...“?

„Möchten Sie eine Tasse Tee?“

Beispiele:

"Ist das ein guter Preis?"

"Wäre das ein Vorteil für Sie?"

"Sind Sie mit 25 € pro entspiegeltem Glas einverstanden?"

"Haben Sie schon das passende Etui dafür?"

Vorteil:

Es ist nur eine eindeutige Antwort möglich, "Ja" oder "Nein". Diese Frageform dient in erster Linie dem Informationsgewinn. Dieser ist umso größer, je ausführlicher und exakter die Fragestellung ist. Mit ihr können Klienten festgelegt werden, denn sie lassen ihm nur zwei verschiedene Antwortmöglichkeiten offen.

Nachteil:

Die Gedanken des Klienten werden in eine Richtung gelenkt. Die Klienten werden immer einsilbiger. Sie fördern den Dialog nicht, das Gespräch wird schließlich sehr einseitig geführt.

5.5.1.5 Rhetorische Fragen

Die Rhetorik bedeutet einmal die *Redekunst,* zum andern wird es übertragen auch im Sinne von phrasenhaft, schönrednerisch gebraucht.

Rhetorische Fragen werden gestellt, wenn keine Antworten erwartet oder die Antworten von den Fragestellern selbst gegeben werden. So wird zum Beispiel in vereinnahmender Art die Frage nach einer kleinen Pause vom Fragenden gleich selbst beantwortet. Ein Rhetoriker wird auch gerne weniger wohlwollend als Schönredner bezeichnet.

Beispiele:

"Wer kennt das nicht?"

"Was ist eigentlich Ihr Problem? Ich denke Ihr Problem ist doch ..."

"Wer kann diese Erkenntnisse heute ablehnen?"

"Was können wir da tun? Ich glaube, das Beste für Sie wäre ..."

Vorteil:

Die Klienten werden zum Nachdenken angeregt, indem man an den gesunden Menschenverstand appelliert und sie an bestimmte Dinge erinnert.

Nachteil:

Die meisten Klienten lassen sich nicht gerne vereinnahmen. Rhetorisch zu fragen, setzt das Einverständnis des anderen voraus. Es besteht die Gefahr, dass man sehr schnell in die Bestätigung von Vorurteilen und von Stereotypen verfällt.

5.5.1.6 SUGGESTIVFRAGEN

Die Technik der Suggestivfrage unterstellt eine Antwortalternative als selbstverständlich. Mit den Redewendungen *"sicherlich"*, *"doch wohl"*, *"bestimmt"*, *"doch nicht"*, *"doch auch"*, *"gewiss"*, etc., wird der Gefragte beeinflusst im erwünschten Sinne zu antworten. Es soll damit ein "Ja" des Klienten provoziert und er aus der Reserve gelockt werden. Da es sich nur scheinbar um Fragen handelt, wirkt diese Fragetechnik manipulativ.

Dieser Eindruck kann vermieden werden, wenn das, was dem Klienten unterstellt wird, für ihn wirklich selbstverständlich ist. Als Berater sollte man sich davor hüten, suggestive Fragen zum Zweck der Manipulation einzusetzen. Die Fragen können nämlich pauschal und stereotyp wirken und der Klient reagiert ärgerlich.

Beispiele:

"Sie meinen sicher auch, eine gute Verarbeitung ist heute sehr wichtig?"

"Sie wollen doch sicherlich eine erstklassige Ausführung, stimmt's?"

"Darauf möchten Sie doch wohl nicht verzichten?"

"Bestimmt haben Sie das auch schon überlegt?"

"Sie möchten doch nicht ... oder?

"Der Preis ist doch günstig oder?"

Vorteil:

Mit dieser Fragetechnik kann der Berater eine gewisse Zustimmung des Klienten bewirken.

Nachteil:

Es besteht die Gefahr, dass der Klient nicht einverstanden ist mit dem impliziten Unterstellungen.

5.5.1.7 WERTENDE FRAGEN

Wertende Fragen sind meist subjektiv gefärbt. Mit abwertenden Fragen wird der Klienten ins Unrecht gesetzt. Negative Fragen haben oft einen provozierenden Charakter.

Beispiele:

"Haben Sie eigentlich ...?"

"Sie wissen wohl nicht ...?"

„Finden Sie es nicht auch schöner...?"

Vorteil:

Mit wertenden Fragen stützt der Berater die eigene Argumentation. Wenn die Fragen negativ formuliert sind, wird der Klient meist eine Erklärung verlangen.

Nachteil:

Wertende Fragen werden oft so nicht angenommen, weil die Bewertungen nicht mit denen des Klienten übereinstimmen. Der Klient fühlt sich provoziert und rechtfertigt sich. Ein hoher Übereinstimmungsgrad im Gespräch sollte jedoch erreicht werden.

5.5.2 Öffnende Fragen

Mit Fragen können Gespräche geöffnet und weitergeführt werden. Mit ihnen wird das Gespräch lebendig und spannend gestaltet. Die Klientenresonanz auf öffnende Fragen, die auch als Unterstützung erlebt werden, ist durchweg wohlwollend. Öffende Fragen zeugen von einer hohen kommunikativen und sozialen Kompetenz, da sie auf den Klienten gerichtet sind.

5.5.2.1 Gegenfragen

Mit Gegenfragen erhält man zusätzliche und wichtige Informationen.

Methodik des Fragens

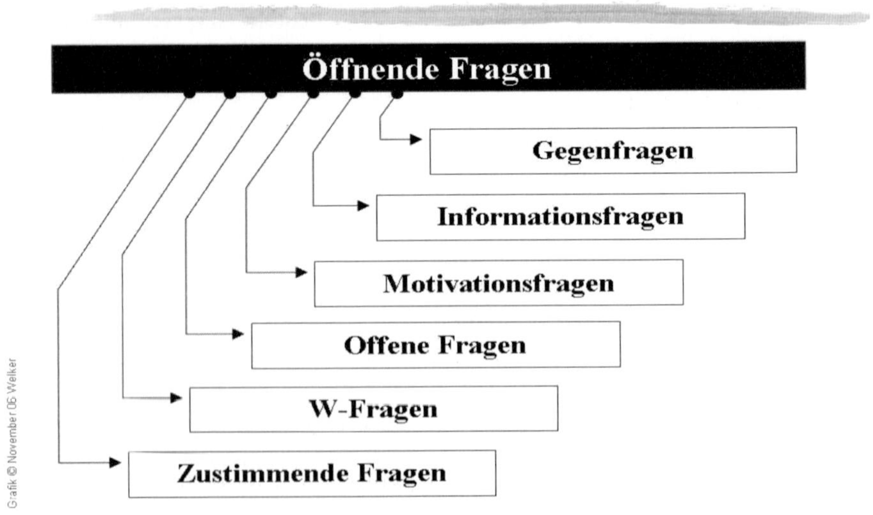

Mit ihnen kann eine Selbstkorrektur oder Revision der ursprünglichen Meinung erzielt werden. Zu Gegenfragen neigt man, wenn der Klient unklare und unbestimmte Fragen stellt, in denen Übertreibungen vorkommen, oder Maßangaben unbestimmt sind. Gut eingesetzte Gegenfragen machen deutlich, dass man der Antwort nicht ausweichen will.

Beispiele:

"Die Brille ist zu teuer."

- "Verglichen womit?"

"Ist das nicht etwas teuer?"

- "Im Verhältnis wozu?"

"Wann können Sie die Brille fertig machen?"

- "Bis wann brauchen Sie sie?"

"Wie hoch ist der Rabatt?"

- "An welche Liefermenge denken Sie?"

"Glauben Sie, dass das hält?"

- "Wie hoch ist die Maximalbelastung?"

Vorteil:

Mit Gegenfragen gewinnt man einerseits Zeit, andererseits fordert man seinen Klienten auf, genauer seine Fragen zu formulieren.

Nachteil:

Der Klient merkt unter Umständen, dass auf seine Frage nicht geantwortet werden will. Mit der Gegenfrage bringt man ihn in Zugzwang und wirkt dadurch unhöflich und arrogant.

5.5.2.2 INFORMATIONSFRAGEN

Informationsfragen sind wertfreie Fragen, mit denen man sich Kenntnis über bestimmte Tatsachen verschaffen kann. Sie können offen oder geschlossen formuliert werden, je nachdem, ob viele Informationen oder nur eine knappe Stellungnahmen erzielt werden sollen. In der Regel wird um eine Auskunft gebeten. Das Gespräch während der Durchführung einer Refraktion beruht zum größten Teil auf Informationsfragen, die den Klienten zu bestimmten Antworten veranlassen.

Beispiele:

"Ist der Seheindruck besser oder schlechter?"

"Welche Erfahrungen haben Sie gemacht?"

"Sind Sie mit dem Ergebnis zufrieden?"

"Haben Sie meine Mitteilung erhalten?"

Vorteil:

Die Initiative geht vom Fragenden aus, der mit Informationsfragen sein Interesse zum Ausdruck bringt und deutlich macht, was er vom Klienten wissen will.

Nachteil:

Sind Informationsfragen geschlossen, so müssen sie exakt und einsichtig gestellt werden, damit der Klient sich nicht ausgefragt fühlt.

5.5.2.3 Motivationsfrage

Motivationsfragen knüpfen an den vom Klienten genannten Motiven an . Sie regen ihn an, aus sich herauszugehen. Man erzielt eine besonders lebendige und angenehme Stimmung. Je nach Situation, können Motivationsfragen auch provozierend gestellt werden.

Motivierende Beispiele:

"Was sagen Sie als "Brillenträger" dazu?"

"Welche Erfahrungen haben Sie damit gemacht?"

"Das ist eine sehr interessante Idee. Wie sind Sie darauf gekommen?"

Provozierende Beispiele:

"Wollen Sie sich das entgehen lassen?"

"Möchten Sie auf diese klaren Vorteile verzichten?"

"Wollen Sie wirklich zusehen, wie Ihre nette Konkurrenz das Geschäft macht?"

"Wollen Sie mit der Bestellung so lange warten, bis die bevorstehende Preiserhöhung eingetreten ist?"

Vorteil:

Der Klient öffnet sich. Er wird auf diese Fragen dann reagieren, wenn er sich unmittelbar angesprochen fühlt.

Nachteil:

Motivationsfragen können den Klienten emotional "anheizen", wenn sie allzu provozierend wirken. Die Stimmung kann "umkippen".

5.5.2.4 Offene Fragen

Offene Fragen sind Fragen, die mit einer Bitte oder einer Aufforderung verknüpft sind. Sie werden meist mit W-Frageform oder als indirekte Frage gestellt. Diese Frageart öffnet und erweitert das Gespräch. Der Klient kann nach verschiedenen Richtungen hin antworten. Er wird nicht eingeengt. Offene Fragen veranlassen den Klienten, seinen Gedanken freien Lauf zu lassen, frisch zu erzählen und über Erfahrungen zu berichten. Sie bewirken einen echten Dialog und erlauben es dem Berater gleichwohl, das Gespräch aktiv zu führen und zu steuern.

Beispiele:

"Worauf legen Sie i. d. R. Wert?"

"Wollen Sie mir Ihren Zweifel noch etwas erläutern?"

"Es interessiert mich, wie Sie das festgestellt haben?"

"Ich frage mich, was Ihre Vorstellung dazu ist?"

"Ich bitte Sie, mir Ihren Einwand zu erläutern."

Vorteil:

Der Klient reagiert offener und bereitwilliger.

Nachteil:

Offene Fragen sind eine Frageart, die im Endeffekt keine Nachteile haben. Schlimmstenfalls fühlt sich der Klient aufgefordert, pausenlos zu reden.

5.5.2.5 W - Fragen

W-Fragen beginnen meistens mit einem Fragewort "W" (was, wie, wann, weshalb, inwiefern, wieso). Diese Frageart legt den Klienten nicht fest, sondern versucht, von ihm soviel wie möglich in Erfahrung zu bringen.

W-Fragen veranlassen den Klienten nämlich, eigene Vorstellungen zu äußern und seine Gedanken zu präzisieren. Mit ihnen bewirkt der Berater einen richtigen Dialog und gleichwohl führt und steuert er das Gespräch aktiv. Er erhält Informationen über die Bedarfslage, die Wünsche und Einstellungen des Klienten, ohne informativ fragen zu müssen.

Beispiele:

"Worauf legen Sie Wert?"

"Was halten Sie davon?"

"Wie gefällt Ihnen diese Brille?"

"Was mag der Grund sein, dass Sie sich nicht sicher sind, ob diese Fassung für Sie das richtige ist?"

"Wann sollen wir Sie anrufen?"

„Inwiefern glauben Sie, dass diese Fassung untauglich für Ihren Arbeitsplatz ist?"

"Was gefällt Ihnen daran nicht so hundertprozentig?"

Vorteil:

Der Klient kann frei reden, ohne auf etwas Bestimmtes festgelegt zu sein. Er berichtet über seine eigenen Eindrücke und Erfahrungen.

Nachteil:

W-Fragen sind diejenigen Fragen, die keine großen Nachteile haben. Der Klient könnte der Frage ausweichen.

5.5.2.6 Zustimmende Fragen

Zustimmungsfragen sind spezielle Suggestivfragen mit dem Ziel, in irgendeiner Form eine Zustimmung als Antwort zu erhalten. Sie finden Verwendung einmal bei der Bedarfsanalyse, in dem die einzelnen Punkte des Bedarfs gegliedert werden. So kann der Klient erkennen, dass sein Bedarf von Ihnen verstanden wurde.

In der Abschlussphase können Zustimmungsfragen zielgerichtet aneinander gereiht werden, wenn es darum geht, den Entscheidungsprozeß des Klienten allmählich zu beenden.

Beispiele:

"Sind Sie an einer Verbesserung Ihrer Sehleistung interessiert?"

" Sie Möchten pflegeleichte Gläser haben?"

"Im Umgang mit den Kontaktlinsen liegt Ihnen die Sicherheit am Herzen?"

„Das Ganze soll günstig sein?"

Beispiele eines Gesprächsabschnittes mit aneinander gereihten Zustimmungsfragen:

"Ich möchte jetzt mal zusammenfassen, ob ich alles richtig verstanden habe:

"Die Fassungsform solle bestimmte Gesichtszüge betonen?"

- "Stimmt."

"Sie sagten, Frau Niko, Ihre Lieblingsfarben sind Pastellfarben?"

- "Ja."

"Und Sie sind an getönten Gläsern interessiert?"

- "Richtig!"

"Sie erwähnten auch, dass die Gläser sehr dünn ausfallen sollten?"

- "Ja."

"Gut, Frau Niko, dann sehen wir uns mal gemeinsam an, ..."

Vorteil:

Sie erzielen bei dem Klienten Zustimmung. Er kann sich mit seiner Bedarfslage oder mit seiner ermittelten Geschichte seiner Sehentwicklung gut identifizieren und fühlt sich vor allem verstanden.

Nachteil:

Der Klient bekommt das Gefühl, dass er zum "Ja-Sager" wird, so als hätte er keine eigene Meinung und vor allem keinen eigenen Spielraum mehr zu Veränderungen oder anderen Vorstellungen.

Die Kunst zu fragen

Gegenüberstellung der Fragetypen

	Destruktiv		Konstruktiv
Fragetyp 1	Kettenfragen	<>	Notwendige Fragen
Fragetyp 2	Direkte Fragen	<>	Indirekte Fragen
Fragetyp 3	Schwierige, leichte	<>	Einsichtige Fragen
Fragetyp 4	Doppelfragen	<>	Konkrete Fragen
Fragetyp 5	Suggestivfrage	<>	Entscheidungsfragen
Fragetyp 6	Geschlossene	<>	Offene Fragen
Fragetyp 7	Warum - Fragen	<>	W-Fragen
Fragetyp 8	Verlegenheitsfrage	<>	Weiterführende Frage

5.5.3 Fragen in der Gesprächspraxis

Im Rahmen der Beratung werden vielfältige Fragen an den Klienten gestellt. Um gezielt die Fragen stellen zu können, sollten die verschiedenen Fragetypen nun gewusst sein. Zur Erinnerung werden die beiden Fragetypen noch einmal aufgelistet und gegenübergestellt.

Destruktive Fragen sind für ein Beratungsgespräch untauglich und können den Klienten überfordern, sogar eine Abwehrhaltung oder Unwilligkeit hervorrufen.

Konstruktive Fragen sind in der Regel nützlich und signalisieren dem Klienten eine Wertschätzung, unbedingtes Akzeptieren und ein verstärktes Bemühen um ihn. Der Klient wird angeregt und zur Mitarbeit aufgefordert.

Episode

Die verschiedenen Frageformen von Fragetyp 1 bis Fragetyp 8 werden in einer kleinen Episode vorgestellt.

Es stellen sich die Akteure vor:

Angela[51] - in der Rolle einer fragenden Augenoptikerin, die ihre Fragen auch kommentiert.

Silke - in der Rolle einer Klientin, die laut über die Fragen und ihre Wirkungen nachdenkt.

5.5.3.1 Typ 1 — Ketten- <> Notwendige Fragen

Augenoptikerin:

Also, ich fange gleich mal massiv an und stelle meiner Klientin Kettenfragen und überfordere sie:

„Welche Art der Fassung haben Sie sich denn vorgestellt? Was halten Sie von Schmetterlingsformen? Gefällt Ihnen die Farbe grün? Gehen Sie oft ins Theater? Sollen wir eine elegante Fassung nehmen?"

Klientin denkt laut:

„Äh, ja was will die eigentlich von mir. Darf ich auch mal was sagen? Ich kann kaum noch einen klaren Gedanken fassen. Das ist mir alles zuviel, da antworte ich mal lieber nichts.

Eigentlich wäre es mir lieber, sie würde mir erstmal nur notwendige Fragen stellen. Dann würde ich auch ihre fachliche Kompetenz erkennen."

5.5.3.2 Typ 2 — Direkte <> Indirekte Fragen

Augenoptikerin:

Eine negative Reaktion kann ich mit einer direkten Frage auslösen.

„Wollen Sie jetzt die Super ET?"

Klientin denkt:

„Was war die Super ET noch. Da gab es doch noch verschiedene andere Sachen. Muss ich mich jetzt entscheiden? Kann ich noch gar nicht."

Besser:

Augenoptikerin: Ich könnte hier besser eine indirekte Frage stellen.

„Darf ich kurz zusammenfassen, was wir über die verschiedenen Entspiegelungsschichten besprochen haben?“

Klientin denkt:

„So gefällt mir das. Das hilft mir zu entscheiden.“

5.5.3.3 Typ 3 Schwierige, leichte <> einsichtige Fragen

Augenoptikerin: Jetzt sehen wir einmal, was unsere Klientin denkt, wenn ich ihr eine schwierige Frage stelle.

„Wollen Sie ein Umbra Punktalglas mit einer inhomogenen Schicht von 0,5 nm Dicke, das Ihnen bei einer Wellenlänge von 313 nm bezogen auf eine mittlere Leuchtdichte von 10 000 cd/m2 eine Sehschärfe von 100 % gibt?“

Klientin denkt:

„Muss ich das verstehen? OK, ich weiß ja, dass ich noch nie so schlau war, aber ... Vielleicht brauch ich doch keine Sonnenbrille und lass den Kauf bleiben.“

Besser:

Augenoptikerin: Ich könnte mit einer leichten Frage fortsetzen.

„Zu welcher Gelegenheit möchten Sie die Sonnenbrille tragen? Das möchte ich wissen, um Sie zweckmäßig beraten zu können."

Klientin denkt:

„Wie schön ist es doch, wenn man einsichtige Fragen gestellt bekommt."

5.5.3.4 Typ 4 Doppelfragen <> konkrete Fragen

Augenoptikerin: Auch Doppelfragen sind für mein Beratungsgespräch nicht sehr förderlich, ich werde wahrscheinlich noch ein zweites Mal fragen müssen:

„Legen Sie Wert auf eine bestimmte Farbe und möchten Sie die Brille zu einer bestimmten Gelegenheit tragen?“

Klientin denkt:

"Die letzte Frage kann ich beantworten, aber die hat doch noch etwas gefragt?"

Besser:

Augenoptikerin: Angenehmer ist es, eine konkrete Frage zu stellen.

„Legen Sie Wert auf eine bestimmte Farbe?“

Klientin denkt:

„Ja, das ist eine gezielte Frage, denn ich hätte eine blaue Fassung“

Augenoptikerin:

„Möchten Sie die Brille zu einer bestimmten Gelegenheit tragen?“

Klientin:

„Ja, ich möchte sie zu meinen häufigen Theaterbesuchen aufsetzen."

5.5.3.5 Typ 5
Suggestivfrage <> Frage zur freien Entscheidung

Augenoptikerin: Durch Suggestivfragen kann der Klient zum Vorteil der Augenoptikerin beeinflusst werden. Na, dann willen ich ihr mal was in den Mund legen:

„Finden Sie nicht auch, dass man für's Frühjahr eine Fassung in den neuen Farben braucht, um aktuell zu bleiben?"

Klientin denkt:

„Ich werde ja richtig in die Ecke gedrängt. Was soll ich da anderes antworten als: ja, selbstverständlich, natürlich, ..."

Besser:

Augenoptikerin: Ist es nicht schöner, wenn die Klientin sich frei entscheiden kann?

„Was halten Sie von einer Fassung in den neuen Frühjahrsfarben?"

„Ich möchte gerne Ihre Ansicht hören zu den neuen Frühjahrskollektionen?"

Klientin denkt:

„Das ist eigentlich eine Idee. Darüber kann ich reden."

5.5.3.6 Typ 6
Geschlossene <>Offene Fragen

Augenoptikerin: Wenn ich das Gespräch alleine führen möchte, stelle ich der Klientin geschlossene Fragen.

„Waren Sie schon beim Augenarzt?"

Klientin:

„Ja, aber der Augenarzt hat mir doch aufgetragen, dass ich den Optiker auf einiges hinweisen soll. Will die das denn nicht wissen? Sie könnte alles von mir erfahren, sie muss mir nur eine offene Frage stellen."

Besser:

Augenoptikerin: Ich werde zwar jetzt noch einmal eine geschlossene Frage stellen, aber sie wird weiterführen.

„Hat der Augenarzt bei Ihrem Besuch auf Besonderheiten hingewiesen?"

Klientin denkt:

„Toll, jetzt fordert sie mich auf zu berichten."

5.5.3.7 Typ 7
Warum - Fragen <> W - Fragen

Augenoptikerin:

Wenn ich meine Klientin zu angstbesetzten Rechtfertigungsversuchen auffordern will, stelle ich eine Warum - Frage.

„Warum ist Ihnen die Fassung zerbrochen?“

Klientin denkt und antwortet:

„Oh je, da muss mir schnell was einfallen. Die macht mich ja sonst fertig. Äh, also das war so: Eigentlich kann ich ja nichts dafür, das war, ja wie war das ...“

Besser:

Augenoptikerin:

Eigentlich habe ich die Klientin erschreckt, was ich nicht tun sollte. Ich stelle meine Frage am besten in Form einer offenen Frage (W-Frage).

„Oh, wie ist denn das passiert. Hatten sie einen Unfall?“

Klientin denkt:

„Sie interessiert sich für mein konkretes Problem. Das ist beruhigend, dann wird sie mir auch richtig helfen können.“

5.5.3.8 Typ 8 Verlegenheitsfrage < > Weiterführende Frage

Augenoptikerin:

Bei zu langen Sprechpausen neigt man dazu, das Gespräch durch Verlegenheitsfragen wieder in Gang zu bringen.

„Na, haben wir heute wieder schönes Wetter?“

Klientin denkt:

„Was ist los. Das interessiert mich im Augenblick nicht die Bohne. Haben die keine Zeit für ihre Klienten? Ich brauche meine Pausen zum Überlegen.“

Besser:

Augenoptikerin:

Um das Gespräch wieder in Gang zu bringen, kann ich der Klientin die Sprechpausen aber auch aktiv gewähren.

„Wie ich sehe, überlegen Sie gerade, welche Fassung Ihnen eher zusagen könnte.“

Klientin denkt:

„Ja, das stimmt. Ich brauche meine Pausen zum Überlegen. Die lässt ihren Klienten Zeit. Ich habe gerade nachgedacht, welche Fassung ich nehmen soll.“

Pausen sind aber nicht nur für Gesprächspartner wichtig, sondern auch für den Benutzer dieses Lernbuches.

Die nun einzulegende Pause kann zum Nachdenken über die Themen ausgefüllt werden, andererseits tut dem Leser jetzt auch eine Zerstreuung gut, um erst einmal von all der vielen „Fragerei“ Abstand zu gewinnen, damit dann die Fragen gestellt werden können, die zur Klärung noch offener Fragen notwendig sind.

5.6 Übungen zu Kapitel 5

Übung 1

Vereinbaren Sie mit einem Ihnen vertrauten Menschen ein Gesprächsthema, über welches Sie relativ gut Bescheid wissen. Erfragen Sie die Meinung dieses Menschen und beginnen Sie relativ rasch, ihn ständig korrigierend zu unterbrechen.

Achten Sie darauf, wie schnell Ihr Gesprächspartner ärgerlich wird oder sich interesselos abwenden wird. Sie werden feststellen, dass die Beziehung zwischen ihnen beiden leidet. Zeigen Sie sich dann wieder sehr aufgeschlossen und verständnisvoll, indem Sie seine Worte in etwa wiederholen und nachfragen, ob Sie ihn richtig verstanden haben. Sie werden bemerken, dass die Beziehung zwischen ihnen beiden wieder Sympathieimpulse erfährt.

Übung 2

In einem privaten Gespräch beachten Sie die Häufigkeit der Fragen des Gesprächspartners, ohne dass er sie beantwortet wissen will. Jede direkt an Sie gerichtete Frage können Sie mit einer gezielten Ausweichargumentation unbeantwortet lassen.

Übung 3

Erläutern Sie, welche Aspekte und welchen Zusammenhang Sie beachten müssen, wenn Sie eine geschlossene Frage stellen wollen!

Übung 4

Überlegen Sie sich bitte eine Antwort auf die Klientenfrage, die meist zu Beginn eines Beratungsgesprächs gestellt wird:

„Meinen Sie auch, dass ich eine Brille tragen muss?"

Wie lautet Ihre Antwort?

Übung 5

Beobachten Sie Ihr eigenes Verhalten, wenn Sie eine an Sie gerichtete direkte Frage nicht sofort beantworten können. Welche Verhaltensweisen beobachten Sie bei sich selbst?

Übung 6

Wenn Sie der Ansicht sind, dass Sie sich gegen Suggestivfragen schützen können, so brauchen Sie mit dieser Übungsaufgabe sich nicht weiter zu beschäftigen. Selbst wenn Sie gegenteiliger Ansicht sind, steht es Ihnen frei, diese Übung nicht weiter zu beachten. Sie können sich aber auch mit dieser Aufgabe noch weiter beschäftigen und zu der Einsicht gelangen, dass es eigentlich gleichgültig ist, ob Sie suggestibel sind oder nicht?! Glauben Sie nun wirklich nicht, Sie seien suggestiv beeinflusst.

Übung 7

Sammeln Sie bitte alle Fangfragen, die Sie schon in Ihrem Studien- und Berufsalltag erleben konnten.

Übung 8

Notieren Sie einen Tag lang Ihre destruktiven Fragetypen!

Übung 9

Nehmen Sie sich einen Tag lang vor, nur (!) konstruktive Fragetypen zu zulassen!

Übung 10

Beschreiben Sie einige Fragen mit den möglichen Wirkungen, die Ihre Fragen auslösen können!

Übung 11

Überlegen Sie, wann es sinnvoll ist, eine Bestätigungsfrage zu stellen.

5.7 Selbstkontrollfragen zu Kapitel 5

Aufgabe 1

Beschreiben Sie die Nützlichkeit des methodischen Prinzips vom Fragen und Antworten.

Aufgabe 2

Benennen Sie die fünf methodischen Aspekte des Antwortens!

Aufgabe 3

Warum kann eine Klienten Frage *„Meinen Sie auch, dass ich eine Brille tragen muss?"* nicht direkt beantwortet werden?

Aufgabe 4

Mit welchen grammatikalischen Formen können geschlossene Fragen gestellt werden.

Aufgabe 5

Stimmt die Aussage, dass die Fähigkeit zu fragen und zu antworten angeboren ist? Begründen Sie Ihre Antwort.

Aufgabe 6

Nennen Sie mindestens fünf positive Eigenschaften von Fragen und Antworten auf die Gesprächsgestaltung.

Aufgabe 7

Beschreiben Sie, welchen charakteristischen Eigenarten die Beantwortung von Fragen unterliegen kann und erläutern Sie diese Eigenarten mit den beiden Grundüberlegungen zur Methodik des Antwortens.

Aufgabe 8

Beschreiben Sie einige konstruktive Fragetypen und begründen Sie deren konstruktiven Charakter.

Aufgabe 9

Beschreiben Sie einige destruktive Fragetypen und begründen Sie deren destruktiven Charakter.

Aufgabe 10

Welche Fragetypen zählen Sie zu den einengenden Fragen?

Aufgabe 11

Welche Fragetypen zählen Sie zu den öffnenden Fragen?

Aufgabe 12

Begründen Sie, warum die Warum - Frage eher dem destruktiven Fragetypus zugeordnet wird!

Aufgabe 13

Welchen Vorteil hat es, W-Fragen zu stellen?

Lösungen zu den Aufgaben finden Sie durch das Selbststudium im Text.

6 EINWANDBEHANDLUNG

„Ein Gespräch ohne Einwand ist wie eine Suppe ohne Salz.“ (Sprichwort)

Es ist schon ein erfreulicher Zufall, wenn der Klient ohne Widerworte dem Argument eines Beraters folgt und dem vorgelegten Produkt zustimmt.

Es ist durchaus bequem, wenn der Klient die Auswahl der Gläser dem Augenoptiker überlässt und sich auch noch mit Begeisterung für den Kauf einer Brille entscheidet. Es stimmt einen selbst zufrieden, wenn der Klient dem Preis zustimmt und weiterhin ohne Reklamation bleibt.

In Wirklichkeit wird jeder Klient im Beratungsgespräch erst einmal Bedenken gegen die präsentierte Fassung und Einwände gegen die Argumentation des Beraters vorbringen. Vorbehalte gegen die Person des Beraters können ebenso zum Ausdruck kommen wie gegen die Preise. Nicht zuletzt bleibt kaum eine Beratungsbeziehung von einer mehr oder weniger großen Reklamation verschont. Im Berufsalltag ist eigentlich immer mit einer irgendwie gearteten Beschwerde zu rechnen.

6.1 EINWANDBEHANDLUNG

Die Behandlung von Einwänden spielt in jedem Gespräch eine wesentliche Rolle. Sehr feinfühlig, in einer dem Klienten angemessenen Art und Weise, muss auf Einwände eingegangen werden.

Zum optimalen Umgang mit Einwänden können einige allgemeine Grundsätze nützlich sein und folgende Fragen die Wichtigkeit von Einwänden klären helfen:

- Wie können Einwände überhaupt auftreten?
- Welche Art von Einwänden gibt es?
- Was haben Einwände eigentlich für Ursachen?

- Welche Regeln sind zum positiven Umgang mit Einwänden zu beachten?
- Wie reagiert man auf Einwände?

6.1.1 Vielzahl der Einwände

Einwände werden erst einmal als lästig, ungerechtfertigt oder sogar als Provokation erlebt. Als Berater vermutet man, dass der Klient die eigene Kompetenz bezweifle oder ihm gegenüber misstrauisch sei. Diese Reaktionen von Beratern sind zwar verständlich, sollten aber nicht in den Vordergrund treten, denn Einwände können sehr vielfältig und bunt sein:

- Der Preis stimmt nicht, das Geschäft sei sowieso überteuert.
- Von der Qualität der Fassung ist man noch nicht überzeugt.
- Die Farbe oder Form der Fassung gefällt noch nicht.
- Von der Information ist der Klient nicht überzeugt.
- Gleitsichtgläser werden abgelehnt.
- Der Anspruch, vom Chef bedient zu werden, wird geäußert.
- Junge oder "unerfahrene" Berater werden nicht akzeptiert.
- Der Bildsprung bei Bifokalgläsern wird nicht akzeptiert.
- Technische Einwände zur Haltbarkeit werden vorgetragen.
- Die Auswahl ist zu gering.

Der Erfolg eines Beratungsgespräches hängt im wesentlich also davon ab, wie gut und gezielt in der Beratung auf diese oder andere möglichen Einwände des Klienten eingegangen wird, wie sie aufgegriffen werden und schließlich wie ihnen begegnet wird.

Mit Einwänden vernünftig umgehen zu können, ist eine Fähigkeit, die in jedem Beratungsgespräch von neuem gefordert ist.

6.1.2 Der Umgang mit Einwänden

Im Verlauf eines Beratungsgesprächs werden Einwände meist in der Form kritischer Fragen, Bemerkungen, unsicherer Behauptungen, als Zurückweisung oder gar als Provokation von Klienten vorgetragen.

Ob Einwände vorgeschoben oder echt sind, sie beleben auf jeden Fall das Beratungsgespräch. Einwände bieten eine Diskussions- und Gesprächsgrundlage und den Einstieg in ein konstruktives Beratungsgespräch.

Im Pingpong von Meinungsaustausch und Argumenten sucht der Klient das Gespräch. Ein Klient allerdings, der keine Einwände vorträgt, bringt den Angeboten und Dienstleistungen kein echtes Interesse entgegen.

Selbst Provokationen können ein motivierendes Element in einem Gespräch und in einer Beratung sein, wenn es dem Berater gelingt, aufgrund ihrer Selbstsicherheit und

Souveränität Abstand zu gewinnen von der Vorstellung, der Klient wolle sie persönlich angreifen.

Klienteneinwände und ihre Gegenargumentationen im Beratungsgespräch sind nichts Negatives. Im Gegenteil: Einwände haben stets einen Signalcharakter - sie sind sozusagen das Salz in der Suppe.

6.1.3 Der Signalcharakter von Einwänden

Einwände liefern wichtige Informationen, die während eines Gespräches mögliche und wichtige Wegweiser für die fälligen und notwendigen Argumentationen sind. Einwände des Gesprächspartners signalisieren, dass

- die Angebote bzw. die zur Sprache gebrachten Themen ihn interessieren.
- er sich mit dem Angebot beschäftigt.
- er seine Vorstellung mit dem Angebot in Einklang bringen will.
- er seine eigenen Informationen mit der neuen dargebotenen Information vergleicht.
- die Angebote ihn noch nicht vollständig überzeugt haben.
- die Entscheidung noch aufgeschoben wird.

Um also mit Einwänden vernünftig umgehen bzw. sie auch umgehen zu können, ist ein erhöhtes Interesse dem Klienten entgegen zu bringen.

6.1.4 Zehn Prinzipien zum Nutzen eines Einwands

Einwände bieten die Möglichkeit zum besseren Verstehen, zur Klarstellung und zur Korrektur vorgetragener Argumente. Einwände fordern einen Berater in ihrer fachlichen Kompetenz heraus:

- Jeder Einwand liefert eine Reihe von Information, in welche Richtung die Argumentation gehen kann und/ oder gehen muss.
- Jeder Einwand liefert ein Signal, mit welchem erweiterten oder eingeschränkten Angebot eine Kaufentscheidung erzielt werden kann.

Um Klienteneinwände überhaupt kennen zu lernen, empfiehlt es sich, den Gesprächspartner regelrecht zu Einwänden zu ermutigen. Unter Berücksichtigung von zehn Prinzipien fällt in aller Regel der Umgang mit Klienteneinwänden ziemlich leicht.

6.1.4.1 Einwand ernst nehmen!

Alle Einwände sind hinsichtlich der Argumentation oder der Fragestellung des Klienten grundsätzlich ernst zu nehmen und zu überprüfen. Es verbietet sich geradezu, Einwände zu Beginn eines Gespräches kritisch zu hinterfragen, ins Lächerliche zu ziehen, zu ironisieren oder als dumme, weil falsche Ansicht zu interpretieren.

6.1.4.2 Aktiv zuhören!

Der Klient redet stets zu Ende, ihm ist aufmerksam und aktiv zu zuhören, damit der Kern des Einwandes, seine Ursachen und die mögliche Behebbarkeit erfasst werden können. Die Achtsamkeit auf den Inhalt der Mitteilungen sowie auf die Art und Weise, wie der Klient seinen Einwand vorträgt, erhöht die eigene Sensibilität für den Klient und für seine Aussagen.

6.1.4.3 Einwand anerkennen!

Dem Klienten ist erkennen zu geben, dass sein Einwand verstanden und seine Argumentation anerkannt wird. Nichts ist wichtiger als jeden Einwand zunächst einmal anzuerkennen, indem er aufgegriffen und reflektiert wird.

6.1.4.4 Kritik zurückstellen!

Der Klient und sein Einwand werden nicht kritisiert. Er wird in der Regel die Kritik, die zum Zeitpunkt seines Einwands dargeboten wird, nicht akzeptieren und nicht verstehen können. Die angebotene Gesprächs-

Zehn Prinzipien zum Nutzen von Einwänden

1. Den Einwand ernst nehmen!
2. Aktiv zuhören!
3. Den Einwand anerkennen!
4. Den Wunsch hervorheben!
5. Kritik zurückstellen!
6. Sachlich bleiben!
7. Mit Angebot verknüpfen!
8. Dem Einwand entsprechen!
9. Widerlegen ist zwecklos!
10. Einwenden bedeutet fragen!

Grafik © März 06 Welker

bereitschaft wird damit im Keim erstickt und unterbunden. Ein Gesprächsfluss würde nur sehr schwer zustande kommen.

6.1.4.5 Wunsch hervorheben!

Die Bedürfnislage des Klienten, seine Kauflust, seine Problemlage und seine Motive sind in den Vordergrund zu stellen. Er kann immer wieder und ruhig an den Grund seines Besuches, an die Ausgangslage seines Problems, seines Wunsches, seines Kaufmotivs erinnert werden.

6.1.4.6 Dem Einwand entsprechen!

Der Berater sollte stets darum bemüht sein, dass seine Erwiderungen dem Charakter der Einwände entsprechen. Auf den folgenden Seiten werden immer wieder Erwiderungsbeispiele mit adäquaten *Einwand*-Charakterisierungen präsentiert.

6.1.4.7 Sachlich bleiben!

Die Argumente gegen Einwände sollen in der Regel Emotionen fördern, sachdienlich und nutzenorientiert sein. Dem persönlichen und emotionalen Aspekt des Klienten ist mit Empathie[52] zu begegnen. Die persönliche Wertschätzung und Achtung des Klienten erhöhen und verbessern das emotionale Klima.

6.1.4.8 Widerlegen zwecklos!

Der Versuch, Einwände zu widerlegen, ist meist untauglich. Erstens weckt er den Widerspruchsgeist des Klienten, und dies kann zu einem unliebsamen Streitgespräch führen, und zweitens steckt sehr oft hinter einem Einwand eine Frage, die beantwortet werden will.

6.1.4.9 Mit Angebot verknüpfen!

Anhand der Einwände können die eigenen Leistungen, die eigenen Angebote und die Dienstleistungen als zusätzliche Informationsquelle dienen und somit besser auf die Anforderungen, Wünsche und Probleme des Klienten abgestimmt werden. Denn Einwände sind oftmals der Hinweis, dass dem Bedürfnis und/oder der Problemlage noch nicht genügend Rechnung getragen wurde.

6.1.4.10
EINWENDEN BEDEUTET FRAGEN!

Einwände können ebenfalls als Fragen betrachtet werden. Oft entpuppt sich ein Einwand als Interesse an der Sache, was dem Klienten jedoch unklar ist. Aus diesem Grund ist es für den Berater notwendig, stets zu prüfen, ob der Einwand nicht eigentlich eine Frage beinhaltet.

Leitgedanke:

Diese zehn Prinzipien zum positiven Umgang mit Einwänden umsetzten und mit diesen Einstellungen seinem Klienten gegenübertreten. So wird bereits eine wichtige persönliche Voraussetzung geleistet, die der Klient sehr zu schätzen weiß.

6.2
ARTEN VON EINWÄNDEN

Bevor wir uns näher mit der Behandlung von Einwänden beschäftigen, muss zunächst klargestellt werden, welche Arten von Einwänden es gibt und wie sie auftreten können.

Einwände können vorgeschoben oder echt sein. Bevor eine Stellungnahme abgegeben wird, muss geprüft werden, welcher Art die meist in Frageform vorgetragenen Einwände sind. Es gilt herauszufinden, welche Ursachen sich dahinter verbergen können, um eine Erwiderung richtig zu gestalten. Es kann vorkommen, dass ein Berater sich aufs Glatteis führen lässt, indem sie einen Einwand zu widerlegen versucht, der eigentlich gar nicht so gemeint war. Andererseits besteht die Möglichkeit, dass ein echter Einwand als fadenscheinig abqualifiziert und deshalb versäumt wird, ihn aufzugreifen und zu entkräften. Zur näheren Charakterisierung von Einwänden unterscheiden wir zwei Arten von Einwänden: Zum einen den Vorwand und die Ausrede, zum anderen den echten Einwand. Von Bedeutung sind die Fragestellungen:

- Wie erkennt man einen Vorwand/eine Ausrede?
- Was können die Ursachen für einen Vorwand sein?
- Wie reagiert man auf einen Vorwand?
- Wie erkennt man einen echten Einwand?
- Was können die Ursachen für einen Einwand sein?
- Wie reagiert man auf einen echten Einwand?

6.2.1
VORWAND UND AUSREDE

Eine Reihe von Bedenken werden vom Klienten vorgetragen, die alle mit sachlichen und stichhaltigen Argumenten widerlegt werden könnten. Dennoch stellt sich keine Zufriedenheit beim Klienten ein.

- Er wiederholt denselben Einwand.
- Er liefert stattdessen den nächsten Einwand.
- Er pauschalisiert mit dem Einwand
- Er springt von einem Einwand zum nächsten.
- Er reagiert ungehalten auf die Erwiderung.

Die Gegenargumente scheinen ihn überhaupt nicht zu interessieren. Erst allmählich merkt man, dass von der Widerlegung eines Einwands nichts Wesentliches abhängt und das Bemühen fruchtlos ist. Es gilt nun zu überprüfen, woran man einen Vorwand erkennen, seine Ursachen ermitteln und wie mit ihm umgegangen werden kann.

6.2.1.1 Den Vorwand erkennen

Um ganz sicher zu sein, ob der Einwand ein Vorwand oder eine Ausrede ist, ist das verbale und nonverbale Kommunikationsverhalten des Klienten zu beachten.

An welchen Klientenverhaltensweisen lässt sich ein Vorwand erkennen?

Es lassen sich eine ganze Reihe an Klientenverhaltensweisen erkennen, die im Folgenden aufgeführt werden.

1. Springen

Der Klient springt mit seiner Argumentation von einem "Einwand" zum nächsten. Von der Widerlegung und Entkräftung durch ein Gegenargument hängt eigentlich nichts ab. Für einen aufmerksamen Zuhörer entsteht der Eindruck, der Klient wechselt kontinuierlich seine Argumente.

2. Desinteresse

Im Verlauf des kurzen Gesprächs wirkt der Klient eher desinteressiert dem Angebot gegenüber. Auffällige Anzeichen in seiner Körpersprache wie wegwischende Bewegungen, abfälliger Blick, abgewandter Oberkörper, am Gesprächspartner vorbeischauend und bestimmte Äußerungen wie „Naja“; „mh“; „schon“, „aber“ weisen darauf hin, dass die ihm entgegengebrachte Mitteilungen und Informationen nicht von Interesse für ihn sind.

3. Ungeduld

Anzeichen von Ungeduld oder Eile verraten eine erhöhte Nervosität und möglicherweise, dass der Klient das Gespräch eigentlich beenden möchte.

Deutliche Anzeichen in seiner Körpersprache können unruhige Bewegungen im Sitzen oder im Stehen, ein häufiger Blick auf die Uhr sein. Bestimmte Äußerungen, eine plötzlich auftretende hektische Redeweise oder ein allmähliches Verstummen weisen darauf hin.

4. Art des Tonfalls

Ein provozierender, aggressiver oder ironischer Tonfall kann andeuten, dass der Klient den Berater testen will. Emotionale Antipathie kann auch ihren Niederschlag im Tonfall finden. Ebenso die Möglichkeit, dass er aus nicht bekannten Gründen auch ärgerlich auf den Berater reagiert. Dies gilt es auf jeden Fall akzeptierend herauszuarbeiten und zu klären helfen. Schwer zu unterscheiden sind allerdings echt gemeinte Herausforderungen, die der Interessent sehr forsch und provokant vorträgt.

6.2.1.2 Der Vorwand & seine Ursache

Die Erscheinungsformen des Einwands als Vorwand und Ausrede sind relativ schwer zu erkennen.

In der Phase, um zu einem erfolgreichen Gesprächsabschluss zu kommen, ist es dringend nötig, das eigentliche Problem des Klienten, das hinter diesen Einwänden steckt, entdeckt zu haben und es auch lösen zu können. Um ihnen jedoch entsprechend begegnen zu können, ist es sinnvoll, die Ursachen eines Vorwands zu kennen.

Welche Ursachen können für diese Erscheinungsformen des Vorwands und der Ausrede vorliegen?

Ursachen und Absichten für ein Klientenverhalten, das einen Vorwand oder eine Ausrede zum Ausdruck bringt, können sein:

- Der Klient möchte das Gespräch beenden.
- Die Angebotspalette interessiert ihn nicht mehr.
- Aus Abneigung wird die beratende Person abgelehnt.
- Der Klient will in Ruhe gelassen werden.
- Der Klient kann oder will sich jetzt nicht entscheiden.
- Die wahren Ablehnungsgründe will er nicht äußern.
- Der Klient will die Kompetenz des Beraters testen.
- Aus Verlegenheit werden Ausreden vorgetragen.
- Aus Antipathie will der Klient den Berater provozieren.

Es gilt festzuhalten, dass diese möglichen Ursachen nur ein Teilausschnitt aus der Vielzahl dessen darstellen, was sich Klienten alles als Ausreden einfallen lassen können, wenn sie ihr Vorhaben, Einwände zu platzieren, in die Tat umsetzen möchten. Auffällig ist ebenso die Kombination verschiedener Ursachenmöglichkeiten.

6.2.1.3 Der Umgang mit dem Vorwand

Es konnte nun deutlich gemacht werden, wie Ausreden und Vorwände erkannt werden und welche Ursachen ihnen möglicherweise zugrunde liegen können. Nun kommt es zur Beantwortung der Frage:

Wie reagiert man auf Vorwände oder Ausreden, wie umgehe ich sie und wie gehe ich mit ihnen um?

Im Folgenden werden neben allgemeinen Hinweisen auch Einstiegsmöglichkeiten in wörtlicher Rede als Anregung vorgestellt.

1. Nicht provozieren lassen!

Zur Steuerung des eigenen Verhaltens ist es von Bedeutung, sich durch die Vorwände des Klienten nicht provozieren zu lassen. Nicht ungeduldig werden, wenn der Klient zum Beispiel von einem Vorwand zum nächsten springt. Mit Selbstbewusstsein den Klienten durchaus direkt ansprechen.

Einstiegsmöglichkeit:

„Verstehe ich Sie richtig, dass Ihnen mein Angebot nicht recht zusagt?“

„Das ist eine spannende Bemerkung, die Sie eben formulierten, Ihre These interessiert mich.“

Vom Umgang mit dem Vorwand und der Ausrede

- **1. Nicht provozieren lassen!**
- **2. Annahmeargumentation verwenden!**
- **3. Wirkliches Problem erkennen!**
- **4. Das Angebot erweitern!**
- **5. Gegen Ausrede nicht argumentieren!**
- **6. Rückzug ermöglichen!**

Grafik © März 06 Welker

2. Annahmeargumentation verwenden!

Typische pauschalisierende Ablehnungen des Klienten können zum Beispiel sein, dass für ihn das alles zu kompliziert sei, dass er das alles nicht bräuchte, dass das alles überflüssig und überhaupt alles viel zu teuer sei.

Bei verallgemeinernden Aussagen oder bei ablehnenden Fragen des Klienten bietet sich die Möglichkeit, mit einer Annahme zu argumentieren, die dem Klienten die Lösung seines Problems anbietet.

Einstiegsmöglichkeit:

„Angenommen, ich kann Ihnen vorführen (zeigen),..."

"Angenommen, Sie selbst stellen fest..."

"Stellen Sie sich vor, Sie sind in einer Situation ..."

3. Wirkliches Problem erkennen!

Wenn Gegenargumente des Klienten als Vorwände erkannt werden, kommt es darauf an, das wirkliche Problem des Klienten oder seinen tatsächlichen Einwand zu entdecken. Dabei kann die Fragetechnik helfen, die ihn zu einer Antwort aktiviert.

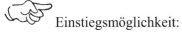

Einstiegsmöglichkeit:

"Sie scheinen sich nicht ganz sicher zu sein, ob diese Fassung für Sie das richtige ist. Was gefällt Ihnen daran nicht?"

4. Angebot erweitern!

Dem Klienten unter Umständen anbieten, sich im Sortiment noch einmal umzusehen. Wenn man sich in der Angebotspalette vergriffen hat, empfiehlt es sich durchaus, das Gespräch von neuem zu beginnen.

Einstiegsmöglichkeit:

"Wenn ich Ihnen eine ganz andere Stilrichtung zeige,..."

"Sie könnten auch an einer anderen Stilrichtung Interesse haben?"

5. Hinterfragen

Gegen Ausreden zu argumentieren, lohnt sich nicht. Deshalb ist es durchaus angebracht, sie stehen zu lassen, zu akzeptieren, zu übergehen oder rhetorisch die Ernsthaftigkeit des Einwandes zu erforschen.

Einstiegsmöglichkeit:

"Wie darf ich das verstehen?"

"Wieso kommen Sie (nun) zu dieser Ansicht?"

"Ich kann mir nicht vorstellen, dass Sie das im Ernst glauben, was Sie sagen..."

6. Gesicht wahren lassen!

Wenn sich ein Klient mit Hilfe eines Vorwandes aus dem Beratungsgespräch zurückziehen will, muss darauf geachtet werden, dass er sein Gesicht wahren kann.

So ist es wichtig, den Vorwand des Klienten als wirkliches Problem anzuerkennen, wenn er sich das Angebot noch einmal überlegen will. Der

Rückzug des Klienten sollte grundsätzlich ermöglicht werden.

Einstiegsmöglichkeit:

"Es kann sicherlich nützlich für Sie sein, wenn Sie sich noch woanders informieren, bevor Sie sich entscheiden."

"Natürlich, bei dieser Entscheidung sollte man nichts übereilen."

"Ich kann verstehen, wenn Sie Ihre Entscheidung noch einmal überdenken wollen."

7. Eine Zwischenbilanz

Ob einem persönlich nun die eine oder andere Einstiegsmöglichkeit zum Umgang mit Vorwänden entspricht und ob die möglichen Erwiderungen dem Klienten gegenüber eingesetzt werden, ist stets situationsgebunden.

In diesen Situationen bewirkt man aber trotz aller Vorwände und Ausreden, dass der Klient sich respektvoll behandelt fühlt. Gleichzeitig erlebt er, dass er mit einem Berater nicht "Schlitten fahren" kann. Es werden dem Klienten auch gewissermaßen Grenzen gesetzt und signalisiert, dass man nicht über beliebig viel Zeit verfügt.

6.2.2 Der echte Einwand

Einwände und Bedenken des Klienten sind keine Störung und keine Hindernisse in einer Beratung. Sie signalisieren Kaufbereitschaft, drücken die Wünsche und Meinungen des Klienten aus. Echte Einwände zeigen an, mit welchen Argumenten dem Klienten welche Produkte angeboten und verkauft werden können. Einwände sind eine Beratungshilfe. Es gibt Situationen während einer Beratung, in denen es angebracht ist, den Klienten regelrecht zu Einwänden aufzufordern.

6.2.2.1 Den echten Einwand erkennen

Um echte Einwände von Vorwänden und Ausreden zu unterscheiden, stellt sich die Frage:

Woran erkennt man einen echten Einwand?

Um ganz sicher zu sein, ob der Einwand echt ist, muss ebenfalls das Klientenverhalten achtsam beobachtet werden. Ein echter Einwand lässt sich an einer Reihe kommunikativer Verhaltensweisen des Klienten feststellen.

1. Beim Einwand Bleiben

Der Klient springt nicht von einem "Einwand" zum nächsten, sondern er beschäftigt sich wirklich mit einem Artikel, mit seinem Wunsch, mit seiner Problemlage. Er lässt sich auf Erläuterungen, die sein Problem lösen könnten, ein und fragt bei Unklarheiten nach. Seine Einwände scheinen fast unnachgiebig zu sein.

2. Interesse Zeigen

Im Verlauf des Gesprächs wirkt der Klient dem Angebot gegenüber interessiert und aufgeschlossen. Deutliche Signale in seiner Körpersprache sind eine dem Berater oder dem Angebot zugewandte Haltung. Ein interessierter und aufgeschlossener Blick zeigt seine Aufmerksamkeit. Die Einwände, die er vorbringt, haben eher einen Fragecharakter. Ebenfalls weisen bestimmte Äußerungen ("Oh"; "Ah ja"; "Interessant"; etc.) darauf hin.

3. Das Gespräch Suchen

Anzeichen von Geduld und Ruhe von Anfang an machen deutlich, dass der Klient das Gespräch mit dem Berater sucht. Klare Signale in seiner Körpersprache sind ruhige Bewegungen im Sitzen oder im Stehen. Er blickt selten auf die Uhr. Eine ruhige gelassene und kontaktfreudige Redeweise weisen ebenfalls darauf hin.

4. Sachbezogenheit

Trotz allem negativen oder positiven emotionalen Engagement (emotionale Ablehnung oder Begeisterung) fragt der Klient sachbezogen nach und äußert seine eigenen Ansichten und Meinungen. Der Klient hat keine Scheu, auch seine eigenen Informationen einfließen zu lassen, möchte aber auch sehr viele zusätzliche Informationen für seinen Entscheidungsprozess gewinnen.

5. Problembewusst

Mit seinen Einwänden ist der Klient problembezogen. Er vergegenwärtigt und überlegt sich, ob mit den Argumenten und Unterstützungen des Beraters sein Problem gelöst werden kann. Viele gut gemeinte Ratschläge sind für Klienten zwar einsichtig, da jedoch erfahrungsgemäß Schwierigkeiten bei der Umsetzung entstehen können, stellen sich viele Klienten bereits vor, ob die Umsetzung des Rates des Beraters überhaupt funktionieren könnte und bringen vor diesem Hintergrund einen Einwand nach dem anderen.

6.2.2.2 DER ECHTE EINWAND UND SEINE URSACHE

Echte Einwände treten in der Regel im Verlauf eines interessant geführten Beratungsgespräches auf.

Für einen erfolgreichen Gesprächsabschluss ist es immer nötig, den wahren Wunsch und das eigentliche Problem des Klienten, das hinter diesen Einwänden steckt, zu entdecken und auch zu lösen.

Was können die Ursachen für den echten Einwand sein?

Es mag verwundern, wenn nach den Ursachen für den echten Einwand gefragt wird, aber die Fähigkeit bei einem echten Einwand genauer differenzieren zu können, was den Klient im Augenblick veranlasst, so zu denken und zu reden, wie er es eben gerade tut, schafft eine breite vertrauensvolle Basis einer erweiterten Gesprächsplattform und Diskussionsebene.

Ursachen für ein Klientenverhalten, das einen echten und stichhaltigen Einwand zum Ausdruck bringt, können sein:

- Der Klient fordert die Kompetenz des Beraters.
- Aus Sympathie vertraut sich der Klient dem Berater an.
- Der Gesprächspartner hat Informationswünsche, die ein Interesse signalisieren.
- Mit objektiven Einwänden richtet er sich gegen die angebotene Leistung.
- Problembeladene Bemerkungen zeigen einen Wunsch nach Lösung.
- Mit subjektiven Einwänden trägt er nur seine Ansichten vor.
- Gefühlsbetonte Urteile zeugen von Unsicherheit.
- Aus Sympathie möchte der Klient das Gespräch fortsetzen.
- Emotionale Einwände signalisieren eine Angst vor möglichen Entscheidungen und Konsequenzen.

Wer nun echte Einwände erkennen kann und ein wenig über ihre Ursachen Bescheid weiß, möchte auch sicherlich wissen, wie mit einem echten Einwand umzugehen ist.

Umgang mit dem echten Einwand

1. **Gelassen auf Einwände reagieren!**
2. **Aufmerksam und interessiert zuhören!**
3. **Den Einwand wiederholen, ihn nicht missverstehen!**
4. **Den Widerspruch vermeiden!**
5. **Kurz und bündig antworten!**
6. **Positiv reagieren!**
7. **Den Einwand nicht als Störung betrachten!**
8. **Die Methoden der Einwandbehandlung beherrschen!**

Grafik © März 06 Welker

6.2.2.3
Der Umgang mit dem echten Einwand

Es stellt sich nun weiterhin die Frage:

Wie reagiert man auf einen echten Einwand?

Auch in diesem Zusammenhang gibt es eine Reihe von Verhaltensweisen, die das Vertrauen fördern und empathisch einfühlsam wirken.

1. Gelassenes reagieren

Ein Einwand ist ruhig und gelassen aufzunehmen und sicher und souverän zu behandeln. Mit dieser stressreduzierenden Haltung wirkt der Berater vertrauenswürdig und überzeugend. Wichtig ist, dass eine Verständnis dem Klienten entgegengebracht wird und dieser sich verstanden fühlen kann.

Einstiegsmöglichkeit:

"Ich denke, wir werden in Ruhe über alle wichtigen Aspekte sprechen."

"Ich kann Sie durchaus verstehen, dass Ihnen Ihr Einwand sehr wichtig ist."

2. Aufmerksam Zuhören

Dem Klienten muss das Gefühl vermittelt werden, dass seine Bedenken, seine Meinung und seine Interessen für den Berater wichtig und entscheidend sind. Mit der Anwendung der Methode des „Aktiven Zuhörens“ drückt man dies am besten aus.

Einstiegsmöglichkeit:

"Ich halte Ihren Einwand für wichtig, denn ..."

"Das ist ein wichtiger Punkt."

"Äußern Sie ruhig Ihre Bedenken, ich bin daran sehr interessiert; umso besser können wir das Richtige für Sie finden."

3. Einer Missdeutung vorbeugen

Da der Mensch grundsätzlich dazu neigt, das Gehörte nach eigenen Wahrnehmungsgesichtspunkten aufzunehmen und zu interpretieren[53], kann es sehr leicht zu Missverständnissen und Missdeutungen kommen. So geschieht es nicht selten in der Beratung – vor allem bei ungeübten Beratern – dass man aneinander vorbeiredet. Um einer misslungenen Kommunikationsschleife zu entgehen, muss sich der Berater versichern, ob der Einwand auch richtig verstanden wurde.

Einstiegsmöglichkeit:

"Wenn ich Sie recht verstehe, meinen Sie, dass ..."

"Sie sind sich nicht sicher, ob ..."

"Sie fragen sich, ob ..."

"Habe ich Sie richtig verstanden, dass ..."

4. Direkten Widerspruch umgehen

Ein direkter Widerspruch ("Das stimmt nicht") wird von vielen Klienten als Angriff auf die eigene Person interpretiert und deshalb missverstanden.

Einstiegsmöglichkeit:

"Ich möchte Ihnen die Sache einmal so schildern (beschreiben), ..."

"Meiner Ansicht nach verhält sich die Sache so, ..."

5. Kurz und prägnant begegnen

Wenn eine Erwiderung zu langatmig und weitschweifig gestaltet wird, bekommt der Klient den Eindruck, sein Einwand würde zerredet.

Mit neuen ungewollten Signalworten reizt man ihn eher zu weiteren Einwänden.

Einstiegsmöglichkeit:

"Sie möchten Gläser für (folgenden) Zweck ... Da kann ich Ihnen Folgendes empfehlen ..."

„Sie haben die Entspiegelung angesprochen, dazu kann ich Ihnen folgendes sagen ..."

6. Jeden Einwand unterstützend aufnehmen

Dem Klienten ist zu bestätigen, dass er mit seinem Einwand einen wichtigen, interessanten, entscheidenden Gesichtspunkt angesprochen hat.

Unter Umständen kann es sogar sinnvoll sein, sich für den Einwand zu bedanken.

Einstiegsmöglichkeit:

"Da sprechen Sie einen wichtigen Punkt an,..."

"Danke, dass Sie diesen Aspekt aufgreifen, er ist in der Tat wichtig."

7. Der Einwand ist keine Störung!

Der Einwand eines Klienten ist ein Hinweis darauf, auf welchem Weg dieser Klienten gewonnen werden kann. Unabhängig von der Qualität des Einwands – wer ist denn immer zu jedem Augenblick so geschickt, zur rechten Zeit das richtige Wort zu wählen? – hat jeder Einwand seine Berechtigung. Eine Aufregung darüber anzuzetteln, auch wenn ein Einwand nicht den eigenen moralischen Vorstellungen entsprechen mag, ist völlig überflüssig. Erlebt der Klient eine ablehnende Haltung wird er mit großer Wahrscheinlichkeit kein zweites Mal diese Beratungssituation aufsuchen.

Es wäre also fatal, wenn der Einwand eines Klienten als Störung betrachtet werden würde.

Einstiegsmöglichkeit:

"Da sprechen Sie eine ganz entscheidende Frage an!"

"Gut, dass Sie auf diese Frage zu sprechen kommen."

„Ich bin froh darüber, dass Sie Ihre Unzufriedenheit so direkt ansprechen ..."

„Auch wenn mir Ihr Einwand gar nicht gefällt, so geht es in Ordnung, dass Sie ihn aussprechen, so verschaffen wir uns gegenseitig Klarheit.“

8. Die Methoden beherrschen!

Wie aufgezeigt wurde, gibt es vielfältige Umgangsformen mit dem echten Einwand. Im allgemeinen reichen sie von Gelassenheit, Achtsamkeit, Einwände willkommen heißen, Vermeidung von Gegenrede, bis zu kurzer und prägnanter Beantwortung sowie Einwände nicht als Störung zu betrachten.

Die Umgangsformen werden nun ergänzt durch eine Reihe von Methoden, mit denen jeder Einwand speziell erwidert werden kann. Je mehr Methoden der Berater zur Verfügung stehen, desto besser kann sie deren Vorteile nutzen. Sie wirkt auf den Klienten flexibler und umgänglicher.

Kontinuierliche Aufgabe:
Als Berater vergegenwärtigt man sich immer wieder die vielen Möglichkeiten im Umgang mit einem echten Klienteneinwand.

6.3 Methoden der Einwandbehandlung

In diesem Abschnitt werden erprobte Methoden vorgeführt, mit deren Verwendung die unterschiedlichsten Einwände adäquat behandelt werden können.

Eine Liste der in der Praxis erprobten Umgangsweisen und Methoden zur Einwandbehandlung zeigt hier im Überblick die vielen zur Verfügung stehenden Möglichkeiten von Umgangsweisen mit Klienteneinwänden.

Behandlungsmethoden von Einwänden

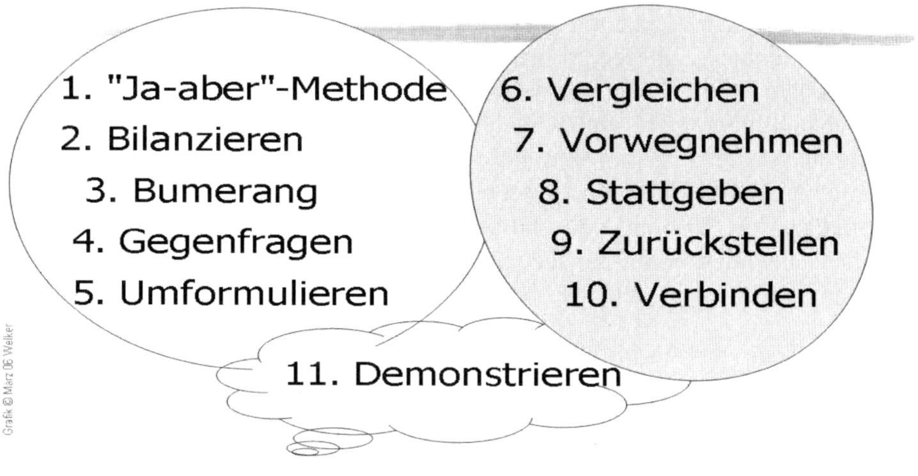

Welche Methode in der Praxis jedoch die dem Klienten angemessene ist, muss in der praktischen Beratungstätigkeit herausgefunden werden. Jede Methode wird nun erklärt werden. Ihr schließt sich eine Episode mit einem typischen Einwand an, der entsprechend der beschriebenen Methode beispielhaft erwidert wird. Zu einem weiteren Einwand kann sich der Leser dann selbst eine Erwiderung überlegen.

6.3.1 "Ja, aber" - Methode

Dem Einwand wird zunächst recht gegeben, um den Klienten zu "besänftigen". Eingeleitet durch das "aber" folgt ein Gegenargument. Diese Methode wird von vielen Verkaufsberatern fast intuitiv angewendet. Ihr Nachteil besteht darin, dass der Einwand des Klienten weiterhin als gültig unterstellt bleibt und gleichzeitig der Klient ins Unrecht gesetzt wird.

Der Versuch, diesen Einwand durch einen Vorteil zu überdecken oder abzumildern, wird von Klienten häufig als Desinteresse an ihrem Bedenken und auch als Widerspruch empfunden. Da Verbindendes besser ist als Trennendes, empfiehlt sich eine Umwandlung dieser Methode in "Ja, sicherlich ..."

Einwand:
"Ich finde, dieses Modell ist etwas ausgefallen."
Berater:
"Ja sicherlich, da haben Sie recht, Sie werden auch feststellen, dass Sie dann ein besonders elegantes, modisches Modell besitzen werden."

Übung
Der Einwand:
"Entspiegelte Gläser sind aber so empfindlich."
Sie:

Eine "Ja, aber" -, "Ja, sicherlich" - Erwiderung könnte sein...

6.3.2 Bilanzmethode

Diese Methode versucht, ähnlich wie die "Ja, aber" - Technik, einen Nachteil durch einen oder mehrere Vorteile des Angebotes zu mildern. Sie verzichtet allerdings auf den direkten Widerspruch, der in "Ja, aber" enthalten ist. Sie lässt den Einwand bestehen, bilanziert aber die Vor- und die Nachteile. Was spricht dafür, was spricht dagegen – der Berater lässt den Klienten abwägen und benützt dazu das Bild einer Waage. Der Vor- und Nachteil wird so bilanziert, dass der Vorteil auf der Waage überwiegt.

Einwand:

"Diese Bifokalgläser sind ja unendlich groß und dick!"

Berater:

"Das ist die eine Seite. Auf der anderen Seite haben Sie ein größeres Gesichtsfeld, Sie können wesentlich mehr überblicken.

Sie haben zweitens zwei Brillen in einer, das spart Geld. Und drittens sind es Markengläser, die für Qualität bekannt sind."

Übung

Der Einwand:

"Die Brillengläser darf ich ja nur mit warmem Wasser reinigen!"

Sie:

Eine Erwiderung nach der Bilanzmethode wäre...

6.3.3 Bumerangmethode

Die Bumerang-Technik wendet den Einwand ins Positive, dem zunächst Recht gegeben wird, um ihn dann in ein Argument für das Angebot umzuwandeln. Der Einwand liefert Hinweise für eine weitere Nutzenargumentation. Akzeptierend und respektvoll wird der Einwand aufgegriffen und mit fachlich kompetenten Argumenten lässt man ihn im positiven Sinne erscheinen.

Hilfreich ist dazu die Formulierung: „Gerade deshalb, der Vorteil überwiegt. Der – vermeintliche – Nachteil des Produkts wird als Vorteil dargestellt. Zweifellos ist diese Methode äußerst geschickt, doch ist ihr Einsatz auf relativ wenige Fälle beschränkt. Sie sollte nur mit Vorbehalt angewendet werden, da sie u. U. provokativ wirken könnte.

Einwand:

"In diesem Glas sieht man aber immer den Leseteil."

Berater:

"Sie haben Recht, doch gerade durch das Nahteil wird Ihr persönlicher Sehkomfort erhöht."

Übung

Der Einwand:

"Diese Fassung fällt ja völlig aus dem Rahmen. Eine ungewöhnliche Farbe!"

Sie:

Überlegen Sie sich einen "Bumerang"!

6.3.4 Methode der Gegenfrage

Mit der Methode der Gegenfrage werden konstruktive, offene oder auch einengende Fragen gestellt. Sie verwandelt den Einwand in eine Frage, die dem Klienten widergespiegelt wird. Die Antwort des Klienten liefert Anhaltspunkte dafür, wie die oft auf Fehlinformationen beruhenden Bedenken ausgeräumt werden können. Auf der Grundlage fachlicher Kompetenz werden die Informationen ergänzt oder notwendige Korrekturen angebracht. Die Gegenfrage wird gestellt, um den Einwand selbst auflösen zu lassen.

Einwand:

"Soviel wollte ich im Augenblick nicht ausgeben."

Berater:

"Grundsätzlich wäre diese Fassung genau das richtige für Sie?"

Irgendein auf Fehlinformation beruhender Einwand:

Berater:

"Wie meinen Sie das?"

Weitere Erwiderungen:

"Ich habe Ihren Einwand nicht ganz verstanden, können Sie ihn mir bitte noch einmal erklären?"

"Welche Erfahrungen haben Sie denn bisher damit gemacht?"

Übung

Der Einwand:

"Die Fassungsfarbe gefällt mir nicht."

Sie:

Überlegen Sie sich eine Gegenfrage!

6.3.5 Methode der Umformulierung

Der Einwand wird in gemilderter Form wiederholt und dadurch entschärft. Bei dieser Paraphrasierung greift der Klient meist ein, um sich selbst bzw. seinen Einwand zu korrigieren. Erst dann wird er beantwortet. Diese Methode ist vor allem bei unsachlich übertriebenen und aggressiv vorgebrachten Einwänden angezeigt.

Einwand:

"Dieser Preis ist ja Wahnsinn!"

Berater:

"Wieso glauben Sie, dass der Preis für dieses Brillenmodell nicht gerechtfertigt ist?

Übung

Der Einwand:

"Diese Brille sieht ja unmöglich aus."

Sie:

Überlegen Sie sich eine Umformulierung!

6.3.6 Vergleichsmethode

Dem beanstandeten Artikel, auf den sich der Einwand bezieht, wird ein vergleichbarer Artikel gegenübergestellt. In diesem Vergleich sollen die Vorzüge des Produkts deutlich werden, ohne dem Klienten direkt widersprechen zu müssen. Er soll in diesem Vergleich selbst erkennen, welche Vorteile des Artikels überwiegen. Es ist jedoch darauf zu achten, dass das Vergleichsprodukt nicht abgewertet, sondern nur dafür verwendet wird, die Qualität des Artikels zu unterstreichen.

Einwand:

"Diese Brillengläser sind ja ziemlich dünn, nicht gerade etwas für grobe Finger!"

Berater:

"Vergleichen Sie diese Gläser einmal mit dem Glas in der Fassung. Es ist also gar nicht so dünn. Im Vergleich dazu sehen Sie, wie wenig das Glas am Fassungsrand übersteht."

Übung

Der Einwand:

"Diese zierliche Fassung ist für mich zu empfindlich!"

Sie:

Überlegen Sie sich Ihre Erwiderung gemäß der Vergleichsmethode!

6.3.7 Methode der Vorwegnahme

Mögliche und wahrscheinliche Einwände werden vorweggenommen und beantwortet. Nicht der Klient, sondern der Berater spricht selbst Bedenken an, die es gegen diesen Artikel geben könnte. Dadurch verliert der vor allem durch Gestik und Mimik angedeutete Einwand seinen Charakter als Widerspruch und seine Schärfe.

Diese Methode ist vor allem deswegen nahe liegend, weil erstens die Zahl der verschiedenen Einwände und Bedenken gegenüber den Angeboten erfahrungsgemäß relativ gering ist und weil sich zweitens diese Einwände häufig ähneln.

Erwiderungen gegen mögliche Einwände:

Berater:

"Vielleicht halten Sie diese Fassung nicht für strapazierfähig genug. In der Tat, man sieht es ihr nicht an".

Berater:

"Sie werden sich fragen, ob der Preis für diese Fassung gerechtfertigt ist. Überlegen wir einmal gemeinsam."

Übung

Der Einwand:

Vorwegnahmemöglichkeiten

Sie:

Überlegen Sie sich eine Formulierung, um Einwände vorwegzunehmen!

6.3.8 Dem Einwand stattgeben

Dem Klienten kann man ohne Wenn und Aber recht geben, wenn

der Einwand logisch und argumentativ korrekt ist oder einen tatsächlichen Fehler oder Mangel des Angebotes aufzeigt. Ein korrekter Einwand wird dankenswerterweise akzeptiert und der Klient für seine Aufmerksamkeit und sein Interesse gelobt, um an seine Motivation anzuknüpfen.

Einwand:
"An dieser Fassung ist die Schraube nicht fixiert."
Berater:
"Ja, das stimmt, da haben Sie ein mangelhaftes Detail entdeckt."

Einwand:
"Hier ist ein Lackschaden."
Berater:
„Da haben Sie Recht, danke."

Übung
Der Einwand:
"Mit diesen Gläsern bekomme ich Kopfschmerzen und mir wird übel."
Sie:

Überlegen Sie sich eine Erwiderung auf den korrekten Einwand!

6.3.9
Einwand zurückstellen

Diese Methode macht dem Klienten deutlich, dass man den Einwand verstanden hat, aber im Augenblick noch nicht darauf antworten möchte. Sie ist vor allem dann anzuwenden, wenn Klienten schon nach der Eröffnungsphase des Gespräches nach dem Preis fragen.

Jede direkte und unmittelbare Beantwortung wird den Klienten nur zu einem weiteren Einwand veranlassen. Es ist nicht immer klug, sofort zu antworten. Mit dieser Methode gewinnt der Berater Zeit, schafft Raum zum Nachdenken und behält ihren Leitfaden bei.

Einwand:
"Wie teuer ist denn diese Brille?"
Berater:
"Erlauben Sie mir, dass wir zuerst über einige Merkmale (Vorzüge) dieser Fassung sprechen und ich Ihnen anschließend den Preis nenne.

Einwand:
Was wäre für mich die beste Brille?"
Berater:
„Ich denke wir werden das gemeinsam herausfinden."

Übung
Der Einwand:
"Wie viel kostet denn eine Brille insgesamt?"
Sie:

Überlegen Sie sich, wie Sie Ihre Erwiderung zurückstellen können!

6.3.10 Gemeinsamkeiten herstellen

Mit der Methode „Verbinden und Gemeinsamkeit herstellen“ wird darauf verzichtet, dem Klienten zu widersprechen. Sie nimmt den Einwand nicht als Angriff, sondern entdeckt darin ein sachliches Problem, eine Frage, einen Gesichtspunkt, dem sie seine Wichtigkeit bestätigt. Die Argumentation wird nicht mit einem *"aber",* sondern mit einem *"gerade deswegen..."* oder einem *"gerade dann ..."* fortgesetzt.

Der Vorteil dieser Methode liegt darin, den widersprechenden Klienten dazu zu bewegen, wieder zuzustimmen, um die Gemeinsamkeiten wieder herzustellen.

Wer in der Beratung versucht, Gemeinsamkeiten mit dem Klienten zu entdecken und ein offenes Ohr für sie zu entwickeln, kann sie auch ansprechen.

Einwand:

"Diese Fassung kostet ziemlich viel."

Berater:

"Natürlich sollten Sie für Ihr Geld ein wirklich gutes Stück erhalten. Gerade deswegen sollten Sie sich diese Fassung genauer ansehen. Sie ist mit folgenden edlen Materialien ausgestattet ...“

Übung

Der Einwand:

"Diese Brillenfassung ist mir zu auffällig".

Sie:

Wie könnte eine Antwort zur Wiederherstellung von Gemeinsamkeit!

6.3.11 Demonstrieren

Die Wirksamkeit der Demonstrationsmethode ist besonders hoch. Um die Beratung für den Klienten zu einem Erlebnis werden zu lassen, wird der Klient mit einbezogen, damit er die Angebote unmittelbar erleben kann. Daher sind die fünf Sinne[54] des Klienten anzusprechen, indem Sie ihn das Angebot sehen, fühlen, riechen, tasten, schmecken und probieren lassen. Wie eine Fassung in seinem Gesicht harmonisch wirkt, können Sie ihn erleben lassen, wenn Sie ihm die Fassungen oder Gläser in die Hand geben, Fassungen selbst aufsetzen lassen und zunächst einmal mit einer Hilfestellung auf die Harmonisierung von Formen aufmerksam machen.

Einwand:

"Diese Fassung ist aber nichts Besonderes."

Berater:

"Setzen Sie diese Fassung ruhig einmal auf, so werden Sie bemerken,

wie harmonisch sie sich in Ihr Gesicht fügt.“

Übung

Der Einwand:

"Diese Brillenfassung ist mir zu auffällig".

Sie:

Überlegen Sie sich eine Antwort gemäß der Demonstrationsmethode!

6.3.12 ZUSAMMENFASSUNG

Zusammenfassend lassen sich folgende wesentliche Gesichtspunkte festhalten:

1. Einwände sind eine Beratungs- und Verkaufshilfe.

2. Einwände und Bedenken des Klienten sind kein Verkaufshindernis. Im Gegenteil: Sie signalisieren Kaufbereitschaft, drücken Wünsche und Meinungen des Klienten aus, eröffnen Einblick in noch vorhandene Probleme.

3. Einwände zeigen an, mit welchem Argument dem Klienten welche Dienstleistung angeboten werden kann.

4. Hinter den Einwänden sind meist Probleme oder Unklarheiten versteckt, die es zu ermitteln gilt.

5. Vorwände erkennt man am Tonfall und am Verlauf des vorhergehenden Gesprächs, in dem das Interesse des Klienten an der Dienstleistung schon geringer wurde.

6. Einwände sind kein Grund, sich provozieren zu lassen.

7. Sofortiger Widerspruch lädt den Klienten zu weiteren Einwänden ein.

8. Einwände zu bagatellisieren und herunterzuspielen nützt nichts!

9. Ruhig, gelassen und positiv auf Einwände reagieren, ist oft das Gebot des Augenblicks!

10. Die "Ja, aber" - Methode sollte nicht verwendet werden, da die Erwiderung als "Gegenargument" bestehen bleibt.

11. Die Einwände der Klienten sind stets anzuerkennen und ihre Wichtigkeit und Bedeutung zu bestätigen.

6.4 ÜBUNGEN ZU KAPITEL 6

An beispielhaften Gesprächsepisoden kann geprüft werden, welche Methode benützt wurde, um dem Einwand zu begegnen. Aufgrund der sprachlichen Vielfalt müssen die hier beispielhaft angebotenen Methoden nicht die optimalen sein. Aufgabe ist es, heraus zu finden, um welche Einwandmethode es sich handeln könnte. Jedes Beispiel wird mit einem Hinweis der verwendeten Umgangsmethode versehen. Sie finden die Hinweise unter den Anmerkungen ([55]). Natürlich sind die Erläuterungen mit eigenen Überlegungen zu vergleichen.

Übung 1

Der Einwand:

"Die Gläser sind aber ziemlich teuer."

Die Erwiderung:

"Ja, aber dafür sind es Markengläser."

Um welche Methode der Einwandbehandlung handelt es sich?

Übung 2

Der Einwand:

"Aber die Gleitsichtgläser sind so schrecklich teuer."

Die Erwiderung:

"Gerade weil Sie mehr für die Gleitsichtgläser investieren, vermeiden Sie die störende Trennkante wie beim Bifokalglas."

Um welche Methode der Einwandbehandlung handelt es sich?

Übung 3

Der Einwand:

"Die Fassungsfarbe passt überhaupt nicht zu meiner farblich abgestimmten Kleidung."

Die Erwiderung:

"Da haben Sie völlig recht, welche neue Überlegung stellen Sie jetzt an?"

Um welche Methode der Einwandbehandlung handelt es sich?

Übung 4

Der Einwand:

"Diese Farben passen gar nicht."

Die Erwiderung:

"Natürlich sollte die Fassungsfarbe farblich mit der Kleidung, der Haarfarbe und dem Teint harmonieren. Das ist ganz entscheidend, da haben Sie Recht. Gerade deswegen ist für Sie eine helle Farbe recht nahe liegend. Überlegen Sie, ..."

Um welche Methode der Einwandbehandlung handelt es sich?

Übung 5

Der Einwand:

"Diese Fassung ist mir zu groß."

Die Erwiderung:

"Natürlich muss sie in den Proportionen zu Ihrem Gesicht passen. Dann möchte ich Ihnen ein wesentlich kleineres Modell zeigen. Setzen Sie doch einmal diese zierlichere Fassung auf!"

Um welche Methode der Einwandbehandlung handelt es sich?

Übung 6

Der Einwand:

"Die Form der Fassung passt überhaupt nicht zu meiner Gesichtsform."

Die Erwiderung:

"Da haben Sie völlig Recht, welche Vorstellung schwebt Ihnen vor?"

Um welche Methode der Einwandbehandlung handelt es sich?

6.5 Selbstkontrollfragen zu Kapitel 6

Aufgabe 1

Wodurch können Einwände entstehen?

a) Klient ist zu alt.
b) Klient hat ein bestimmtes Misstrauen.
c) Klient will reklamieren.
d) Klient hat eine kaputte Brille.
e) Berater möchte nichts verkaufen.

Aufgabe 2

Wie sollte ein Berater bei dem Klientenverhalten „Klient will Recht haben“ reagieren?

a) Klient hat immer Recht.
b) Klient hat nie Recht.
c) Klient hat nie Recht, bei Reklamationen aber immer.
d) Klient hat nur Recht, wenn er im Reklamationsfall einen Beweis hat.
e) Klient hat nicht immer Recht, im Reklamationsfall lohnt es sich jedoch ihm Recht zu geben.

Aufgabe 3

Welche der aufgezählten Methoden gehören nicht zur Einwandbehandlung?

a) Bumerang-Methode
b) Referenzmethode
c) „Ja, aber“ - Methode
d) Konferenzmethode
e) Selbstbekehrungstechnik

Aufgabe 4

Wodurch wird der echte Einwand gekennzeichnet?

a) Klient zeigt echtes Interesse.
b) Klient bringt konstruktive Kritik.
c) Klient zeigt Antipathie gegenüber dem Berater.
d) Klient blickt im Raum hin und her.
e) Klient ist geduldig, bewahrt Ruhe.

Aufgabe 5

Welche Arten von Einwänden gibt es?

a) Der Betrugseinwand
b) Der echte Einwand
c) Der ängstliche Einwand
d) Der Vorwand
e) Der energische Einwand

Aufgabe 6

Zur näheren Charakterisierung werden Einwände unterschieden in Vorwand und Ausrede sowie echter Einwand.

a) Diese Unterscheidung ist sinnvoll.
b) Dieser Unterschied stimmt nicht.
c) Dieser Unterschied ist überflüssig.

d) Diese Unterscheidung ist ärgerlich.

Aufgabe 7

Welches der nachfolgenden Klientenverhalten ist, statistisch gesehen, realistisch?

a) Der Klient folgt umstandslos den Argumenten des Beraters und stimmt der erstbesten Fassung zu.

b) Der Klient äußert Bedenken gegen die zuerst vorgelegte Fassung.

c) Der Klient bringt Einwände gegen die Argumente des Beraters vor.

d) Zu Beginn des Gesprächs bringt der Klient verbal oder nonverbal Vorbehalte gegen die Person des Beraters zum Ausdruck.

Aufgabe 8

Zum optimalen Umgang mit Einwänden sind Regeln zu berücksichtigen. Welche Frage ist dabei zu vernachlässigen?

a) Wie können Einwände auftreten und welche Art von Einwänden gibt es?

b) Welche Regeln sind im Umgang mit Einwänden zu beachten?

c) Wie ist der Klient gekleidet?

d) Was haben Einwände für Ursachen und wie kann man auf sie reagieren?

Aufgabe 9

Im Falle eines Einwands können Sie Ihre Erwiderung nur richtig gestalten, wenn Sie Ursache und Art des Einwands erkennen.

a) Dieser Aussage stimme ich zu.

b) Dieser Aussage stimme ich nicht zu.

c) Diese Aussage stimmt teilweise.

d) Diese Aussage ist ärgerlich und frustrierend.

Aufgabe 10

In welcher Art können Einwände eines Klienten während einer Beratung auftreten?werden können vorgeschoben.

b) Einwände können echt sein.

c) Einwände werden niemals in Frageform vorgetragen.

d) Einwände sind manchmal nicht so ernst gemeint, wie sie sich anhören.

Aufgabe 11

Warum sind Klienteneinwände im Beratungsgespräch nichts Negatives?

a) Sie zeigen, dass ein Interesse an dem Angebot besteht.

b) Sie signalisieren, dass der Klient sich mit dem Angebot beschäftigt.

c) Sie bedeuten, dass er seine Entscheidung noch aufschiebt.

d) Der Klient bringt mit seinem Einwand zum Ausdruck, dass er sich zum Kauf entschlossen hat.

Aufgabe 12

Der Klient schätzt es zu wissen, wenn seine Einwände und Bedenken akzeptiert werden. Welche der angegebenen Möglichkeiten ist dafür untauglich?

a) Dem Einwand gegenüber sachlich bleiben.

b) Den Einwand mit einem Angebot verknüpfen.
c) Einwände sind zu widerlegen.
d) Einwände werden als Fragen betrachtet.

Die Lösungen zu den offenen Fragen finden Sie durch Selbststudium an den entsprechenden Stellen in diesem Kapitel.
Die Lösungen zu den Selbstkontrollfragen finden sich in den Anmerkungen unter ([56])

7
Das Preis- und das Reklamationsgespräch

„Das Preisgespräch zeigt schnell den Stand des verkäuferischen Könnens.“
(D. Heitsch)

Der Klient hat durch Werbung, durch Gespräche mit anderen oder durch Angebote eine gewisse Preisvorstellung von seinem zu erwerbenden Gegenstand. Er wird sich nur zu einem Kauf entschließen, wenn dessen Preis seinen Vorstellungen entspricht, er die eventuellen Mehrkosten für gerechtfertigt hält oder, wie in den meisten Fällen, er das Produkt und die Ware als lebensnotwendige Sache erwerben muss.

7.1 Der Preis im Gespräch

In der Leistungsgesellschaft ist inzwischen fast alles käuflich. Die Dinge des Lebensalltages, die persönlichen Lebensnotwendigkeiten müssen allesamt mit Geld bezahlt werden. Demgegenüber steht die bedingte Zahlungsfähigkeit des Verbrauchers. Er muss berechnen, was er sich leisten kann. Das schließt notwendigerweise den Erwerb von Dingen aus, deren Preis das eigene Zahlungsvermögen übersteigt. So spielt der Preis der Produkte und der Dienstleistungen eine wesentliche Rolle im Leben eines Menschen.

Der Preis ist der vorgegebene Betrag für ein Produkt oder eine Dienstleistung. Oft erscheint es so, dass nicht der Wert der Ware den Preis bestimmt, sondern die Wertvorstellung, nach dem Motto:

„Ich bin bereit diesen oder jenen Preis zu bezahlen, wenn mir der Gegenstand dies auch „Wert“ ist.“

In der Werbung heißt das dann:

„Das bin ich mir Wert.“

In der Tat erscheint es so: Wenn der Klient ein entsprechendes zahlungsfähiges Interesse am Produkt hat, kann fast der Preis zur Nebensache werden. Weil es jedoch nicht genügend zahlungsfähige Klienten gibt, ändert sich der Preiszettel laufend, und nicht zuletzt deshalb, weil der Geldbeutel eines Menschen grundsätzlich „immer" leer ist, also andere Dinge zum Lebensunterhalt auch stets gekauft werden müssen.

Wie in allen Branchen, in denen die Auseinandersetzung mit der Konkurrenz stets zum Lebensalltag der Unternehmen und des Einzelhandels gehört, ist auch der Augenoptiker diesem Schaulaufen des sich ständig verändernden Preiszettels ausgesetzt und nimmt daran auch teil. Ein Kunde mag dem Gespräch und der Argumentation aufmerksam und aufgeschlossen gefolgt sein, doch er würde sich gegen sein eigenes Interesse richten, wenn er weiterhin die bisher aufgeschlossene und entgegenkommende Haltung auch in dieser Phase der Preisverhandlung aufrechterhielte.

Beispiel:

„Der Preis ist zu hoch."

„Die Brille ist aber teuer."

„Der Preis steht aber nun in keinem Verhältnis zur Leistung, die Sie mir eben erläuterten."

„Der Preis ist nicht akzeptabel."

„Der Preis ist unangemessen."

Die Argumentation mit dem Preis erscheint deshalb eine der schwierigsten Abschnitte im Beratungsgespräch zu sein, weil sich zwei konträre Interessen gegenüberstehen. Und dabei geht es doch *nur* um die Preisakzeptanz.

7.1.1 Mit dem Preis argumentieren

Zunächst muss der Klient seinen Bedarf erkennen können und sich den Wunsch zum Erwerb entwickelt haben: Das Kaufmotiv ist übergegangen zur Kaufbereitschaft.

Sinnvoll ist es, wenn das Gespräch über den Preis immer unmittelbar vor dem Abschluss eines Beratungsgespräches erfolgt. Erst wenn alle Aspekte zusammengetragen sind, wird es erst sinnvoll, mit dem Klienten über den Preis zu sprechen, weil er dann auch in einer anderen Beziehung zum erwünschten Produkt oder zur Dienstleistung steht als zu Beginn der Beratung. Eine ungefähre Vorstellung des Rahmens, in dem sich der Preis für den Klienten bewegen darf, (d.h. die Preisklasse, in der der Klient kaufen möchte) sollte allerdings der Berater schon zu Beginn der Bedarfsanalyse ermittelt haben.

Der Klient muss vom möglichen Produkt überzeugt sein, sonst bringt er den Preis immer wieder ins Gespräch. Der Artikel hat noch nicht den für ihn „richtigen", weil persönlichen Wert. Diesen persönlichen Wert erhält der Klient in der Bedarfsanalyse und durch die seine Sehgeschichte durchleuchtende Anamnese.

In der Argumentationsphase entwickelt sich schließlich durch ein behutsames Eingehen auf die Einwände eine Stabilität des Preisrahmens.

7.1.2 Prinzipien im Preisgespräch

Um dem Klienten den Preis des ausgewählten Produktes und der meist damit verbundenen Dienstleistungen näher bringen zu können, sind einige Prinzipien der Argumentation zu beachten. Beginnt der Klient sich mit den Dienstleistungen vertraut zu machen, ist dies ein Anzeichen, dass der Preis des Produktes und der Dienstleistung ins Gespräch kommen kann.

Die folgenden drei Grundprinzipien bilden das Fundament für ein gutes Gelingen eines Preisgesprächs:

Der Preis wird nicht in den Mittelpunkt gestellt, die Konzentration liegt nicht nur auf dem Produkt, sondern vornehmlich im Verhältnis zu den Wünschen und Bedürfnissen des Klienten und schließlich versteht sich der Berater als Begleiter des Klienten.

7.1.2.1 Der Preis im Mittelpunkt?

Um dem Klienten ein Produkt näher zu bringen, ist zu vermeiden, den Preis von Anfang an in den Vordergrund zu stellen. Wenn die Aufmerksamkeit ausschließlich um den Preis

Drei Grundprinzipien des Preisgespräches

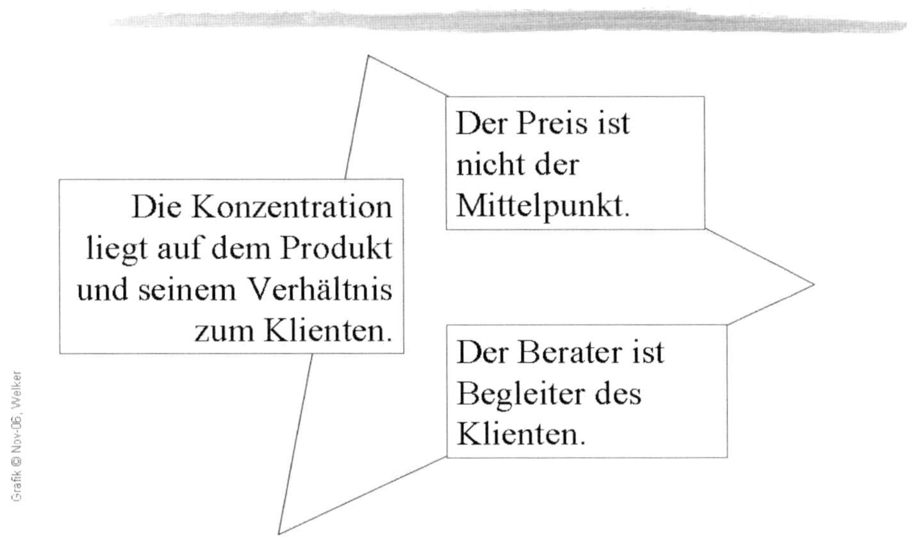
Der Preis ist nicht der Mittelpunkt.
Die Konzentration liegt auf dem Produkt und seinem Verhältnis zum Klienten.
Der Berater ist Begleiter des Klienten.
Grafik © Nov-06, Welker

kreist, rückt das eigentliche Produkt mit allen seinen Vorteilen und Nützlichkeiten für den Klienten in den Hintergrund.

Das Ziel des Beraters, das für den Klienten beste Produkt zu erarbeiten, wird unterlaufen, wenn der Preis im Zentrum des Gesprächs stehen bleibt. Es macht auch keinen Sinn, über eine Sache einen Preis zu nennen, wenn das, was für den Klienten notwendig werden wird, am Anfang noch gar nicht bekannt ist.

Also das Prinzip:
In einem Preisgespräch ist das Angebot die Grundlage. Das Angebot erzeugt den Wunsch, es zu erwerben. In der Präsentation des Angebots wird es „verkauft“. So sind die Vorbereitung auf das Gespräch, die intensive Verarbeitung der Information, die sorgfältige Auslegung des Angebots und die auf den Klienten zugeschnittene Argumentation notwendig.

7.1.2.2 Das Produkt im Focus?

Der Berater sollte versuchen, das Augenmerk des Klienten auf die Vorteile, Nützlichkeiten und Zweckmäßigkeiten des auszuwählenden Angebots zu richten. Erst wenn der Klient sich der Vorzüge für sich selbst, des Nutzens des Produkts und sich seines Verhältnis zum Produkt bewusst geworden ist, wird er den Preis eher für gerechtfertigt halten und die Zusammensetzung der Kosten nachvollziehen können.

In der Bedarfsanalyse und in der Anamnese sind die Aspekte der Klienten, auf welche sie Wert legen bzw. für welchen Zweck sie die Sehhilfe verwenden möchten, genau zu erarbeiten. So ist es relativ leicht, ihnen den zu erwerbenden Gegenstand so nahe zu bringen, dass der Wunsch nach dem Besitz der Brille entsteht.

Also das Prinzip:
Der Berater berücksichtigt die Sorgen seines Klienten, er denkt mit, er ist bereit, Informationen zur Verfügung zu stellen, er berücksichtigt die Verhältnismäßigkeit des Klienten zum zu erwerbenden Produkt.

7.1.2.3 Der Berater als Begleiter

Im Preisgespräch ist in jedem Fall eine Diskussion oder ein Streit um den Preis zu vermeiden. Die Folge davon wäre ein Gegeneinander von Klient und Berater, in welchem der Klient als Sieger hervorgehen würde. Besser ist es, gemeinsam einen Weg zu beschreiten, der zur materiellen, physiologischen und psychischen Zufriedenheit des Klienten führt. Diesen

Weg mit den Klienten zu beschreiten, ist eine unabdingbare Voraussetzung für einen Berater. Sollte ein Missverständnis oder eine Unklarheit zwischen Klienten und Berater entstehen, so ist es wichtig, diese aus dem Weg zu räumen. Andernfalls besteht die Möglichkeit, dass der Klient sich in Gegnerschaft zum Berater sieht, was ihn schließlich anstacheln könnte, unbedingt als Gewinner aus diesem Streitgespräch hervorzugehen.

Ziel eines guten Beratungsgespräches muss sein, dass am Ende beide Vertragspartner zufrieden als zwei gleichberechtigte, sich gegenseitig respektierende Gewinner gegenüberstehen.

Also das Prinzip:
Der Berater achtet darauf, dass der Klient ihn stets als einen Begleiter in der Beratung erlebt, auf den er sich verlassen kann, v. a. wenn die erwünschte Verbesserung der Sehleistung sich nicht sofort auf Grund einer Eingewöhnungszeit einstellt.

7.1.3 Fehlerhafter Umgang mit der Preisargumentation

Dass die Dinge in unserer Gesellschaft ihren Preis haben, gilt einerseits als selbstverständlich, andererseits gibt es jedoch die unterschiedlichsten

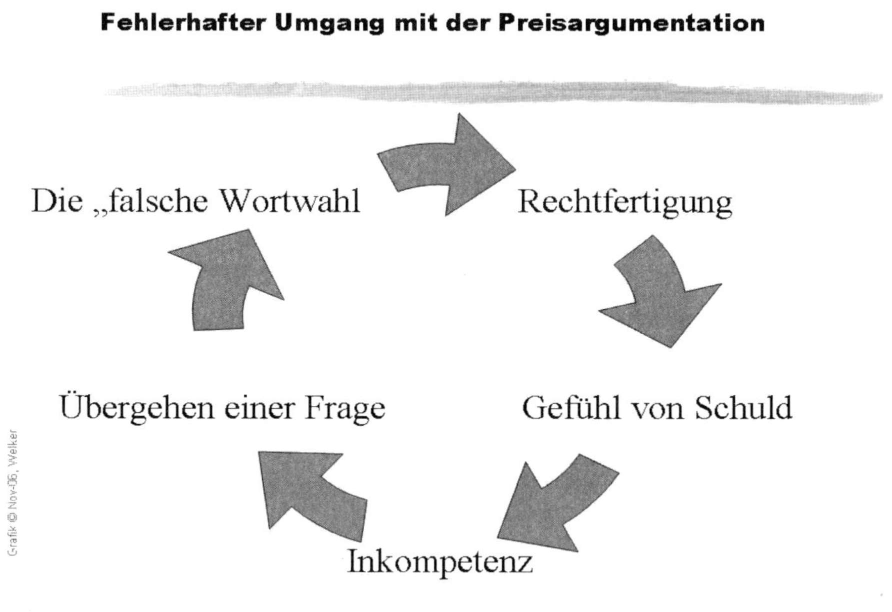

Vorstellungen darüber, welchen Preis eigentlich all die notwendigen und schönen Dinge des Lebens haben sollten. So bietet heute jeder eine Handreichung, um jedoch die Hand aufzuhalten und ärgert sich, wenn er nicht adäquat bezahlt wird – eben: „Geiz ist geil“[57].

Weil jeder bei der Preisbildung dem anderen in der Höhe des genannten Preises misstraut, versucht jeder, den anderen im Preis zu senken. Oder anders ausgedrückt: der auf Grund getroffener Kalkulationen zustande gekommene Preis muss mit guten Argumenten „verkauft“ werden – zu hoch ist er immer. Daher können gerade im Preisgespräch bei der Benennung der Kosten oft Fehler auftreten. Dies wirkt sich in vielen Fällen negativ auf das Kaufverhalten des Klienten aus.

7.1.3.1 Die „Falsche“ Wortwahl

Die „falsche“ Wortwahl bei der Benennung des Preises kann möglicherweise das Abschlussgespräch ins Wanken bringen. Wissenschaftliche Studien gibt es darüber so gut wie keine, doch lebt die „Verkaufspsychologie“ von guten Erfindungen[58] im Verkauf des Preises.

Gut belegt in der wissenschaftlichen Psychologie sind die Zuordnungen von Worten zu Formgebilden.

Zuordnung von Worten zu Formgebilden ...

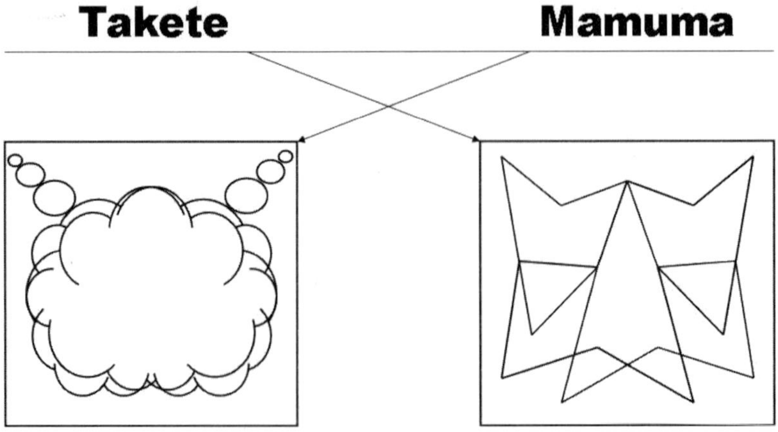

Die in der Grafik dargestellten Kunstworte *„Takete“* und *„Mamuma“* werden überkulturell signifikant den entsprechenden harten, spitzen Figuren bzw. weichen rundlichen Figuren zugeordnet. Daher wird angenommen, dass der angenehme und etwas lang gezogene Klang eines Wortes eher akzeptiert wird als hart und staccato klingende Lautkörper, die unangenehm ablehnend erlebt werden.

Der Inhalt und die Bedeutung der Worte spielen in diesem Zusammenhang oft nur eine untergeordnete Rolle. Wer selbstbezogen und ich-dominant anderen Mitmenschen gegenüber auftritt, wird eher harte und herrisch klingende Wort verwenden als jemand, der es versteht, auf seine Mitmenschen zuzugehen und einfühlsam und achtsam einzugehen.

Vor diesem Hintergrund wird es verständlich, dass im allgemeinen die getroffene Wortwahl nicht nach „falsch“ und „richtig“ beurteilt werden kann, sondern welche Wortwahl akzeptiert wird, orientiert sich an subjektiven Maßstäben des Individuums und seinen sozial geprägten Erwartungen.

In der Abschlussphase eines Klientengesprächs ist in der Anwendung von falscher oder richtiger Wortwahl sehr differenziert zu achten. Welche Worte jedoch als falsch oder richtig gelten, ist abhängig von den Maßstäben des Klienten.

Für die Beratung lassen sich förderliche Maßstäbe aus dem SIBA-Modell[59] ableiten. Diese können sein:

- Was will ich implizit oder explizit damit erreichen;
- Worüber will ich mich äußern;
- Wen spreche ich damit an;
- In welchem Kontext verwende ich diese Worte;
- Wozu will ich den anderen auffordern.

Beispiel:

Die Frage:
„Was kostet denn so eine Brille?“
Die Antwort:
„Sie kostet 428,00 €.“

Mit „falsch“ ließe sich in diesem Fall die Benennung des Preises verstehen, da sie ohne jegliche Erklärung erfolgt. Der Klient kann erwarten, dass ihm der Preis bzw. die Preiszusammensetzung erläutert wird. Wird noch das Wort „kostet“ hinzugefügt, weckt das weitere negative Assoziationen.

Der genannte Preis für das Produkt kann als zu teuer, als Belastung empfunden werden. Da der Klient nur den Betrag hört, assoziiert er einen dem Berater unbekannten Vergleich und wird ihn erschrocken als zu hoch einschätzen, wenn seine Verfügbarkeit über sein Geld recht begrenzt ist.

Auch das Reizwort „kostet“ kann eine gedankliche Verbindung schaffen zu dem Wort „Kosten“, mit welchem wir in der Regel eine Belastung empfinden, wie bei den Handy-, Miet,

Strom-, Lebensmittel- Benzin-, Haushalts-, Wohn- und sonstige Kosten.

7.1.3.2 Die Rechtfertigung des Preises

Der Berater versucht den Preis zu rechtfertigen, indem er dem Klienten von den hohen Einkaufspreisen, den ständig steigenden Mietkosten, dem viel zu hohen Stundenlöhnen und Lohnnebenkosten und der ohnehin knappen Kalkulation erzählt.

Rechtfertigungen von Preisen sind daran zu erkennen, dass für den Klienten die Begründungen nichts mit seinem Kaufinteresse an dem zu erwerbenden Produkt zu tun haben. Herstellungskosten, Einkaufspreisen, Mietkosten, Lohn- und Lohnnebenkosten, etc. sowie Unternehmensgewinne sind für jeden Bürger Selbstverständlichkeiten. Wird jedoch damit der Preis gerechtfertigt, so wirft das eigentlich ein schlechtes Licht auf die Unternehmenspolitik, so als „nage das Unternehmen am Hungertuch“ und das weckt ebenfalls negative Assoziationen.

Rechtfertigungen entspringen oftmals einem Schuldbewusstsein und haben schließlich einen Signalcharakter, so dass der Klient annehmen könnte, das Produkt sei überteuert und entspreche nicht dem eigentlichen Preis/Leistungsverhalten.

7.1.3.3 Das Gefühl von Schuld

In der Psychologie tritt die Schuld in der Form des Schuldgefühls auf. Ein Schuldgefühl zu haben, bedeutet die subjektive, bewusste und unbewusste Überzeugung zu haben, einer anderen Person Unrecht angetan oder gegen ein Gesetz oder Gebot verstoßen zu haben. Nach der psychoanalytischen Theorie handelt es sich im Allgemeinen um Gebote moralischer Instanzen wie zum Beispiel das Über-Ich[60]. Als schuldbewusst bezeichnet man schließlich jenes Gefühl des Menschen, welches er praktisch erlebt und spürt, wenn er der Ansicht ist, dass er wissentlich einen anderen Menschen Übel mitspielt.

Das Schuldgefühl und das Schuldbewusstsein ist einem Menschen meist dann anzumerken, wenn gleichzeitig hohe moralische Werte im Umgang mit einander vorliegen. Auf die Frage, was denn die Brille koste, nennt der Berater erst nach ein paar Schweigesekunden dem Klienten den Preis. Dass er mit Schuldbewusstsein, ob angebracht oder nicht, ob zu Recht oder nicht, genannt wurde, wird im Verhalten durch einen leicht nach unten gesenkten Blick unterstrichen.

Den Preis schuldbewusst zu nennen, zeugt von Unsicherheit, weil gleichzeitig gewusst wird, dass die Kalkulation überhöht ist und sich in keinem vernünftigen Preis-Leistungs-Verhältnis bewegt. Der Berater selbst hält den Preis nicht für gerechtfertigt. Mit dem Schuldbewusstsein wird eigentlich zum Ausdruck gebracht, dass der Klient „über den Tisch gezogen“ werden soll – dieser Unredlichkeit ist man sich bewusst.

7.1.3.4 Inkompetenz

Ein weiterer fehlerhafter Umgang mit dem Preis besteht in der Inkompetenz zur Kalkulation und zur Festsetzung von Preisen. Der Berater gibt vor dem Klienten direkt oder indirekt zu, dass er selbst den Preis nicht vernünftig kalkuliert hat. Er gibt ihm somit das Gefühl, dass das Preis-Leistungsverhältnis nicht stimmig ist.

Als Reaktion des Klienten auf das kund getane Missverhältnis dürfte in diesem Zusammenhang wohl erwartet werden, dass er aus Verärgerung seine Entscheidung zurückstellt und neu überdenken wird. Zu einem Abschluss kommt es mit aller Wahrscheinlichkeit nur dann, wenn der Klient bei den Mitbewerbern keine günstigeren Angebote findet, die alle jene Leistungen umfassen, die er eigentlich gern in Anspruch nehmen möchte.

7.1.3.5 Das Übergehen einer Frage

Eine andere Möglichkeit der fehlerhaften Preisnennung besteht darin, dass der Berater auf die Frage des Klienten nach dem Preis gar nicht eingeht, sondern ihn mit einem Redeschwall „erschlägt“. Er beginnt zu monologisieren und verliert den Klienten aus den Augen – wohlgemerkt im gut gemeinten Sinne, den Klienten erst einmal umfassend zu informieren.

Anders der Klient: Er fühlt sich nicht ernst genommen und wird angesichts des Redeschwalls skeptisch. Er vermutet eher ein Ablenkungsmanöver. Wenn man der Ansicht ist, dass man noch nicht genügend Informationen gegeben hat, bietet sich in diesem Zusammenhang eine günstige Verhaltensweise an.

Beispiel:

Berater:

„Ich möchte Ihre Frage gleich beantworten, doch gestatten Sie mir Ihnen zunächst noch eine ergänzenden Information mitzuteilen, damit das Ganze abgerundet ist.“

Mit dieser Antwort wird zumindest darauf Bezug genommen, dass die vom Klient geäußerte Bitte wahrgenommen wurde und dass sie für einen Augenblick zurückgestellt wird.

7.1.4 Methodik im Preisgespräch

Den Preis in richtiger Zusammensetzung und zum richtigen Zeitpunkt zu benennen stellt einen weiteren Schritt eines erfolgreichen Beratungsgesprächs dar. Es stehen verschiedene psychologische Möglichkeiten, den Preis für das Produkt und die Dienstleistung zu präsentieren, zur Verfügung.

Welche Möglichkeit allerdings die richtige ist, ist abhängig davon, inwiefern es dem Berater gelingt, sie individuell auf den Klienten und die Situation abzustimmen. Das Prinzip der Methodik, ein Preisgespräch zu führen und zu gestalten, ist ausschließlich von psychologischen Faktoren abhängig, wie gezeigt werden wird.

7.1.4.1 Nutzen-Kosten-Rechnung

Die Methodik „Nutzen-Kosten-Rechnung" besagt, dass der Nutzen eines Produktes z.B. einer Gleitsichtbrille gegenüber den Kosten aufgewertet wird. Der Preis erscheint im Verhältnis zum Nutzen wesentlich kleiner.

Methoden mit der Preisnennung

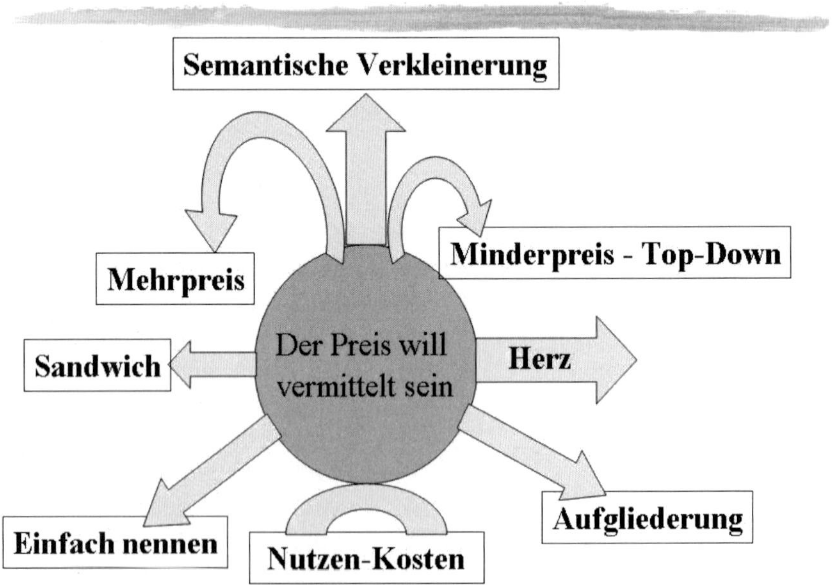

Grafik © Nov-06, Welker

Beispiel:

Berater:

„Der Gesamtpreis für diese Gleitsichtbrille beträgt 800,- €. Mit dieser Brille sind Sie für alle Sehanforderungen gewappnet. In der Kombination mit der Superentspiegelung und der leichten Tönung haben wir das individuell für Sie ideale Glas gefunden."

Das Verhältnis der Kosten zum Nutzen wird zunächst von der Kostenseite her beschrieben, um dann den umfassenden Nutzen in Kombination mit einem erweiterten Nutzungsvorteil zu würdigen.

Beispiel:

Berater:

„Der Preis dieser Titanfassung liegt zwar bei 210,00 €, dafür hat sie aufgrund des Materials Titan eine höhere Lebensdauer, da dieses Material unempfindlicher, frei von Allergiegefahren ist. Außerdem ist sie deutlich leichter."

Auch in diesem Beispiel wird zunächst der Preis der qualitativ hochwertigen Titanfassung benannt. In Kombination mit dem Wörtchen „zwar" erscheint der Preis zunächst hoch, doch „dafür" wird auch viel geboten.

Vorteil:

Durch die Hervorhebung des Nutzens erscheint die Wertigkeit im Vergleich zu den Kosten wesentlich höher. Es wird der Eindruck erweckt, viel für sein Geld zu bekommen.

Nachteil:

Während die Kosten immer in realen Zahlen ausgedrückt werden können, bleibt der Nutzen meist doch ein ideeller, v. a. über die Aufzählung der Vorteile. Ein weiterer Nachteil ist die „Zwar-Aber"-Argumentation[61], mit der die Höhe des Preises unnötig betont wird.

7.1.4.2 Herz-Methode

Die Herzmethode betont den emotionalen Zusammenhang zum Klienten. Der Preis wird in Verbindung mit einer Eigenschaft des Produktes genannt, die ein positives Gefühl beim Klienten auslösen könnte.

Die Besonderheit liegt darin, wenn Klienten eine emotionale Beziehung zum Produkt und zur Dienstleistung entwickeln. Dieser emotionale Bezug sollte immer wieder während des Beratungsgesprächs eingebracht werden, um eine gewisse emotionale Absicherung zu erreichen.

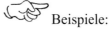

Beispiele:

Berater:

„Die Fassung mit den warmen Farben, die so ausgezeichnet zu Ihrer Haarfarbe passt, kostet 480,- €."

Berater:

„Diese Fassung mit den speziellen Gläsern wird Ihnen in vielerlei Hinsicht das Sehen wieder erleichtern."

Vorteil:

Der Klient erlebt selbst seinen unmittelbaren emotionalen Bezug zur eigentlichen Problemlösung.

Nachteil: Keiner!

7.1.4.3 Die Mehrpreis-Methode

Bei der Mehrpreis-Methode wird zunächst der Grundpreis des Produkts genannt und anschließend dem Klienten die Möglichkeiten aufgezeigt, mit welchen die Qualität noch gesteigert werden könnten. Durch die gemeinsame Entwicklung der am Nutzen orientierten Qualitätssteigerung und des damit verbundenen Qualitätsumfangs erlebt der Klient, dass er an der Preisgestaltung beteiligt ist.

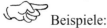

Beispiele:

Berater:

„Der Grundpreis für die Fassung mit Gläsern beträgt 360,- €. Für eine Entspiegelung, die die Reflexe mindert, würden noch 45,- € pro Glas anfallen."

Berater:

„Der Einstiegspreis bei den Gläsern liegt bei 10 Euro, mit mittlerer Entspiegelung hat das Produkt einen Wert von 42 Euro."

Berater:

„Der Grundpreis für diese Kunststoffgläser beträgt 79,00 €. Für die einfache Entspiegelung kommen noch einmal 18,90 € pro Glas dazu."

Vorteil:

Der Klient erhält das Gefühl, an der Preisgestaltung mitwirken zu können, ist also selbst Akteur in dieser Phase der Preisermittlung.

Nachteil:

Der Klient wird möglicherweise unnötig mit Preisen und Einzelheiten überflutet und verliert dadurch den Überblick. Der Klient kann bzw. möchte sich noch nicht entscheiden. Die Entscheidung selbst kann von ihm dann u. U. vertagt werden.

„Da muss ich noch einmal darüber schlafen".

7.1.4.4 Die Minderpreis- oder die Top-Down-Methode

Die „Minderpreis" - Methode oder auch „top-down"-Methode (von oben herab kommend) genannt, ist eine gegenteilige Methode zur vorher beschriebenen Methode.

Zunächst wird der Komplettpreis der optimalen Ausführung für Dienstleistung, Fassung, Gläser und die optimale Vergütung, die der Klient auswählt, errechnet. Entspricht er nicht der Preisvorstellung des Klienten, kann der Berater von diesem Niveau aus den Preis schrittweise reduzieren. Gleichzeitig wird darauf hingewiesen, auf welche Vorzüge des Produktes der Klient verzichtet.

Beispiele:

Berater:

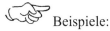

„Wir können den Preis senken, indem wir statt der Superentspiegelung eher die Mehrfachentspiegelung nehmen. Dadurch reduziert sich der Preis um 20,- €, Sie nehmen aber etwas mehr Reflexe in Kauf."

Berater:

„Für ihre Anforderungen wären z.B. Gläser mit voller Entspiegelung am besten. Der Preis beträgt 62,00 Euro. Eine günstigere Alternative wäre eine einfache Entspiegelung für 42,00 €."

Vorteil:

Der Vorteil liegt darin, dass jeder weiter genannte Preis, verglichen mit dem Anfangsangebot, geringer erscheint. Der Klient bekommt das Gefühl beim Kauf gespart zu haben.

Nachteil:

Der Klient ist frustriert, weil er auf das, was vorher alles so schön zusammengetragen wurde, verzichten müsste und sich gewissermaßen gezwungen fühlen kann, den höheren Preis zu bezahlen, was ihn aber unbefriedigt lässt.

7.1.4.5 Die Aufgliederungs-Methode

Mit der Methode der „Aufgliederung" wird dem Klienten der Gesamtpreis aufgeschlüsselt dargeboten, um ihm zu zeigen, wie sich dieser Preis zusammensetzt, und welche Leistungen mit welchen Preisen zu vergüten sind und in welchem Verhältnis die aufgeführten Posten zum Gesamtpreis stehen.

Die Absicht der Aufgliederung ist es, dass der Klient die Möglichkeit erhält, nachvollziehen zu können, welche Produktteile und welche Dienstleistungen er für welchen Preis erhält.

Beispiele:

Berater:

„Die Fassung kostet 360,- €, das Grundglas 42,- €, die Entspiegelung 46,- € und die Tönung 27,- €. Der Gesamtpreis beträgt somit 642,- €".

Berater:

„Jedes Glas kostet 30,- €, also 60,- € plus die Fassung 20,- €, ergibt den Endpreis von 80,- €."

Berater:

„Der Preis setzt sich zusammen aus der Anamnese, der Refraktion mit je 40,00 €, der Fassung für 269,00 €, den beiden Kunststoffgläsern für jeweils 110,00 €. Insgesamt ergibt sich ein Preis von 569,00 €.

Der Gesamtpreis wird vom Berater in einzelne Positionen aufgelistet:

Dienstleistung, Preis je Glas plus Preis der Fassung plus Preise für mögliche Zusätze.

Vorteil:

Diese Methode zeigt dem Klienten, dass er sehr leicht nachvollziehen kann wie der Preis sich zusammensetzt. Dadurch fühlt sich der Klient offen und fair behandelt.

Nachteil:

Durch das Verwirrspiel mit den in der Regel mündlich vorgetragenen Zahlen bleibt ihm verborgen, was die Absicht des Beraters ist. Der Klient könnte es schließlich als ein ärgerliches Verwirrspiel betrachten.

7.1.4.6 Die Sandwich-Methode

Mit der Sandwich-Methode wird der Preis mit zwei argumentativ vorgetragenen Vorteilen präsentiert, in dem zuerst von einem ausgeprägten Nutzen die Rede ist, gefolgt von der Kundgabe des Preises, um schließlich einen weiteren emotional geprägten Vorteil zu nennen.

Das Ziel ist es, dem Klienten zu vermitteln, dass er nicht nur den Gegenstand an sich für einen bestimmten Betrag erhält, sondern zwei weitere nützliche Gesichtspunkte.

Beispiel:

Berater:

„Dies ist eine topmodische Gleitsichtbrille für 620 € mit der Sie bequem auf allen Entfernungen scharf sehen können."

Vorteil:

Die emotionalen Affinitäten[62] werden betont und lassen unter Umständen ein Glücksgefühl entstehen, welches den Klienten bewegt, den Gegenstand auf jeden Fall erwerben zu wollen.

Nachteil:

Für manche Menschen kann die Überbetonung der positiven angenehmen Seiten ärgerlich sein, wenn sie den zu erwerbenden Gegenstand, in unserem Falle eine Brille, als notwendiges Übel betrachten – und einem Übel kann man bekanntlich nichts Positives abgewinnen.

7.1.4.7 Semantische Verkleinerung

Eine gebräuchliche Art, Preise zu benennen, verdankt sich den sprachlichen Eigenarten der jeweiligen Muttersprache. Von semantischen Verkleinerungen spricht man, wenn die Preise mit so genannten Diminuitivworten[63] *„nur"*, *„bloß"*, *„lediglich"*, *„nicht mehr als"* in Verbindung gebracht werden. So ist es auch im deutschen Sprachraum durchaus üblich, die erste Tausenderkategorie noch in Form von Hunderten auszusprechen. Den folgenden Betrag kann man entweder als *Zwölfhundert* Euro oder als *Tausendzweihundert* € formulieren.

Beispiel:

Berater:

„Ihre Traumbrille kostet 1200 €."

Vorteil:

Letzteres hört sich wesentlich angenehmer und weniger dramatisch an, ist wenig auffällig, wenn der gewohnte Sprachraum dies als Standardformulierung zulässt.

Nachteil:

Einen Betrag von 2500,00 € kann man zwar sprachlich als „Fünfundzwanzighundert“ ausdrücken, ist aber ungewöhnlich. Hier stößt man an die sprachlichen Grenzen. Wollte man es trotzdem versuchen, würde man sicherlich seinen Gesprächspartner verblüffen, obgleich heute große Zeiträume mit Ordinalzahlen in der Kategorie von Jahrhunderten bezeichnet werden: „Wir leben heute im 21. Jahrhundert.“

Relativ hohe Preise sollten nicht in der Ordinalzahlen-Form präsentiert werden, da der Klient die Absicht mit der Verniedlichung durchschauen und dieses Verhalten als unredlich erleben könnte.

7.1.5
VERHALTEN IM PREISGESPRÄCH

Es bietet sich an, mehrere Methoden mit einander zu verbinden, um ein angenehmes und zufrieden stellendes Preisgespräch zu führen und um letztlich einen guten Abschluss zu erzielen.

Mit einer klientenorientierten Gesprächsführung steht natürlich die Zufriedenheit des Klienten im Vordergrund. Mit Offenheit und Freundlichkeit ihm gegenüber wird ein Sympathiefundament geschaffen.

Neben dem eigentlichen Produkt wird die Service-Leistung hervorgehoben, die der Klient zusätzlich erwirbt. Der Berater sollte sich folgenden Leitgedanken stets präsent halten:

Die Art und Weise wie ich etwas vortrage, ist genau so wichtig wie der Inhalt und die Person, der ich es vortrage!

Vor dem Hintergrund, dass vielen, vor allem jungen Beratern die Preise hochwertiger Produkte zu benennen unangenehm und lästig ist, werden im folgenden Verhaltensanregungen skizziert, wie der Berater in dieser entscheidenden Phase sein Verhalten ausrichten und am besten vorgehen kann.

7.1.5.1
ACHTSAME BEOBACHTUNG

Von Bedeutung ist es, von Anfang an durch achtsames Beobachten und durch gezieltes Fragen, die Vorstellungen über den ungefähren Preisrahmen zu ermitteln und in Erfahrung zu bringen, in welchem Preissegment der Klient sich bewegen möchte.

☞ Beispiele:

Berater:

„Möchten Sie lieber einfachere Ausführungen oder anspruchvolleres Material für die Fassungen auswählen?“

Berater:

„Sind Sie bitte so freundlich, mir zu sagen, welche Preisvorstellungen Sie mitbringen."

Berater:

„Ich bitte Sie, mir zu sagen, in welchem Preisrahmen Sie sich bewegen möchten."

7.1.5.2 OFFENE BEGEGNUNG

Dem Klienten sollte man stets offen begegnen, z. B. ihm anhand der entsprechenden Preisliste den Gesamtpreis erarbeiten. Dabei ist auf die Körperhaltung und die Körpersprache zu achten. Eine offene Haltung wird erreicht durch aufrechtes Sitzen und dem Klienten zugewandt sein. Die Handflächen nach oben haltend wird er gefragt, ob er Einblick nehmen möchte in das Regelwerk der Preise, es wird ihm erklärt, warum der Preis für jedes Glas auf Grund der individuellen Herstellung so kompliziert berechnet ist.

Beispiel:

Berater:

„Die Erkenntnisse, die ich mit Ihnen zusammen in der Anamnese und in der Refraktion gewonnen habe, führt uns nun zur Auswahl der pas-

Positive Verhaltensweisen im Preisgespräch
Sicher auftreten
Überzeugend auftreten
Genauen Bedarf ermitteln
Überzeugend vorführen
Gutes Fachwissen
Gezielt argumentieren
Wertbewusst verhalten
Angst vor dem Preis vermeiden
Klientengerechte Vorteile herausstellen
Grafik © Nov-06, Welker

senden Gläser. Dann werde ich Ihnen den Preis für das Paar Gläser sagen können.“

„In der von Ihnen gewünschten Ausstattung entfallen ... € auf die Gläser.“

Der Klient nimmt diese Verhaltensweise bewusst und unbewusst wahr und wird sein eigenes Verhalten fast spiegelbildlich danach ausrichten. Durch die offene Begegnung versteht er auch die Argumente für die Preise.

7.1.5.3 Selbstbewusste Ausstrahlung

Die Benennung des Preis des Angebotes erfolgt selbstbewusst, klar und deutlich. Mit selbstbewusster Ausstrahlung sucht der Berater dabei den Dialog und schaut den Klienten ruhig, gelassen und bestimmt an.

Beispiel:

Berater:

„Die Kontaktlinsen in der von Ihnen gewünschten Ausstattung incl. Anamnesezeit, KL-Anpassung, Austauschset und Nachkontrolle kosten zusammen 280,00 €.“

Der Klient erhält das Signal, dass der Berater sowohl hinter seinem Angebot und seiner Dienstleistung steht als auch, dass er selbst den Preis für gerechtfertigt hält.

7.1.5.4 Genaue Information

Der Klient muss genau informiert sein über die Garantien und Serviceleistungen des Unternehmens, die er mit dem Kauf der Brille erhält. So zum Beispiel kostenloses Wechseln von Verschleißteilen, kostenlose Reinigung usw., wenn man diesen Service unentgeltlich abgeben möchte.

Beispiel:

Berater:

„Im Gesamtpreis sind selbstverständlich Materialgarantien sowie eine noch extra zu vereinbarende Nachkontrolle enthalten.“

Hier sind Garantien und Nachkontrolle zum Nutzen des Klienten erwähnt. Grundsätzlich sollten bei der Preisnennung informative geldwerte Hinweise gegeben werden.

7.1.5.5 Erbetenes Feedback

Im kommunikativen Dialog ist die Rückmeldung des Klienten sehr wichtig. Man bittet den Klienten, einmal zusammenzufassen, wie er die Beratung, die Anamnese, die Refraktion und Phasen der Anpassung erlebt hat, wie er nun mit dem Ergebnis zufrieden ist.

Dadurch lässt sich am besten erkennen, ob er mit dem Ergebnis der Beratung zufrieden ist bzw. ob noch irgendwelche Unklarheiten bestehen, über den Preis, das Produkt oder ob noch im Augenblick Missbefindlichkeiten aufgetreten sind. Vor allem wird er gebeten mitzuteilen, was ihm während der ganzen Prozedur unangenehm war, um schließlich auch noch derartige Empfindungen abklären zu können.

Beispiel:
Berater:
„Die formstabilen Kontaktlinsen, die Sie sich ja schon sehr geschickt und zügig einsetzen konnten, werden in den nächsten Tagen ein wenig gewöhnungsbedürftig sein, aber ihr Lidspalt ist weit genug, dass Sie relativ frei von Einschränkungen sein werden. Bitte rufen Sie mich doch an, oder Sie kommen am besten vorbei, wenn etwas nicht harmonieren sollte. Ansonsten machen wir einen Termin in vierzehn Tagen aus für den ...“

In diesem Beispiel wurde das Feedback gleich in eine unmittelbare praktische Rückmeldung umgelenkt, um dem Klienten deutlich zu machen, dass er bei den ersten Beschwerden sofort wiederkommen kann und vor allem wiederkommen soll.

7.1.5.6
DANK HERVORHEBEN

Man bedankt sich bei ihm, für seine Mitarbeit und seine Geduld, die er mitgebracht hat. Schließlich hebt man deutlich hervor, dass man ihm bei seiner nun anstehenden Aufgabe, mit den neuen Gläsern, Kontaktlinsen zurecht zu kommen und eine bestimmte Gewöhnungsphase zu durchlaufen – zur Verfügung stehe. Dies wird damit zum Ausdruck gebracht, dass ein Nachkontrolltermin sogleich vereinbart wird.

Beispiel:
Berater:
„Aus diesem Grunde möchte ich, dass Sie in vierzehn Tagen wieder zu mir kommen, damit Sie sich dann von den eingetretenen Verbesserungen objektiv überzeugen können. Ist es Ihnen recht am Montag, den ... um ... Uhr zu mir zu kommen? Das ganze dauert nicht länger als 10 bis 15 Minuten. Dann notiere ich mir dies in meinem Terminkalender. Danke.“

Somit wird der Kontakt zum Klienten von vorneherein aufrechterhalten. Erlebt der Klient in der Zwischenzeit mit dem neu erworbenen Produkt eine Enttäuschung, so ist es die Aufgabe des Beraters, sich um diese dann anstehende „Reklamation“ zu kümmern.

7.1.6 Umgang mit Preisnachlassforderungen

Nun, wenn der Gesamtpreis zusammen mit dem Klienten erarbeitet und ihm nachvollziehbar erläutert worden ist, kommt nicht selten die unerwünschte Überraschungsfrage des Klienten, welchen Nachlass man denn gewähren würde. Das psychologische Motiv nach dem Preisnachlass besteht in der Vorstellung, dass der wirtschaftliche Vorgang des Kaufens und Verkaufens eine zweiseitige, gegenseitige Angelegenheit ist, die sowohl auf wirtschaftlicher als auch auf psychologischer Basis beruht. Das soll in einer einfachen Gleichung veranschaulicht werden, welche den klassischen Unterschied zwischen Käufer und Verkäufer hervortreten lässt.

Der Käufer möchte vom Händler etwas Bestimmtes und der Händler möchte vom Käufer etwas Bestimmtes. Der Käufer will das Produkt und der Händler das Geld. Beide beziehen sich auf einander: Der Händler sagt, „*Mein Produkt ist das Geld von 100,00 € Wert*“ und der Käufer sagt, „*mein Geld von 100,00 € ist das Produkt Wert.*“ Und hier beginnt der Unterschied: Während beide wissen, dass der Geldwert von 100,00 € eben 100,00 € ist, weiß der Käufer nicht, ob das Produkt wirklich den Geldwert von 100,00 € besitzt. Das „weiß“ nur der Händler, denn der Preis ist doch nur das Aushängeschild des Produkts.

Der Käufer möchte möglichst viel Produktwert für sein Geld eintauschen, während der Verkäufer möglichst viel Geldwert für sein Produkt erzielen möchte – der gleichberechtigte Tausch ist eigentlich ein Gegeneinander. Eine armenische Basarregel beschreibt diesen Vorgang sehr anschaulich:

„Sagt er zwölf, meint er zehn, will er haben acht, wird wert sein sechs, möchte ich geben vier, wird sagen: zwei.“

Also versucht jeder der beiden Kontrahenten, die eigentlich dasselbe wollen, möglichst viel gegenseitig zu erzielen. Denn dass es sich hierbei nicht um fixe Größen handelt, weiß auch jeder der beiden – täglich können sie in der Öffentlichkeit nachvollziehen, dass der Wert des Produktes sich genauso schnell ändern kann wie der Wert des Geldes.

Heute kann es ein Winterschlussverkauf sein und auf dem Aushängeschild steht ein um 70 % niedrigerer Preis, morgen eine Inflation, eine Geldentwertung und der Käufer muss mehr Geld zur Verfügung haben. Folglich *handeln* beide. Wie heißt es in dem Klassikerfilm[64] „Das Leben des Brian“ in einer Händlerepisode so schön als der Händler zum Käufer sprach, der den geforderten Preis zahlen wollte:

„Wie, du handelst nicht mit mir, dann verkauf ich dir nichts!“

Stellt der Klient eine Preisnachlassforderung, so ist es nicht unbedingt ein Zeichen dafür, dass der Klient vom Produkt nicht überzeugt ist. Durch den Wegfall des Rabattgesetzes versuchen viele Klienten über den Preis zu verhandeln. Die meisten wollen das Prinzip Handeln zunächst nur einmal testen, ob es funktioniert. Und funktioniert es, so wird es nach dem lerntheoretischen Konzept[65] der positiven Verstärkung fortgesetzt. Der Klient wurde für sein Handeln „belohnt“, was ihn schließlich dazu veranlasst, das Handeln beim nächsten Mal wieder zu versuchen.

7.1.6.1 Beim Klienten nachfragen ...

Im Folgenden werden einige Fragen entwickelt, mit denen herausgefunden werden kann, warum der Klient eine Nachlassforderung stellt.

Beispiele:

Berater:

„Weshalb wäre in Ihren Augen ein Rabatt gerechtfertigt?“

Berater:

„Was missfällt Ihnen am Gesamtpreis?“

Berater:

„Womit sind Sie unzufrieden, dass Ihnen der Preis zu hoch erscheint?“

Weiß der Klient auf diese Fragen keine sachlichen Antworten, so dürfte angenommen werden, dass er unvorbereitet einfach nur mal das Handeln versuchen wollte.

7.1.6.2 Wenn kein Rabatt gewährt werden soll...

Auch wenn ein Berater gar nicht vorhat, einen Nachlass zu gewähren, ist es glaubwürdiger bei einer erneuten Kalkulation die gleichen Argumente vorzutragen, als den Klienten direkt in seiner Argumentation zurückzuweisen. Zu vermeiden sind auf jeden Fall folgende Formulierungen:

Beispiele:

„Ausgeschlossen ....“,

„Unmöglich, ...“,

„Geht nicht, ...“.

Alternativ kann ein kleines Ergänzungsangebot unterbreitet werden, indem der dazu ausgewiesene Verkaufspreis deutlich genannt wird: Etui, Brillenkette, etc. – also Accessoires, die nicht selbstverständlich bereits in der Serviceleistung enthalten sind.

Beispiel:

Berater:

„Dieses Etui im Wert von 19,00 € erhalten Sie als Abrundung und Schutz für Ihre edle Fassung.“

Das Prinzip eines *Ergänzungsangebotes* besteht nicht immer darin, dass ein Artikel kostenlos abgegeben wird, sondern in der Hervorhebung, des ganz besonderer Anlasses.

7.1.6.3 Aufforderung zum Bieten...

Wenn der Klient schon die Forderung nach Preisnachlass auf den Tisch legt, so sollte er zumindest auch Gelegenheit bekommen, seine Forderungsvorstellungen zu nennen. Wird nämlich umgekehrt dem Klienten ein Preisnachlassangebot unterbreitet, so ist es ihm meistens zu wenig. Daher empfiehlt sich die Methodik der Selbstauskunft über den möglichen Preisnachlass:

Beispiel:

Berater:

„Welchen Preis haben Sie sich vorgestellt?"

Berater:

„An welchen Nachlass haben Sie gedacht?"

Sollte man das Angebot des Klienten akzeptieren, so empfiehlt es sich dennoch nicht gleich zuzustimmen. Dies würde bei dem Klienten nur den Verdacht auslösen, da sei noch viel mehr raus zuholen.

Ziel ist es, dass der Klient sich in seiner Kaufentscheidung bestätigt fühlt und das Gefühl hat, einen Fortschritt in einer verbesserten Sehleistung und/oder in seinem Aussehen durch diesen Kauf erreicht zu haben.

7.2 Die Reklamation

Vorweg eine Bemerkung zur Reklamation[66] in der Augenoptik:

Da der Beruf des Augenoptikers und des Optometristen trotz seines Einzelhandelscharakters bei den Gesundheitsberufen[67] angesiedelt ist, sollte man in diesem Zusammenhang nie (!) von Reklamation reden, sondern eher von der Fortsetzung der gesundheitlichen Betreuung des Augenlichtes.

Es ist ein Paradoxon, im Zusammenhang mit dem Organ Auge und dem Sehen von Reklamationen zu sprechen und dabei das ganze Augenmerk vornehmlich auf die Fassungen, Gläser oder Kontaktlinsen zu richten, wenn andererseits das hohe menschliche Gut *Auge* sich ständig in einem Veränderungsprozess befindet und eigentlich vom ganzheitlichen System Mensch und seinem jeweiligen Gesundheitszustand abhängig ist.

In gegenseitigem Einverständnis ähnlich können wie beim Zahnarzt Termine in relativ kurzer Zeitfolge kontinuierlich vereinbart werden, um sich fortlaufend über den Zustand der visuellen Sehleistung informieren und dem Klienten gründliche Auskunft über dessen aktuellen Stand seiner Sehleistungsfähigkeit geben zu können. Bestenfalls lässt sich im Zusammenhang mit Materialfehlern und handwerklich schlechter Leistung etwas reklamieren – und solche Mängel sollten ohne großes Aufheben selbstverständlich korrigiert werden. Nichtsdestotrotz werden im Folgenden einige Gedanken zum Prinzip der Reklamation und der damit notwendigen Verhaltensweisen ausgeführt.

7.2.1 DER BEGRIFF REKLAMATION

Der Wortstamm von Reklamation enthält das Wort „Reklame"[68], und bedeutet soviel wie Werbung, Anpreisung einer Ware, Kundenwerbung, Werbemittel, auf sich aufmerksam machen. Vor diesem Hintergrund sollte die Reklamation eines Klienten gar nichts Unangenehmes sein, da der Klient dem Optometristen als Dienstleistungsanbieter immerhin die Gelegenheit gibt, erneut seine Qualität und seine Kundenbetreuung unter Beweis stellen zu können.

Viele Berater drücken sich vor der Bearbeitung von Reklamationen, denn unangenehm ist es ja schon, sich mit Beanstandungen und Beschwerden auseinander setzen zu müssen; wer will schon gerne das „Gegengeschrei", das „Nein-Rufen"[69] entgegen nehmen, mit welchem man persönlich nichts zu tun hat?!

Gejammert:

„Das schlimmste an der Reklamation ist, Klienten an die Konkurrenz zu verlieren!"

Doch wer sich der Sache stellt wie im Folgenden aufgezeigt wird, kann nur gewinnen.

Beherzt:

„Nur der Amateur fürchtet die Beschwerde eines Klienten. Für den Profi ist es eine Gelegenheit mit dem Klienten ins Gespräch zu kommen."[70]

Eine Reklamation ist genauso kompetent und selbstbewusst zu behandeln wie ein Beratungsgespräch.

Der Klient gibt dem Berater eine Chance, den entstandenen Fehler bzw. die Mängel zu beseitigen, was einerseits als Vertrauensbeweis gewertet werden, andererseits aber wie ein Damoklesschwert über einem schweben kann. Und nicht vergessen: Was ist denn mit all den Klienten, die gleich ohne Reklamationsbemühungen zur Konkurrenz gegangen sind?

Also gilt es, die Chance zu nutzen und sich Gedanken darüber zu machen, wodurch überhaupt Reklamationen entstehen?

7.2.2 URSACHEN VON REKLAMATIONEN

Reklamationen werden durch die Unzufriedenheit des Klienten hervorgerufen, dessen Erwartungen an das Produkt nicht erfüllt wurden. Das sind Erwartungen, die bei einem vorausgegangenen Beratungsgespräch beim Klienten geweckt wurden. Hat sich die Erwartung jedoch nicht erfüllt, so reagiert der Klient mit Enttäuschung und sucht nach Klärung des Problems.

Reklamationen gelten als jene Phase in einem Gesprächsablauf, in dem die Klienten ihre Unzufriedenheit über das gekaufte Produkt darlegen.

Das erste, woran man als Berater jedoch bei einer Reklamation denkt, ist: Stress, Ärger, Mehrarbeit, genervte Klienten und Mitarbeiter. Man sollte hier jedoch eine Herausforderung, einen eventuellen Mehrumsatz und die Klientenorientierung sehen und nicht zuletzt ist die Reklamation ein unwiederbringlicher Input für das Qualitätsmanagement eines Unternehmens.

Auf drei große Qualitäts- und Erlebnisbereiche sind Reklamationen zurückzuführen und können sehr unterschiedliche Ursachen haben:

- Technische Fehler & Materialfehler
- Organisatorische Mängel
- Psychologische Beschwerden

Ursachen von Reklamationen

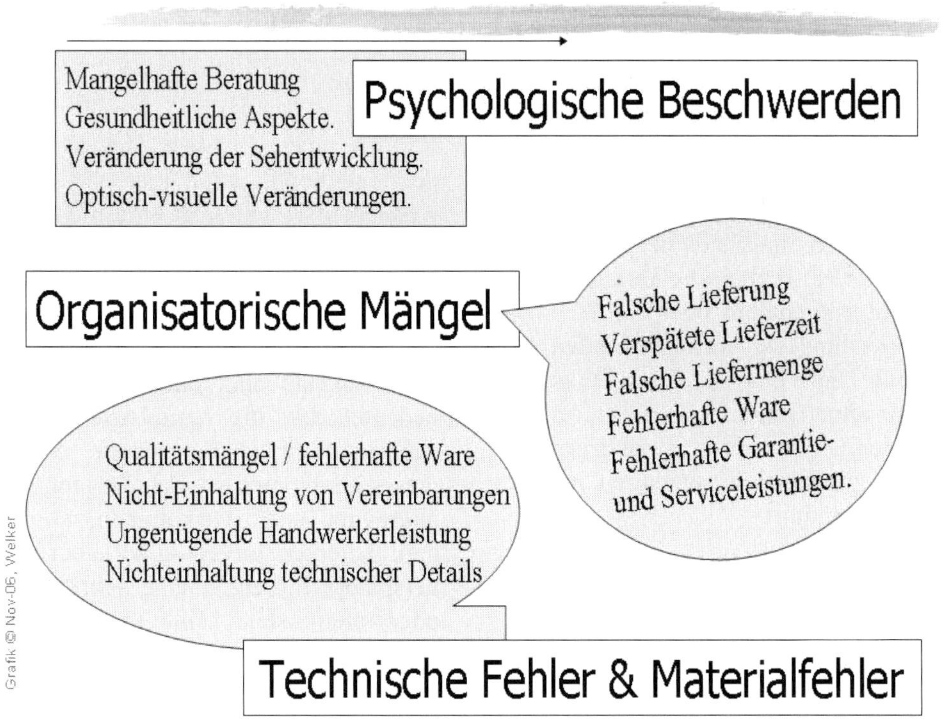

7.2.2.1 Technische Fehler und Materialfehler

Bei den technischen und bei den Materialfehlern handelt es sich im Allgemeinen um Mängel und Fehler, die nach der Produkthaftung zu regeln sind. Als technische und Materialfehler gelten im Allgemeinen

- Qualitätsmängel / fehlerhafte Ware
- Nicht-Einhaltung der Vereinbarungen von Konditionen
- Ungenügende Handwerkerleistung
- Nichteinhaltung technischer Details, u. a.

Das Produkt entspricht nicht den zunächst vereinbarten Qualitätsanforderungen: Die Farbbeschichtung der Fassung oder Verschraubungen lösen sich noch innerhalb der Gewährleistungsfrist. Technische Details werden nicht eingehalten oder die Handwerkerleistung ist nicht zufrieden stellend. Diese beanstandeten Dinge sollten ohne großes Aufheben erledigt werden, ohne dass es zu irgendwelchen Auseinandersetzungen mit dem Klienten führt.

7.2.2.2 Organisatorische Mängel

Bei organisatorischen Mängeln handelt es sich vornehmlich um jene Mängel, die aus einem wenig strukturierten Gefüge innerhalb eines Betriebes entstehen können. Als organisatorische Mängel gelten im allgemeinen:

- Falsche Lieferung
- Verspätete Lieferzeit
- Falsche Liefermenge
- Fehlerhafte Ware
- Fehlerhafte Garantie- und Serviceleistungen.
- Ungerechtfertigte Preisdifferenz

Von einer *falschen Lieferung* in der Augenoptik kann man sprechen, wenn dem Klienten in eine nicht bestellt Fassung neue Gläser, wenn falsche Gläser eingearbeitet oder wenn die Gläser oder Fassungen gar vertauscht wurden.

Verspätete oder *falsche Lieferzeit* bedeutet, dass die vereinbarte Lieferzeit nicht eingehalten wurde. Sollte dieses Phänomen in der Augenoptik überhaupt noch vorkommen, so ist dem Klienten unverzüglich über die verspätete Lieferzeit eine schriftliche oder telefonische Mitteilung zu machen.

Fehlmengen werden in jenen Bereichen relevant, in denen die Klienten von einem Lieferanten direkt beliefert werden würden und der Klient sich selbst um die Korrektur kümmern müsste: wenn z. B. zwei statt drei Packungen eines Kontaktlinsensets verschickt wurden.

Von einer *fehlerhaften Ware* spricht man, wenn die zur Einarbeitung der Gläser außer Haus verschickte Fassung bei der Fertigung leicht verkratzt wieder zurückkommt. Ebenso können in der eigenen Werkstatt Gläser und Fassung unachtsam bearbeitet worden sein, was bei der Endkontrolle hätte erkannt worden sein müssen, das Produkt dennoch abgegeben worden ist.

Als *fehlerhafte Garantie- und Serviceleistungen* werden Angebote bezeichnet, deren Reklamationen nicht selbstverständlich in die Garantieleistung eingehen. Das sind zum Beispiel Beschwerden über die Nichteinhaltung versprochener Leistungen.

Eine *ungerechtfertigte Preisdifferenz* liegt vor, wenn der Rechnungsbetrag höher ist als der im Laden vereinbarte Betrag, also im Nachhinein eine Veränderung des Verkaufspreises vorgenommen wurde.

7.2.2.3 Psychologische & Visuelle Probleme

Generell ist zu bedenken, dass zwischen dem Zeitpunkt der Refraktion, der Glasbestellung und dem Zeitpunkt der Fassungsabgabe etliche Zeit verstreicht. In diesem Zeitabschnitt findet bei jedem Menschen eine kontinuierliche körperliche und psychische Entwicklung statt.

- Mangelhafte Beratung
- Gesundheitliche Aspekte.
- Veränderung der Sehentwicklung.
- Optisch-visuelle Veränderungen.

Werden die Faktoren der Gesundheit und der kontinuierlichen Veränderbarkeit des Menschen in der Erst- und Folgeberatung nicht berücksichtigt, so ist in der Regel eine Beschwerde vorprogrammiert.

Nach der Beendigung eines Gesprächs kommt es vor, dass den Klient das Gefühl beschleicht, ihm sei durch eine falsche oder mangelhafte Beratung ein Nachteil entstanden. Dieses Gefühl entsteht meist dadurch, dass

- uneinlösbare Erwartungen des Klienten geweckt wurden,
- zu wenig auf den aktuellen physiologischen und psychischen Zustand des Klienten Rücksicht genommen wurde (z. B. Sehbereiche, ihre Veränderungen, Umgang mit Gleitsichtgläsern),
- im Grunde keine Anamnese durchgeführt wurde, mit welcher diese Problembereiche hätten aufgedeckt werden können.

Gesundheitliche Aspekte stehen bei Fragen asthenopischer Beschwerden im Vordergrund. So können durch die neuen Brillengläser oder Kontaktlinsen durchaus Schwindelgefühl, Kopfschmerzen, okulärer Schwindel, Übelkeit, etc. auftreten, welche im Zusammenhang mit dem Sehen stehen.

Optisch-visuelle Veränderungen bzw. Beeinträchtigungen beeinflussen den Seheindruck. So kann sich zum Beispiel kein optimales Sehen mit Gleitsichtgläsern einstellen. Es bleibt ein ungewohnter Seheindruck bestehen und manifestiert sich, wenn u. U. der Seheindruck des Treppeneffektes bei Gleitsichtgläsern sich nicht verliert. Die mit Gleitsichtgläsern einhergehenden Veränderungen des Sehens sind daher auch kontinuierlich dem Klienten durch Nachprüfungen zu zeigen. Der Klient kann auf diese Weise auch die seine Sehfähigkeit verbessernden Veränderungen nachvollziehen.

Von einer *Veränderung der Sehentwicklung* spricht man auch im Falle von Entgleisungen des Augenmuskelgleichgewichtes. Neben der Dysfunktionalität der paarig angeordneten Augenmuskeln (z.B. Winkelfehlsichtigkeit) ist auch an einen Torticollis ocularis zu denken. Darunter versteht man die Schiefhaltung des Kopfes, um bei einer Trochlearisparese[71] Doppelbilder auszuschalten. Der okuläre Schiefhals, wie er in der Optometrie nicht selten beobachtet wird, bezeichnet die kompensatorische Kopfhaltung auf Grund der augenblicklich bekannten Ursachen: a) eine falsch eingeschliffene Achse (kompensatorische Rollbewegung des Auges), b) einen heterophorischen Höhenfehler.

7.2.3 Klienten- & Beraterverhalten

Die Verhaltensweisen von Klienten und Beratern, die grundsätzlich – wie bereits im Interaktionskreislauf zwischen Augenoptiker und Klient beschrieben – in einer gegenseitig beeinflussenden[72] Wechselwirkung stehen, unterliegen in der Reklamation trotzdem eigenen Gesetzmäßigkeiten, die ein Reklamationsgespräch befördern oder beeinträchtigen können.

Die Ursachen für eine misslungene Reklamation liegen oft in mangelnder Bereitschaft, sich Zeit zu nehmen und darin, dass derjenige, der die Reklamation annimmt, sich nicht in die Lage der Klienten versetzen kann bzw. will, was darin zum Ausdruck gebracht wird, ihm nicht einmal ein Bedauern auszusprechen.

7.2.3.1 Emotionales Verhalten & Erwartungen des Klienten

In den Verhaltensweisen eines reklamierenden Klienten kommen meist seine Emotionen und seine Erwartungen zum Ausdruck. Der Berater ist aus diesem Grunde mit zwei Ebenen der menschlichen Psyche konfrontiert.

1. Emotionales Verhalten

Die erste Ebene bezieht sich auf die *emotionalen Verhaltensweisen*. Es stellt sich zunächst die Frage, welche emotionalen Reaktionen der Klient offen legt, wenn er eine Reklamation vorträgt?

- Unzufriedenheit
- Verärgerung
- Verletztheit
- Aggressivität
- Skepsis und Misstrauen
- Hilflosigkeit
- Traurigkeit
- Beharrlichkeit gegenüber seinem Problem

Die Unzufriedenheit wird mürrisch vorgetragen und schlägt leicht um in Verärgerung. Von Misstrauen und von erhöhter Skepsis kann ausgegangen werden. Klienten vergreifen sich auch gerne mal im Ton als Ausdruck ihrer aggressiven Neigung. Es liegt in der Natur des Menschen, dass sein Denken und seine kognitiv-rationale Ebene durch vorherrschende Gefühle beeinträchtigt werden.

Wie neuere Erkenntnisse der Neurobiologie[73] des Gehirns belegen, kann angenommen werden, dass etwa 60% unseres Verhaltens von Emotionen gesteuert werden. Diese Emotionen können sich schließlich ebenso in einer unerwünschten Beharrlichkeit und Sturheit bemerkbar machen wie sie sich auch in ausgeprägter Empfindsamkeit niederschlagen können, wenn Klienten widersprochen wird oder wenn sie auf eine Gegenrede nicht antworten können.

2. Erwartungen

Die zweite Ebene betrifft die *Erwartungen*, die mit Verhaltensweisen direkt oder indirekt zum Ausdruck gebracht werden. Daher stellt sich die Frage: Was erwartet der Klient in einer Reklamationssituation?

Der Klient verlangt

- die Kompetenz des Beraters
- Verständnis des Beraters für die unangenehme Situation
- dass man sich Zeit für ihn nimmt
- einen reibungslosen Ablauf der Reklamationsbearbeitung
- eine schnelle Erledigung
- zuvorkommende Behandlung
- eventuellen Preisnachlass

Gerade emotional geprägte Erwartungen, die subjektiven Maßstäben und oft realitätsfernen Ansprüchen zu verdanken sind, erfordern von einem Berater, dass er freundlich und aufmunternd dem Klienten entgegentritt und ihm signalisiert, dass man seine Enttäuschung, seine Wut, seine Aggressionen verstehe und es bedauere sowie Verständnis habe für die unangenehme Situation.

In der Tabelle (Tab. Seite 248) sind die komplementären Verhaltensweisen zusammengestellt, die in jeder Reklamation im Idealfall zusammen auftreten sollten – der Berater sieht sich in der Pflicht, diese Verhaltenskomplementarität herzustellen.

7.2.3.2 Die 8 Eitelkeiten des Beraters

Im Reklamationsgespräch ist darauf zu achten, dass der Klient nicht durch unüberlegte Aussprüche zusätzlich verärgert und verletzt wird. Verschiedene Verhaltensweisen von Beratern mögen Klienten nicht, weil sie als Eitelkeiten, Überheblichkeiten und nicht zuletzt als Arroganz erlebt werden. Diese Verhaltensweisen werden mit den so genannten acht „Eitelkeiten" im Reklamationsgespräch beschrieben. Sie haben ihre psychologischen Wurzeln in der tiefen Abneigung, Reklamationen zu akzeptieren und zu bearbeiten.

Diese in der Liste beschriebenen Verhaltensweisen von Beratern stoßen grundsätzlich auf Unverständnis bei Klienten, sie wirken abstoßend und garantieren, dass die Klienten ihren nächsten Brillenkauf bei einem anderen Fachmann oder einer anderen Fachfrau tätigen werden und ihre nächste Refraktion bei einem anderen Optometristen durchführen lassen.

Eitelkeiten von Beratern/innen:

- Klienten *widersprechen*, alles besser wissen.
- Die Angaben des Klienten *bezweifeln*.
- Klienten unterbrechen oder durch *Kopfschütteln* zeigen, dass man nicht seiner Meinung ist.
- Reklamationen des Klienten verniedlichen, *bagatellisieren* und verharmlosen,
- *Fadenscheinigen* Ausreden suchen
- Klienten mit schulmeisterlichem Gehabe *belehren*.
- Klienten *vorwerfen*: „Hätten Sie besser aufgepasst, dann wäre die Reklamation vermeidbar gewesen."
- *Versprechungen nicht einhalten*, sie vergessen und sich nicht um die Reklamation kümmern.

7.2.4 Der reklamative Klientenservice

Warum ist eine kompetente Reklamationsbearbeitung eine Notwendigkeit? Nach einer Untersuchung[74] über die Wirkungen von guten und schlechten Reklamationen hören von einer enttäuschend abgewickelten Reklamation ca. 11 Personen. Im Vergleich dazu wird über eine erfolgreich durchgeführte Reklamation bestenfalls nur nebenbei weiter erzählt und/oder auf gezielte Nachfrage hin im Bekanntenkreis erwähnt.

Nicht zuletzt kann die negative Wirkung dauerhaft zu einem Imageverlust führen sowie zu einer Beeinträchtigung der Corporate Identity, von der man sich nur sehr mühsam erholen dürfte. Viele Berater versuchen immer noch, sich vor einer Reklamationsbearbeitung zu drücken, obgleich von einer gut durchgeführten Reklamation durchaus jeder profitieren kann.

7.2.4.1 BEARBEITUNG EINER REKLAMATION

Es ist bereits erwähnt worden, dass es zu Reklamationen kommen kann, wenn die Erwartungen des Klienten an das Produkt und an die Dienstleistungen nicht in Erfüllung gegangen sind. Für die Kompetenz der Berater leiten sich daraus Überlegungen ab, wie die Bearbeitung von Reklamationen aussehen sollte und welche Faktoren zu berücksichtigen sind.

Zunächst ist festzuhalten, dass es keine Rolle spielt, ob der Berater selbst für das vorhergehende Beratungsgespräch verantwortlich war oder nicht. Seine oberste Priorität sollte sein, den Klienten bestens und zügig zufrieden zu stellen.

Betritt ein Klient das Geschäft, um seine Beschwerde vorzubringen, so ist ihm zuerst eine rationale und emotionale *Akzeptanz* entgegen zu bringen noch bevor überhaupt über die Qualität der Reklamation ein Urteil gefällt wird. Diese Akzeptanz wird verknüpft mit dem aufrichtigen Bedauern, sich eigens auf den Weg begeben haben zu müssen.

Nachdem nun dem Klienten ein abgeschirmter und geschützter Sitzplatz angeboten wurde, an dem mit ihm ein ruhiges Gespräch geführt werden kann, wird er aufgefordert, den Grund seiner Unzufriedenheit oder Verärgerung zu erläutern.

Beispiel:

Berater:
„Bitte nennen Sie mir den Anlass
... Ihrer Reklamation ...
... Ihres Unmutes ...
... Ihrer Unzufriedenheit ...
... Ihrer Enttäuschung ...
... Ihrer Verärgerung ...“

Von Bedeutung ist in dieser Einstiegsphase eines Reklamationsgespräches, die emotionale Komponente des Verhaltens auf jeden Fall akzeptierend anzusprechen.

Die verächtliche Formulierung *„Der Klient soll Dampf ablassen können“,* hat jedoch den rationalen Hintergrund, dass ein Mensch in einem emotionalen aufgebrachten Zustand selten einem Argument zugänglich ist. Daher ist es notwendig, zunächst für eine emotionale Entlastung zu sorgen, die mit folgenden Schritten möglich wird.

Die emotionale Entlastung

Der Klient ...

- kann in aller Ruhe ausreden,
- blickt in ein freundliches Gesicht
- wird nicht unterbrochen,
- wird ermuntert durch eine kurze Bestätigung.
- wird nicht beruhigt, besänftigt oder beschwichtigt,
- erfährt den Dank durch den Berater „Danke, dass Sie uns darauf hingewiesen haben",
- erlebt keinen Widerspruch, sondern bekommt Recht vom Berater,
- liefert wertvolle Informationen zum Beschwerdegrund, wenn ihm gezielte Fragen gestellt werden.
- erhält Verständnis und Bestätigung,
- wird um Rat gefragt, welche Lösung er am besten empfinden würde, welche Lösung für ihn am günstigsten wäre.

Schließlich bietet sich noch an, sich beim Klienten zu entschuldigen für die Unannehmlichkeit, die ihm die Reklamation einbrachte.

Beispiel:

Berater:

„Ich bedauere, dass Sie Unannehmlichkeiten hatten."

Berater:

„Ich bedauere den Ihnen entstandenen Ärger."

7.2.4.2 Richtiges Verhalten bei einer Reklamation

Viele verärgerte Menschen wollen ihren Ärger im Stehen loswerden. Sollte der Klient aufgrund seines Ärgers sich noch nicht hingesetzt haben, so empfiehlt es sich, ihm die Zeit zu geben, sich zu äußern und damit zu beruhigen, bevor man einen erneuten Versuch startet, ihm einen Platz anzubieten. Bei einer Reklamation kommt es darauf an, zum richtigen Zeitpunkt mit einem entsprechenden Verhalten gegenüber zu treten.

- Dem Klienten gegenüber offen und freundlich sein
- Verständnis zeigen
- Dem Klienten Zeit geben
- Den Klienten nicht unterbrechen
- Sich nicht provozieren lassen

Eine angenehme Atmosphäre, etwas Abseits vom übrigen Geschäftsgeschehen ist förderlich, denn weder die anderen Klienten noch man selbst werden unnötig von der eigenen Konzentration auf die Beschwerde abgelenkt. Nur hier ist man erst in der Lage gezielt nachzufragen, wo das Problem liege, was denn Anlass der Beschwerde sei, um schließlich verschiedene Lösungsvorschläge entwickeln und anbieten zu können.

Hierzu gilt ein nicht gerade werbewirksamer Grundsatz:

„Lieber klotzen als kleckern."

Also:

Auf Basis der professionellen Sachlichkeit, wird dem Klienten Verständnis entgegengebracht, ihm Zeit eingeräumt, man lässt ihn ausreden. Mögliche Ärgeräußerungen, Wutausbrüche oder Provokationen sind verständnisvoll und als nachvollziehbar aufzugreifen:

„Es geht in Ordnung, wenn sie jetzt verärgert sind. (Wäre ich an Ihrer Stelle auch)."

Der Berater, der sich um die Reklamation kümmert, sollte sie auch bis zum Schluss bearbeiten, damit keine erneute und unnötige Missverständnisse mit einem Dritten (Kollegen) entstehen, und es wieder zu einer weiteren Verzögerung kommen könnte.

7.2.4.3 Vorbeugen einer Reklamation

Reklamationen lassen sich nicht generell vermeiden, aber viele können durch eine gute Vorarbeit im Beratungsgespräch vermieden und eventuell ausgeschlossen werden. Möglichkeiten zur Vorbeugung von Reklamationen können sein:

- Der Berater sollte immer klare Aussagen machen.
- Terminvereinbarungen anbieten.
- Keine unnötigen Angaben machen, wie lange eine Fassung ungefähr hält oder wie lange es dauert bis die Hartschicht Kratzer auf dem Glas aufweist.
- Die Wörter *eigentlich* und *Problem* können aus dem Wortschatz „eigentlich" gestrichen werden, denn sie liefern Missverständnisse, wie es in diesem Satz auch zum Ausdruck gebracht wird.

Beispiel:

„Eigentlich dürfte das kein Problem sein, die Brille kann bis dann und dann geliefert werden ..."

Und schon fragt der Kunde nach:

„Welche Probleme könnten auftauchen?"

Beispiel:

„Eigentlich geht es mir gut ...

Und der aufmerksame Zuhörer versteht die Botschaft zur Aufforderung nachzufragen, was ihn schließlich noch beschäftige.

Nicht übertreiben, den Sehkomfort eines hochwertigen Gleitsichtglases z.B. zu sehr anpreisen, denn meist werden dadurch falsche Vorstellungen und Erwartungen geweckt, die sich nicht erfüllen lassen und nur zu Enttäuschungen führen können.

Was geht beim Klienten im Reklamationsfall vor? **Der Klient ...**	**Wie muss sich der Berater im Reklamationsfall verhalten?** **Der Berater ...**
... fühlt sich mit seinen Problemen allein gelassen.	... ist Problemlöser, der gemeinsam mit dem Klienten eine Lösung findet und herbeiführt.
... ist unausgeglichen und überempfindlich.	... nimmt die Emotionen und die Reklamation sehr ernst.
... ist misstrauisch und zeigt eine abweisende Haltung.	... muss die Lage des Klienten und dessen Situation verstehen.
... ist aufgeregt.	... akzeptiert dessen Emotionen und gesteht ihm das zu.
... redet viel ohne Unterlass.	... lässt ihn ausreden und hört ihm bewusst und interessiert zu.
... akzeptiert keine Beschwichtigung, es entsteht ein Verärgerungsstau und schlägt sich in einer aggressiven Haltung nieder.	... ist freundlich und mindert in aller Regel damit die Klientenattacke!
... will Recht bekommen.	... gibt ihm Recht, denn es lohnt sich im Reklamationsfall, obgleich ein Klient nicht immer Recht hat.
... drängt auf Eile und ist voller Ungeduld.	... vereinbart Termine, begründet Verzögerungen, gibt relativ konkrete Zeitangaben.
... beruhigt sich, wird sachlich.	... macht sich Notizen zu Zusagen der Erledigung oder Weiterleitung.
... ist zufrieden.	... bedankt sich für die klare Information und Abklärung.

Tabelle: Komplementäre Verhaltensweisen von Klienten und Beratern

7.2.5 Positive Aspekte bei der Reklamationsbehandlung

Obgleich Reklamation oder Beanstandung im Allgemeinen als Negativwort und als Reizwort empfunden wird, ist eine Reklamation durch einen Klienten auch als eine positive Angelegenheit zu betrachten.

Folgende positive Aspekte tragen dazu bei, die persönlichen Einstellungen zu einer Reklamation angenehm zu bestärken:

- Reklamierende Klienten, die wieder in das Geschäft zurückkommen sind Klienten, die einem Berater noch *eine Chance bieten* und der Arbeit des Augenoptikers gegenüber grundsätzlich positiv eingestellt sind.
- Eine Reklamation gibt die Möglichkeit, bisher *verborgene Fehlerquellen zu erkennen* und auszuschalten. Sie können als Maßnahme zur *Qualitätssicherung* betrachtet werden, denn falsche Arbeitsabläufe können neu organisiert und Dienst- und Serviceleistungen verbessert werden.
- Reklamationen öffnen den Blick für bisher unbekannte *besondere Probleme*. Dies gilt v. a. im Bereich des Klientenservices und der Gesundheitsentwicklung des Individuums (Anamnese).
- Der Berater setzt sich noch besser mit den angebotenen Produkten auseinander, was zu einem *persönlichen Lernprofit* führt.
- Der Klient erhält einen Hinweis auf die verantwortungsbewusste Einstellung seines *Beraters bzw. seines Geschäfts*, was auch neue Aufträge nach sich ziehen kann.
- Reklamationen bringen eine *Verstärkung des persönlichen Kontaktes*. Mit ihnen lassen sich bessere Klientenbindungen erzielen.
- Eine gut erledigte Reklamation kann den zufrieden gestellten Klienten sogar veranlassen, für das Geschäft *Werbung* zu machen.

In einer Reklamation liegt also die Chance, die Beziehung zum Klienten zu verbessern. Wird sie schnell, korrekt und ruhig bearbeitet, bleibt das dem Klienten in guter Erinnerung und er trägt dieses Erlebnis im positiven Sinne weiter. Der weit verbreiteten Meinung:

„Wenn der Reklamierende sich nach der Erledigung der Beanstandung nicht mehr meldet, dann ist ja alles in Ordnung, dann wird er zufrieden sein.“

sollte man mit Vorsicht begegnen. Ob das in Wirklichkeit tatsächlich so ist, ließe sich leicht herausfinden, indem nach erfolgter Reklamationserledigung der Klient z.B. noch einmal angerufen, sich nach der Zufriedenheit, nach dem guten Sehen und dem Tragekomfort erkundigt und ihm „Alles Gute“ gewünscht wird.

Dies hat zwei entscheidende Vorteile:

- Der Reklamierende fühlt sich gut betreut.
- Der Berater stärkt über die Zufriedenheit des Klienten sein Selbstwertgefühl, den richtigen Weg eingeschlagen zu haben.

7.3 Zusammenfassung

Neben der Anwendung der aufgeführten Tipps und Regeln im Umgang mit Einwand, Reklamation und Preis ist es wichtig, dem Klienten mit persönlicher Natürlichkeit gegenüberzutreten. Er wird zudem das ihm entgegengebrachte Einfühlungsvermögen und die Ehrlichkeit zu schätzen wissen. Das spiegelt sich in der Zufriedenheit des Klienten wieder, der dem Berater oder dem Geschäft somit als treuer Klient erhalten bleibt.

Zum Abschluss des Themenbereichs „Die Reklamation" noch ein Zitat:

„Eine gut erledigte Reklamation wirkt wie ein guter Klebstoff. Das Ganze hält besser als zuvor." (H. Goldmann)

Wenn man sich bei der Reklamation den Kampf um Rechthaberei abgewöhnt, wird es kein Gewinner-/ Verlierer-Spiel mehr geben. Das Ziel ist eine Reklamation mit zwei Gewinnern. Daher ist es wichtig, sich mit den Reklamationen zu befassen und die Ursachen dafür zu erkennen.

Andererseits kann man die Reklamationsphase auch als die Fortsetzung des zuvor schon geführten Beratungsgespräches betrachten: Offensichtlich sind einige wesentliche Gesichtspunkte, die zur Zufriedenheit des Klienten führen, nicht beachtet worden oder sind nicht zur Sprache gekommen. Auf jeden Fall gibt der Klient mit seinen Reklamationen dem Berater die Chance zur Fortsetzung des Gespräches und als solche sollte man diese Redlichkeit des Klienten auch verstehen.

7.4 Übungen zu Kapitel 7

Die folgenden Übungsbeispiele sind in der Alltagspraxis durchzuführen. Sollte es Ihnen widerstreben, einmal so vorzugehen, fassen Sie Mut, denn nur im bewussten praktischen Erleben können Sie die Eigenarten der Gesprächsepisoden prüfen.

Übung 1

Bei einem der nächsten Einkäufe beharren Sie von Anfang an Ihres Gespräch darauf, dass Ihnen der Preis des Produktes genannt wird. Beobachten Sie dabei die Reaktionen des Beraters und überprüfen Sie, welche Informationen Sie erhalten.

Übung 2

Wenn der Klient den Preis einmal schon zu Anfang des Beratungsgespräches genannt haben will, kommen Sie diesem Wunsch einfach nach und beobachten Sie, um wie viel schwerer es sein wird, anschließend den Klienten von dem Preis zu überzeugen. Es spielt dabei keine Rolle, ob es sich um ein teures, hochwertiges oder um ein günstigeres Produkt handelt.

Übung 3

Wenn ein Klient zu Ihnen mit einer Reklamation kommt, so sollten Sie ihn loben und anerkennen, dass er mit Ihnen das Beratungsgespräch zwar nicht ganz freiwillig fortsetzt, aber immerhin Ihnen die Möglichkeit bietet, die möglichen Ursachen seiner Reklamation zu beheben.

Übung 4

Wenn Ihnen zum Schluss einer von Ihnen in Anspruch genommenen Beratung ein Verkäufer den Preis schließlich nennt, fragen Sie ihn, ob damit *alles inklusive* gemeint ist. Wird Ihre Frage bejaht fragen Sie nach: *„Wirklich alles inklusive?“* Wird sie abermals bejaht, dann zählen Sie alles auf, was Sie mit inklusiv alles meinen: Garantie, Serviceleistungen, regelmäßige Wartung, Umtauschrecht, Rückgaberecht, Mehrwertsteuer, etc.

Achtern Sie darauf, wie der Verkäufer auf Ihre Frage reagieren wird. >Da Sie rechtlich korrekte Dinge abfragen, sollte er stets freundlich und aufgeschlossen bleiben.

Übung 5

Überlegen Sie, was die Ursache war, dass Ihre Beratung schon einmal zu einer Reklamation durch Ihren Klienten geführt hat.

Übung 6

Anstatt den Preis eines Produktes zu rechtfertigen, fragen Sie Ihren Klienten, ob er denn die Gründe für die Höhe des Preises wissen will. Mit „Höhe des Preises“ ist in dieser Übung jeder Preis gemeint.

Übung 7

Warum sollte man die bei einer Reklamation oft zitierte Redewendung

„Der Kunde hat immer recht" ablehnen und als Unsinn betrachten?

Übung 8

Bedanken Sie sich bei Ihrem Klienten am Ende einer reklamativen Beratung für die wertvollen Hinweise, die er Ihnen mit seiner Reklamation gegeben hat.

7.5 Selbstkontrollfragen zu Kapitel 7

Zur Selbstkontrolle des Gelernten erhalten Sie eine Reihe von Testfragen.

Aufgabe 1

Welche Gründe sprechen dafür zu vermeiden, den Preis in den Mittelpunkt des Gespräches zu stellen.

Aufgabe 2

Welche Prinzipien sind im Preisgespräch zu berücksichtigen?

Aufgabe 3

Was wäre Ihrer Ansicht nach eine alternative Möglichkeit einen Streit um den Preis zu vermeiden, wenn Sie im Grunde dem Klienten ein Begleiter sein wollen?

Aufgabe 4

Nennen Sie 5 Beispiele für einen fehlerhaften Umgang mit der Preisargumentation.

Aufgabe 5

Was versteht man unter „semantischer Verkleinerung" bei der Preisnennung?

Aufgabe 6

Beschreiben Sie den Vorteil der Aufgliederungsmethode!

Aufgabe 7

Erläutern Sie das Grundprinzip der Herzmethode!

Aufgabe 8

Welche Formulierungen sollten vermieden werden, wenn kein Preisnachlass gewährt werden soll?

Aufgabe 9

Was ist unter Reklamation zu verstehen?

Aufgabe 10

Nennen Sie drei mögliche Ursachen für eine Reklamation.

Aufgabe 11

Welches sind die dominierenden Erwartungen des Klienten bei einer Reklamation?

Aufgabe 12

Warum spielen die Emotionen bei der Reklamation eine übergeordnete Rolle?

Aufgabe 13

Was bedeutet im eigentlichen Sinne der Begriff Reklamation?

Aufgabe 14

Welche Aussage über den Umgang mit dem Preis trifft am ehesten zu?

a) Der Preis sollte am Ende des Verkaufsgesprächs im Mittelpunkt stehen.
b) Der Preis wird am Anfang des Verkaufsgesprächs benannt.
c) Der Preis sollte immer ohne Anmerkung genannt werden.
d) Der Preis darf nicht im Mittelpunkt stehen.
e) Der Preis sollte möglichst gering sein.

Aufgabe 15

Der Begriff der Reklamation hat seine ursprüngliche Bedeutung und seine Grundlage in

a) technischen Fehlern
b) organisatorischen Mängeln
c) psychologischen Problemen
d) Widerspruch und Gegengeschrei
e) der Werbung

Aufgabe 16

Welches sind wichtige Punkte der Preisargumentation?

a) Sicheres überzeugendes Auftreten.
b) Keine Preisangst.
c) Gutes Fachwissen.
d) Klienten Nachteile sagen.
e) Mit dem Preis nicht argumentieren.

Aufgabe 17

Welche Aussage vermeidet man in der Reklamation?

a) „Das geht nicht!"
b) „Nein, niemals!"
c) „Das tut mir sehr leid, ich werde das Möglichste versuchen, Sie zufrieden zu stellen!"
d) „Ist ja halb so wild!"
e) „Ich verspreche Ihnen, ...!"

Aufgabe 18

Positives Verhalten während einer Preisargumentation wird zum Ausdruck gebracht durch...

a) Achtsame Beobachtung.
b) Offene Begegnung
c) Selbstbewusste Ausstrahlung
d) Genaue Informationspräsentation
e) Erbetenes Feedback

Aufgabe 19

Reklamationen sind zurückzuführen auf...

a) Falsche Menge
b) Optische Mängel
c) Servicemängel
d) Späte Lieferzeit
e) Einhaltung technischer Details

Die Lösungen zu den Selbstkontrollfragen finden sich in den Anmerkungen unter ([75])

8 Vom Anfang, von Pausen und vom Ende eines Gesprächs

„So knüpfen ans fröhliche Ende
den fröhlichen Anfang wir an."
A. F. von Kotzebue

Nach der kommunikationspsychologischen Überlegung von Watzlawik[76] besagt sein zweiter kommunikativer Grundsatz, dass es eigentlichen keinen Anfang und kein Ende in der Kommunikation gibt, sondern jeder Mensch interpunktiert[77] einen nicht enden wollenden Kommunikationskreislauf. Ein Beratungsgespräch ist davon nicht ausgenommen, dass es scheinbar irgendwann, recht unverhofft beginnt. Obgleich ein Klient *plötzlich* in der Beratung erscheint, „beginnt" das Gespräch bei beiden Gesprächspartnern eigentlich schon wesentlich früher.

Seitens des Beraters beginnt das Gespräch damit, dass er im öffentlichen Raum schon längst begonnen hat, mit seinen Mitmenschen zu kommunizieren durch seine nach außen gerichteten Präsentationsmaßnahmen, durch seine *explizite Selbstdarstellung* seiner Tätigkeit. Der Berater „spricht" bereits mit seinen potenziellen Klienten, in dem er sich beispielsweise die Frage stellt:

☞ Frage 1

„Spricht meine Werbung auch das erwünschte Klientel an?"

☞ Frage 2

„Welche Erwartungen haben meine Klienten?"

Seitens des Klienten beginnt das Gespräch damit, dass er von Beginn seines Lebens mit dem Bedürfnis ausgestattet ist, gut zu sehen und gut sehen zu wollen. Dieses Bedürfnis tritt aber in der Regel erst dann auf, wenn das visuelle Wahrnehmungserlebnis des Klienten beeinträchtigt ist. Die Klienten suchen erst dann den

Optometristen auf, wenn die Beeinträchtigung der visuellen Leistungsfähigkeit ihnen ins Bewusstsein gekommen ist und sie selbst Maßnahmen ergreifen möchten, um diesen Missstand zu beenden. Dann erst stellt der Klient die Frage: *„Wo ist er, der Optometrist, von dem ich den notwendige Unterstützung zum Guten Sehen bekommen kann?"*

In diesem Kapitel wird die *persönliche Begegnung* mit einem Rat suchenden Klienten unter kommunikationspsychologischen Aspekten zu Beginn des Gesprächs, mit den Facetten der Gesprächspausen und mit der vorläufigen Beendigung des Gespräches in den Vordergrund gestellt.

8.1 Der Anfang und seine Kriterien

In der Anbahnungs- oder Kontaktphase geht es zunächst darum, das Gespräch zu eröffnen. In der Kontaktphase wird eine Verbindung zwischen zwei Menschen zum Zwecke der Kommunikation, des Informationsaustausches und der emotionalen Beziehung hergestellt. Sie beginnt in der Regel mit einem *Blickkontakt* zwischen den beiden Gesprächspartnern.

Bereits in diesem Gesprächsabschnitt wird die Anbahnung nach dem *Pygmalion-Effekt*[78] beeinflusst: Die positive oder negative Ausstrahlung beider Gesprächspartner zu einander bestimmt den weiteren emotionalen Kontakt. Die Ausstrahlung beruht zunächst auf den persönlichen Vorstellungen, Einstellungen und Erwartungen, denen entsprechend man sich seinem Gegenüber bereits verhält. Für den Gesprächspartner wird eine affektive Vertrauensbrücke geschaffen. Die wechselseitigen Musterungen des äußeren Erscheinungsbildes der Körperbewegungen und der Körpersignale, die wechselseitig gesendet und empfangen werden, sind die nonverbale Kommunikation. So wird in der Regel mit nonverbaler freundlicher Offenheit dem Gesprächspartner Sympathie entgegen gebracht und Interesse gezeigt.

Mit Charme und einer persönlichen Ausstrahlung hinterlässt jeder Gesprächspartner einen ersten – hoffentlich guten – Eindruck bei seinem Mitmenschen. Dieser Eindruck wird verstärkt, indem man mit einer grundsätzlich offenen und zugewandten Haltung und mit einem entgegenkommenden Lächeln eine freundliche Begrüßung – frei von übertriebener Herzlichkeit oder ablehnender Distanz – folgen lässt. Die Begrüßung ist zugleich die Einladung an den Gesprächspartner, sich in dem folgenden Gespräch wohl zu fühlen.

Das ist die Phase des sprichwörtlich *ersten Eindrucks*, die unbewusst wahrgenommen wird. Dass er aber in den ersten drei Sekunden eines Aufeinandertreffens geschehen soll, ist eine markiger Spruch einer Verkaufsideologie, der je wissenschaftlich bewiesen wurde.

8.1.1 Die Emotion in der Eröffnungsphase

Mit dem ersten Eindruck ist allerdings noch kein Gespräch eröffnet. Der inhaltliche, thematisch orientierte Anfang bereitet dem Gesprächspartner oftmals mehr Schwierigkeiten, als allgemein angenommen wird.

Die Annahme, es handle sich eigentlich 'bloß' um so eingeschränkte Themenbereiche wie die Entscheidung zwischen Brille oder Kontaktlinsen, die Auswahl von Fassung und Gläsern, übersieht die psychologische Bedeutsamkeit des Brilletragens sowie das psychische Erleben des menschlichen Grundbedürfnisses *Gutes Sehen*. Mit dem Bedürfnis nach gutem Sehen assoziieren (verknüpfen) die meisten Menschen immer noch die verschiedensten Auswirkungen auf ihren gesamten persönlichen Bereich. Was für den augenoptischen Berater bekannt, vertraut und selbstverständlich ist, bekommt für seine Klienten eine emotional-affektive und spannungsgeladene Wichtigkeit, die sowohl den Redebeginn positiv oder negativ beeinflussen, den weiteren Verlauf des Gesprächs bestimmen kann sowie eine zufrieden stellende Abschlussphase erwarten lässt. Manche Klienten geben sich vor ihrem Gang zum Augenoptiker *Wunschvorstellungen* oder *Befürchtungen* hin, was sie erwarten könnte: Dieses Phänomen nennt man *Schwellenangst*[79]. Die Intensität ihrer Befürchtungen und ihrer Wunschvorstellungen entscheidet über den Schweregrad der Schwellenangst. Ihren Besuch beim Augenoptiker oder Augenarzt erleben viele Menschen als eine ungewohnte, psychisch belastende Situation, die auch Angst vor der Ungewissheit auslösen kann, was auf sie zukommt. Der Grund dafür ist die praktisch erlebte Erfahrung ihres nachlassenden visuellen Leistungsvermögens.

Entgegen dem allgemeinen Trend in der Augenoptik, die modischen Aspekte des Brilletragens in den Vordergrund zu stellen, bleibt festzuhalten, dass das gute Sehen, das optimale Augenlicht, zu den physiologischen und psychischen Grundbedürfnissen[80] des Menschen gehört. Diese Grundbedürfnisse werden auch als Defizitbedürfnisse bezeichnet, da sie dem Menschen erst dann ins Bewusstsein treten, wenn die Beeinträchtigungen beim Sehen physisch und psychisch erlebt werden und der Mensch danach strebt, diese Mangelerscheinungen zu beheben.

Die von Kindheit an erworbenen und gelernten Verhaltensmuster beruhen fast alle auf der Koordination der motorischen und visuellen Entwicklung psychischen Erlebens unter Aspekten der entwicklungspsychologischen Integration des Gehirns, auch wenn dem Menschen das nicht bewusst ist. Auf der Stufe des situativen Erlebens und Verhaltens kann sich jeder Mensch selbst davon mit folgender Übung überzeugen:

Übung:
Legen Sie eine Licht ausschließende Augenbinde um die Augen und bemühen Sie sich, sich genauso unbefangen zu bewegen wie als Sehender. Achten Sie besonders auf den Bewegungsablauf und wie sich Ihre Augen durch spezielle Augenbewegungen bemühen, etwas „wahrzunehmen“.. Notieren Sie anschließend die Erfahrungen und vergleichen Sie sie mit den Erfahrungen als sehender Mensch.

Die Beeinträchtigung und Einengung des Sehvermögens, die darüber hinaus andere unangenehme körperliche Befindlichkeiten nach sich ziehen, verunsichern und beunruhigen viele Klienten, vor allem Erstbrillenträger. Ist die Sehkraft optisch korrigiert ist, die visuelle Leistungsfähigkeit wieder hergestellt ist und stellt sich eine subjektiv erlebbare physiologische und psychische Zufriedenheit ein, ist der Klient im Grunde offen für die Fragen des guten Aussehens! Was nützen alle schönen und modischen Fassungen, wenn motivationale Ziele der psychischen Dimension des guten Sehens nicht erreicht und zufrieden gestellt wurden?!

Bei der Kontaktaufnahme mit dem Klienten ist von Anfang an hohe Sensibilität seitens des augenoptischen Beraters von Nöten. Die berühmten ersten Sekunden und Minuten der Kontaktaufnahme sind also vor diesem Hintergrund, dass das *psychische Grundbedürfnis* des guten Sehens eine Befriedigung erwartet, von entscheidender Bedeutung und können den gesamten Gesprächsverlauf entweder in eine erwünschte oder unerwünschte Richtung lenken.[81]

8.1.2 Besonderheiten zu Beginn

Eine wesentliche Voraussetzung ist das Umfeld der Gesprächs- oder Beratungssituation. Die durch störungsfreie *Beratungszonen* geprägte Atmosphäre erleichtert den Gesprächseinstieg, und signalisiert dem Klienten, dass man sich ausschließlich auf ihn einstellt. So verbietet es sich gerade zu, Bedarfanalysen und Anamnesegespräche am Tresen, stehend am runden Tisch oder an vom Schaufenster einsehbaren Anpasstischen durchzuführen.

Den Gesprächsanfang begünstigen Verhaltensweisen des Beraters, die seinem Gesprächspartner Bereitschaft, aufmerksame Zuwendung sowie das einfühlsame Verstehen (Empathie) bekunden.

Zur Vorbereitung auf die Gesprächssituation sollten nach Möglichkeit Informationen und Kenntnisse über den zu erwartenden Gesprächspartner vorliegen. Diese über den Gesprächspartner informativen Grundlagen zur Gestaltung eines Gesprächs können bereits im Vorfeld gesammelt und vorbereitet sein.

Je nach Klient oder Mitarbeiter, je nach Situation und je nach Anliegen bieten sich dazu alle konstruktiven Fragetypen und Gesprächsverhaltensweisen an, die in den entsprechenden Kapiteln aufgeführt sind.

Prinzipiell hat der Berater die Signale zu beobachten und zu erkennen, welche die Klienten mit ihren verbalen und nichtverbalen Äußerungen zu Gesprächsbeginn aussenden, denn diese geben einen Hinweis auf den weiteren Gesprächsverlauf.

Der Beginn eines Gesprächs kann durch destruktive Verhaltensweisen, wie zum Beispiel bestimmte Fragetypen oder Gesprächsstile, stark beeinträchtigt werden. In der nebenstehenden Tabelle sind einige Varianten der Signale auf beratender wie auf betrieblicher Ebene beschrieben, wie der Beginn eines Gespräches verlaufen kann. In der Praxis gibt es sicherlich noch wesentlich mehr ausgefallene und auffällige Situationen.
Solche (un-)gewöhnlichen Eröffnungssituationen sollten von jedem, der in einer beratenden oder auch nur verkaufenden Funktion tätig ist, antizipiert (gedanklich vorgestellt) werden, damit beim Eintritt eines entsprechenden Ereignisses angemessen darauf reagiert werden kann. Welche Formen des Gesprächs als angemessen erscheinen, werden im Abschnitt 8.4 Praktische Anregungen, Seite 276 beschrieben.

Signale auf beratender Ebene:

- Der Klient kommt *zögernd* herein und steht schüchtern herum.
- Der Klient verfällt nach der Begrüßung in *Schweigen.*
- Der Klient zeigt gleich zu Anfang eine *Nervosität.*
- Der Klient kommt forsch und aufdringlich herein, er brauche *sofort* eine Unterstützung.
- Der Klient kann sich sprachlich nur *schwer verständlich* machen.
- Der Klient beginnt sogleich über sein Sehvermögen zu *klagen.*
- Der Klient redet allgemein, ausschweifend und *umständlich.*
- Der Klient hat *Mühe*, einen Anfang zu finden.
- Der Klient beginnt mit einem *Redeschwall.*
- Der Klient breitet seine *Produktkenntnisse* aus.

- **Signale auf betrieblicher Ebene:**

- Der Mitarbeiter *kommt herein gestürmt* und fängt an zu schimpfen.
- Der Mitarbeiter, der hereingebeten wurde, *schaut* zum Fenster *hinaus,* gibt sich teilnahmslos.
- Der Mitarbeiter redet über das *schöne Wetter.*
- Der Mitarbeiter *schimpft* sofort über einen Kollegen.
- Der Mitarbeiter schlägt einen *vorwurfsvollen* aggressiven Ton an.

Übung:
Schließen Sie zunächst die Augen und stellen Sie sich dann eine Situation vor, in der ein Klient zügig das Augenoptikergeschäft betritt, auf Sie zukommt und seinem Ärger Luft lässt. Was sagen Sie ihm, wenn Sie ihm emphatisch begegnen wollen?

8.2 GESPRÄCHSPAUSEN

Pausen gibt es viele, Anlässe auch, doch selten werden sie zur Pflege der eigenen Gesundheit und des Nachdenkens genutzt.

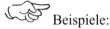

☞ Beispiele:
„Mach mal Pause - ...“
„Verschnaufpause“
„Denkpause“
„Ruhepause“
„Lernpause“
„Arbeitspause“

Im Allgemeinen gelten Pausen als jene Abschnitte des Tages, wo gewöhnlich „nichts“ getan wird. Das ist zwar ein Trugschluss, aber...!

Eine Gesprächspause[82] ist ein bestimmter, immer wiederkehrender Abschnitt in einem Gesprächsablauf. Sie wird oft als eine Art unfruchtbare Unterbrechung des Gesprächsverlaufes betrachtet.

Ursachen von Gesprächspausen

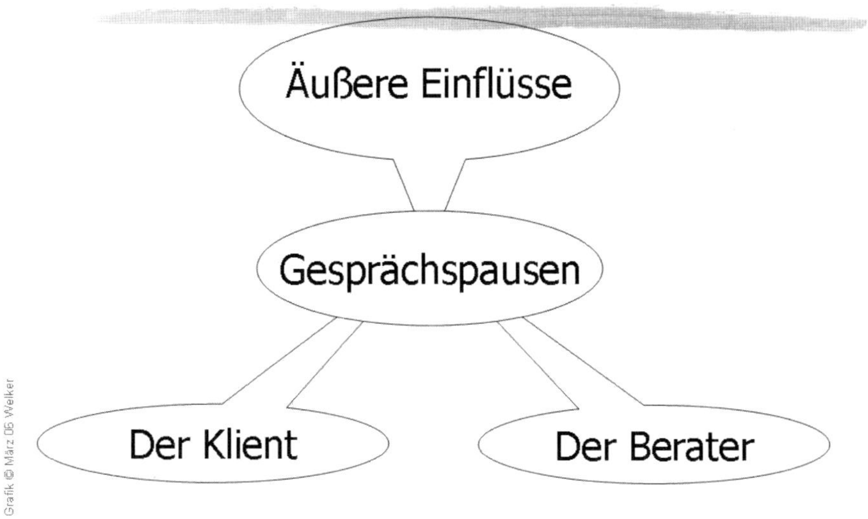

Eine Vielzahl von Ursachen kann Pausen innerhalb eines Gespräches entstehen lassen. Die Ursachen sind in ihren Wirkungen jedoch recht unterschiedlich zu bewerten:

Aus den unterschiedlichsten Gründen, denen im Einzelnen stets nachgegangen werden muss, können Gesprächspausen

- scheinbar unproduktiv sein, d.h. ein Gespräch hemmen, oder
- fruchtbar und nützlich für den Gesprächsverlauf sein.

Im Folgenden werden zunächst einmal allgemeine Gründe für Gesprächspausen zusammengetragen und anschließend der negative und der positive Umgang mit Gesprächspausen erläutert.

8.2.1 PAUSEN UND IHRE URSACHEN

Neben äußeren Störeinflüssen liegen die Gründe für Pausen in der Person des Klienten sowie in der Person des Beraters.

8.2.1.1 DIE ÄUßEREN EINFLÜSSE

Zunächst sind diejenigen Pausen zu betrachten, die in der Regel aufgrund äußerer Einflüsse eintreten können. Solche äußere Einflüsse sind insbesondere die räumliche Beratungssituation, die Beratungszeit, das Be-

Ursachen von Gesprächspausen

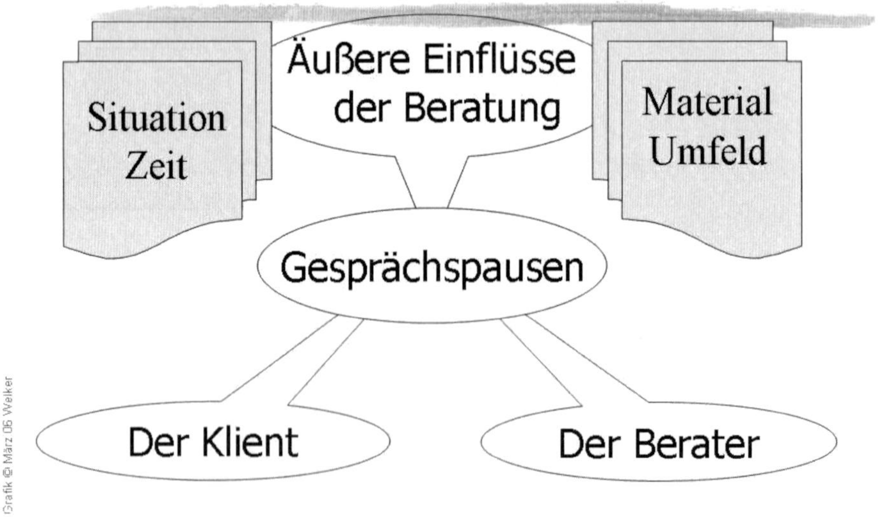

ratungsmaterial und das soziale Beratungsumfeld.

Beratungssituation und -Zone:

Die *Beratungssituation* und die *Beratungszone* selbst können bereits gesprächsstörende und pauseninduzierende Faktoren sein, wenn sie ungenügend vom übrigen Geschäftsbereich abgeschirmt sind. Beobachtbare und von anderen Menschen von außen einsehbare und wahrnehmbare Ereignisse innerhalb und außerhalb der Beratungszonen lenken zum einen die Aufmerksamkeit der Gesprächspartner ab und können ein Gespräch nachhaltig unterbrechen. Zum andern können sie eine ungewollte Gesprächspause entstehen lassen aufgrund der Tatsache, dass Klienten sich beobachtet fühlen. Die *Beratungszone,* der Raum, in welchem die Beratung stattfinden sollte, muss zumindest frei von Lärmbelästigungen und mit angemessenen Lichtverhältnissen (d.h. Tageslichtverhältnisse) ausgestattet sein.

Beratungszeit – Zeit:

Eine für den Klienten ungünstig gewählte *Beratungszeit* kann ihn unter Zeitdruck setzen, so dass zeitbedingte Pausen entstehen. Die Tageszeit spielt dabei ebenso eine Rolle wie der Zeitpunkt im Verhältnis zur gerade beendeten Arbeitszeit.

Kommt der Klient morgens vor seiner Arbeit noch eben ins Geschäft herein, kann die nicht eingehaltene Terminrahmenvereinbarung zwischen ihm und dem Berater zu unerwünschten Pausen führen, weil Klienten in dieser eiligen und hektischen Situationen den Versuch beginnen, sich auf Verkürzungstaktiken einzustellen.

Arbeitet der Klient am Bildschirmarbeitsplatz und kommt er nach der Arbeit zur Beratung, entstehen Pausen aufgrund von Ermüdung und speziellen Sehbelastungen, weswegen er den notwendigen Untersuchungsaufgaben nur schwer nachkommen kann.

Beratungsmaterial – Material:

Nicht stimmige Ladeneinrichtung sowie Präsentationsmaterialien, Hilfsmittel zur Augenüberprüfung, die nicht in greifbarer Nähe liegen, können zu unerwünschten Pausen führen.

Beratungsumfeld – soziales Umfeld:

Eine Unterbrechung durch Kollegen, der Ruf zum Telefon, eine nicht gewünschte Einmischung eines anderen Kollegen oder gar des Vorgesetzten in den Beratungsverlauf, die Bedienung eines anderen Klienten, ungebetene Zuhörer sowie auch die Anordnung der Sitzgelegenheit sind Beeinträchtigungen, welche unliebsame Gesprächspausen hervorrufen können.

8.2.1.2 Gründe in der Person des Klienten

Die Gestaltung von Gesprächspausen wird in aller Regel durch die Gesprächspartner selbst vorgenommen. So lassen sich die Einflüsse allgemein nach den Beteiligten, ihren Zielen und persönlichen Anliegen sowie den jeweiligen persönlichen Befindlichkeiten und gesundheitlichen Zuständen unterscheiden.

Auf Seiten des Klienten können viele Ursachen ausfindig gemacht werden:

- Gesprächspausen können Ausdruck einer allgemeinen Kontakt- und Redehemmung sein. Einer Redehemmung liegen meist eine mangelnde gedankliche Klarheit und eine geringe sprachliche Ausdruckskraft zugrunde. Dem Gesprächspartner fehlt in diesem Zusammenhang die Möglichkeit zur eigenen Mitarbeitsleistung, zur Komplianz und zur Kooperation.
- Eine Pause kann Ausdruck einer belastenden Thematik sein, dass der Klient mit einem wichtigen Gedanken und Gefühl beschäftigt ist und sich momentan nicht äußern möchte. Die Thematik kann für ihn im Augenblick abgeschlossen sein, oder er befindet sich in der Phase einer für ihn kritischen Entscheidung. Das angesprochene Thema hat ihn nachdenklich gestimmt, ist ihm zu persönlich oder peinlich geworden.
- Nicht selten benötigen Klienten eine Pause, um neue Erkenntnisse, Eindrücke oder Gefühle zu verarbeiten, um ihren spontanen Einfall, ihre unerwartete Assoziation formulieren zu können. Haben sie eine neue Erkenntnis, Einsicht oder ein neues Thema gewonnen, welches ihnen von Bedeutung ist, so bleibt es nicht aus, dass die neuen Gedanken erst einmal in eine sprachliche Form gebracht werden müssen, be-

Ursachen von Gesprächspausen

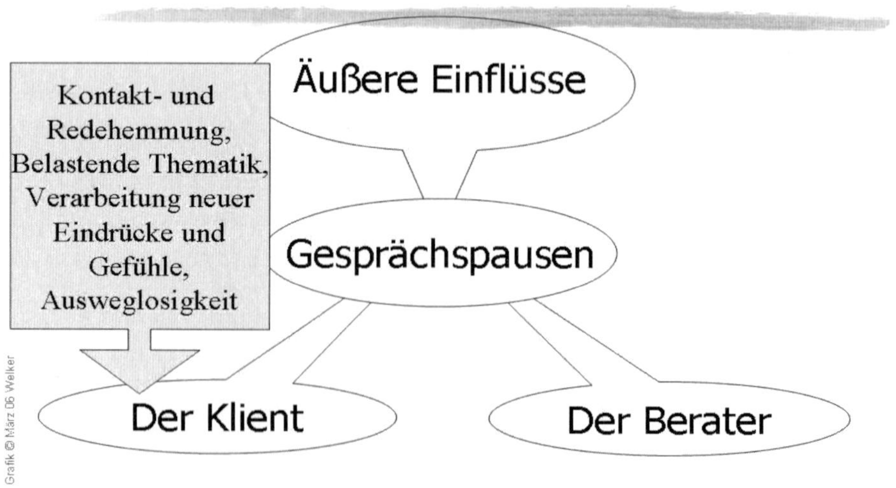

vor sie ausgesprochen werden können – es entsteht die Pause zum Nachdenken.

- Die Pausen können auch signalisieren, dass Klienten sich einer emotionalen Belastung ausgesetzt sehen. Wenn sie zum Beispiel keinen Ausweg oder keine Lösung finden, keine Worte finden oder sich nicht zu widersprechen trauen, resignieren sie und steigen innerlich aus dem Gespräch aus. Dem Berater könnten sie (zu Recht oder Unrecht) misstrauen, ihm einen Widerstand, eine Abneigung entgegenbringen, aber auch eine überstarke Sympathie kann hemmend wirken.
- Müdigkeit und momentane Unkonzentriertheit sind ebenso zu berücksichtigen, wie das Phänomen, dass Klienten sich durch einen überfüllten Laden bedrängt fühlen und einen Widerstand gegenüber ungebetenen Zuhörern empfinden. Die Klienten empfinden manchmal auch die ungünstigen äußeren Umstände (Ladeneinrichtung, Sitzordnung, Lärmbelästigung und Lichtverhältnissen usw.) als unangenehm, die sie verstummen lassen.
- In Reklamationsphasen schließlich kann eine Pause auch die "Stille vor dem Sturm" bedeuten, der nach wenigen Augenblicken eine emotionale "Explosion" (Aggression und Wut-, Betroffenheits- und Tränenausbruch usw.) folgen könnte.

8.2.1.3 URSACHEN IN DER PERSON DES BERATERS.

Die Ursachen von Gesprächspausen, die in der Person des Beraters liegen, können identisch mit denen eines Klienten sein.

Meist liegen jedoch bei denjenigen Personen, die eine bestimmte Funktion in der Beratung zu erfüllen haben, spezifische Gründe für Pausen vor.

So unterliegen Berater auch den persönlichen Erlebnissen ihrer Sympathie oder Antipathie gegenüber den Klienten. Es kommt vor, dass sie aus Furcht und Unsicherheit vor dem Klienten oder aber auch aus Überheblichkeit schweigen.

Das kann vor allem dann der Fall sein, wenn Berater

- die Vorstellung haben, der Klient könnte ihnen in der Argumentationsweise überlegen sein.
- sich vom Klienten nicht akzeptiert fühlen.
- sich vom Klienten bedroht und angegriffen fühlen.

Die Ursachen für diese *emotionalen Barrieren* können sein:

- gelernte Hilflosigkeit[83], d.h. im Vordergrund stehen Verhaltensweisen der Ehrfurcht, die man einer vermeintlichen Autorität entgegen zu bringen habe.
- Unterlegenheitsgefühle, die dann auftauchen, wenn man von sich glaubt, seinem Gesprächspartner nicht ebenbürtig zu sein oder

Ursachen von Gesprächspausen

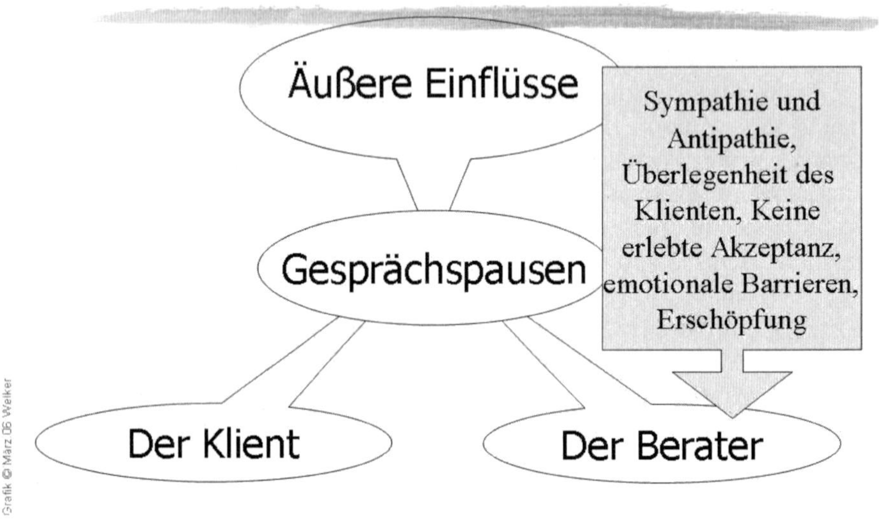

- überstarke emotionale Sympathieerlebnisse oder -bezeugungen,
- übertriebene Erwartungshaltungen (Perfektionismus) an sich selbst.

Der Berater kann auch müde, enttäuscht oder gekränkt sein. Oft kommt es vor, dass der Berater aus Gründen der *Selbstbehauptung* oder Taktik schweigt, etwa nach dem Motto: *'Wenn ich nichts sage, sage ich auch nichts Falsches'*. Bei wenig aufgeschlossenen und gesprächsbereiten Klienten kann sich ein Berater oft unsicher fühlen, weil er nicht weiß, was der Klient will, und er aus diesem Grunde keinen Zugang zu ihm findet. Auch Gleichgültigkeit und Desinteresse dem Klienten gegenüber können Ursachen für Pausen sein.

Von einem sinnvollen Verhalten zur Gestaltung von Pausen spricht man, wenn der Berater sich dem Verhalten adäquat anpassen kann, sich zum Beispiel dem Schweigen seines Klienten anpasst, weil er dieses für nützlich hält und dem Klienten eine Denkpausen einräumen möchte.

8.2.2 Einer Pause ist viel abzulauschen

In der Umgangssprache gibt es eine Vielzahl von Redewendungen, welche die Besonderheit von Pausen meist in Verbindung mit Schweigen, Stille und Ruhe hervorheben. Man spricht in diesem Zusammenhang von „geheimnisvollem Schweigen“, „knisternder Stille“, „wohltuender Ruhe“, angenehme Geduld“, etc.

In der Tat ist es so, dass einer Pause viel Unausgesprochenes abgelauscht werden kann und in der Erkenntnis der Qualität von Pausen der Umgang mit ihnen entsprechend gestaltet werden kann.

8.2.2.1 Negativer Umgang mit Pausen

Von einem negativen Umgang mit Gesprächspausen spricht man dann, wenn ein Berater eine Pause nicht zum unmittelbaren Nutzen des Klienten einleitet.

Als Ausdruck eines negativen Umgangs mit Gesprächspausen können in einer augenoptischen Beratung folgende unerwünschte Verhaltensweisen qualifiziert werden, die entweder eine Pause überspielen oder sie ungewollt einleiten.

Es gibt eine Reihe von Verhaltensmustern zum kontraproduktiven Umgang mit Pausen, die bei beiden Gesprächspartnern gleichermaßen vorkommen können. Der Berater sollte sich diese Verhaltensmuster stets bewusst machen, um sie zumindest für sich zu vermeiden bzw. auf die des Gesprächspartners eingehen zu können.

Negative Wirkungen mit Gesprächspausen

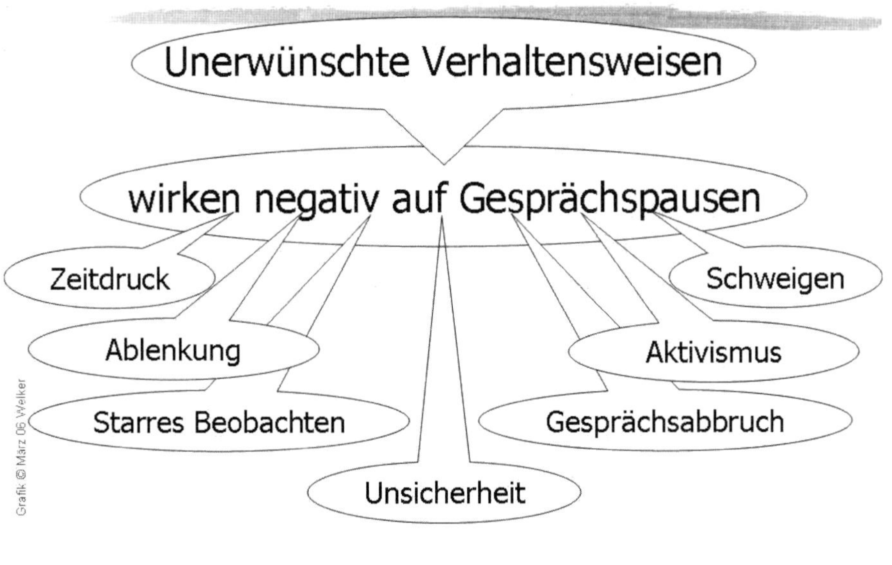

Skizzen entsprechender Verhaltensmuster:

1. Unsicherheit – sich festhalten:

Ausdruck von Unsicherheit lässt sich vielfach in verlegenen und unsicheren Bewegungen ablesen. Dazu können gehören: Beine übereinander schlagen, Arme kreuzen, zur Zigarette oder Kaffeetasse greifen oder andere auf dem Anpasstisch liegende Gegenstände aufgreifen, auf die Uhr schauen, sich unruhig auf dem Stuhl oder Sessel bewegen, unruhig, neugierig oder gelangweilt umherschauen.

2. Abschweifen – ablenken

Sich aus der Gesprächssituation innerlich oder äußerlich entfernen. Dazu können gehören: in Gedanken abschweifen, über zurückliegende Gesprächsinhalte nachdenken, an persönliche Dinge denken; am Gesprächspartner vorbeischauen, aufstehen und während des Gespräches andere Personen begrüßen, zum Telefon gerufen werden bzw. sich zum Telefon rufen lassen.

3. Starres Beobachten – fixieren

Den Gesprächspartner direkt anschauen und ihn fixieren, was einen Erwartungs- und Leistungsdruck bei ihm bewirken kann. Der Gesprächspartner ist irritiert. Aus Verlegenheit fängt er an zu sprechen oder es passiert auch das Gegenteil, er verstummt zusehends. Grundsätzlich ist es ratsam, abzuwarten bis der Gesprächspartner die Pause beendet und dem Gespräch eine sinnvolle Richtung gibt.

4. Abbruch – vorzeitig beenden

Die Pause selbst vorzeitig beenden: Ein früheres Gesprächsthema aufgreifen, ein neues Thema anschneiden, für den Klienten spontane Fragen stellen („*Was ich schon lange fragen wollte ...*", *"Was ich noch fragen wollte ..."*). Dem Gesprächspartner zeigen, wie erfahren, klug und nützlich man ist.

5. Zeitdruck – gehetzt wirken

Unter Zeitdruck stehen, die Pause als einen unproduktiven Gesprächsabschnitt verstehen und deshalb aktivistisch und autoritär "weitermachen", sich von einem irrationalen Erfolgsdrang leiten lassen. Diese Einstellung ist unter dem Gesichtspunkt „Zeit ist Geld“ weit verbreitet. So wird dem Gesprächspartner signalisiert, dass man keine Zeit „verschwendet“ und v. a. nicht die des Gesprächspartners.

6. Aktivismus – rastlos sein

Um Pausen zu überbrücken ist es beliebt, zu irgendeiner Aktivität zu greifen, um rastlos Schwierigkeiten, eine eventuelle Ausweglosigkeit der Situation des Gesprächspartners oder die eigene Ratlosigkeit zu überspielen. Die Flucht in „Vielrederei“ oder unproduktive Witzeleien bringen für die Beratung allerdings wenig ein.

7. Sich im Schweigen üben

Sich im unmotivierten Schweigen zu verlieren und zu verirren, bewirkt ziemlich rasch, dass bei einer länger andauernden oder unvorbereiteten Pause kein neuer Gesprächsansatz gefunden wird. Die Pause wird zwangvoll und belastend erlebt, weil ein Grund für das Schweigen nicht erkennbar ist.

8.2.2.2 PAUSEN – POSITIV GESTALTEN

Etliche positive Pausen gestaltende Verhaltensweisen bieten eine Anregung für einen sinnvollen und nützlichen Umgang mit Pausen. Sie werden im Folgenden mit praktischen Formulierungshilfen begleitet:

1. Erinnern – Transparenz

Der Berater sollte sich an die Gründe erinnern, die den Klienten zu einer Pause veranlassen können und sich bewusst machen, wie er selbst die Gesprächspause erlebt: geduldig oder unruhig, gleichgültig oder aufmerksam, geruhsam oder hektisch. Die Notwendigkeit einer Pause sollte transparent gemacht und verbal explizit gewährt werden.

Beispiele konkreter Artikulationsmöglichkeiten:

"Sie können sich ruhig eine Pause gönnen."

"Sie/Wir können gerne eine kleine Pause einlegen."

Positive Wirkungen von Gesprächspausen

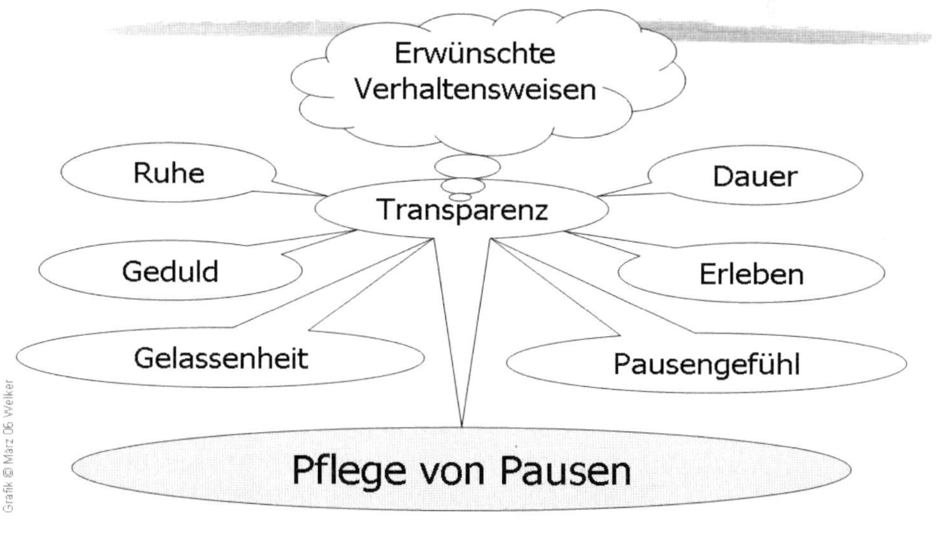

2. Gedulden – Ruhe

Von wesentlicher Bedeutung sind Ruhe und Geduld. Auffällige und hektische Bewegungen sowie eiliges Sprechen können Klienten nervös machen. Sie sind zu vermeiden. Die Aufgabe des Beraters ist es, geduldig abzuwarten und sein Gegenüber ruhig anzublicken, bis der Gesprächspartner sein Thema findet, oder dort fortfährt, wo er gerade stehen geblieben ist.

Beispiele konkreter Artikulationsmöglichkeiten:

"..." (Abwarten)

"Lassen Sie sich ruhig Zeit."

"Möchten Sie die Beratung kurz unterbrechen?"

„Nehmen Sie sich ruhig Zeit."

3. Nachvollziehen – Gefühl für Pausen

Es empfiehlt sich, sich in die Situation des Klienten zu versetzen, um herauszufinden, was in ihm vorgeht, was sein aktueller Stand, sein Ziel und seine augenblickliche Gefühls- und Erlebenslage ist. Diese kann einmal mehr allgemein oder auch mehr spezifisch-konkret artikuliert werden.

Beispiele konkreter Artikulationsmöglichkeiten:

"Ich versuche mir vorzustellen, wie Sie diese Pause erleben."

"Ich weiß nicht genau, ob Sie diese Pause eher störend oder eher angenehm empfinden?"

"Ich habe das Gefühl, diese Pause ist nützlich und schöpferisch; verstehe ich Sie so richtig?"

Weitere konkrete Artikulationsmöglichkeiten:

"Nehmen Sie sich ruhig Zeit zum Nachdenken."

"Sie können in Ruhe die Fassungen noch einmal der Reihe nach ausprobieren."

"Wenn ich Sie recht verstehe, ist Ihnen diese Pause angenehm."

"Ich denke mir, während einer Pause könnten Ihnen vielleicht neue Ideen kommen."

4. Erklären – Gelassenheit.

Manchmal ist es hilfreich, kurz zu erklären, dass Pausen zur Beratung gehören und nicht krampfhaft überwunden werden müssen. Das explizite Zulassen von Gesprächspausen erlebt der Klient als achtsam und sie bewirkt bei ihm Ruhe und Gelassenheit.

Beispiele konkreter Artikulationsmöglichkeiten:

"Ich weiß nicht genau, ob Ihnen diese Pause nützlich ist."

"Ich möchte gerne, dass Sie in Ruhe überlegen können."

5. Begrenzen – Dauer

Die Dauer von Gesprächspausen sollte allerdings so bemessen sein, dass kein Gefühl von „Sich-selbst-überlassen-sein" entsteht. Der Klient muss bei Pausen das Gefühl haben, dass er jederzeit mit dem Berater wieder einen Kontakt aufnehmen kann. Für den Berater bedeutet dies, dass er sich nicht der Beratungssituation entziehen kann, um die Pause für irgendeine andere Tätigkeit oder Angelegenheit nutzen zu können. Die schlichte Anwesenheit des Beraters in einer kleinen Pause erlebt ein Klienten angenehm.

Beispiele konkreter Artikulationsmöglichkeiten:

"Möchten Sie dort weitermachen, wo wir gerade stehen geblieben sind?"

"Möchten Sie nun mit einer neuen Auswahl von Fassungen beginnen?"

"Ich schlage Ihnen vor, zur Erholung von der Fassungsauswahl eine kurze Pause vor der Besprechung über die Gläser einzuschieben."

8.2.3 Zusammenfassung zur Gesprächspause

Wenn erkannt wird, welche Bedeutung und Qualität die Pausen in einem klientenorientiertem Gespräch haben, so kann im Grunde ein negativer Umgang mit Pausen vermieden werden und ein positiver Umgang gestützt werden.

Als *negativer Umgang* mit Pausen lassen sich solche Merkmale charakterisieren, mit denen dem Klienten ein Gefühl von Druck und Eile signalisiert wird. Insbesondere sind es Verhaltensweisen der Unsicherheit, Ablenkung und Unkonzentriertheit sowie Starrheit und rigides Denken. Ebenso unangenehm werden Pausen erlebt, wenn sie vorzeitig beendet werden, wenn der Berater gehetzt oder rastlos wirkt und in Aktivismus verfällt oder sich in überheblichem oder herablassenden Schweigen gefällt.

Von einem *positivem Umgang* mit Gesprächspausen spricht man im Zusammenhang mit einer wohltuenden und angenehmen Erholung, welche die Pause ermöglicht. Dazu gehören vor allem Verhaltensweisen, die den Klienten transparent sind.

- Klienten deutlich die Möglichkeit bieten, eine Pause wahrnehmen zu können;
- In der Pause selbst Geduld und Ruhe ausstrahlen;
- Das angenehme Pausengefühl nachvollziehen lassen;
- Mit Gelassenheit Pausen nicht voreilig begrenzen.
- Die Dauer unnötigerweise einschränken, aber auch nicht zu lange ausdehnen.

8.3 Das Ende und seine Kriterien

Die Beendigung eines Gespräches wird in der Regel mit einer freundlichen Verabschiedung vollzogen. Damit wird die Anerkennung des Gesprächspartners signalisiert und der Hoffnung Ausdruck verliehen, dass er in seinen Anliegen und Bedürfnissen zufrieden gestellt werden konnte.

Die *Abschlussphase* folgt dem Anamnese gestützten, bedürfnisgerechten, nutzenorientierten und auf den Klienten zugeschnittenen Beratungsgespräch. Sie wird mit der (Kauf-) Entscheidung des Gesprächspartners eingeleitet. Diese Entscheidung sollte vom Berater bestätigt werden. Bei dieser Bestätigung der Entscheidung werden die Motive und der Anlass der Beratung aufgegriffen und vor allem darauf geachtet, dass der Gesprächspartner seine Entscheidung für sich und andere selbständig begründen kann.

Schließlich sollte dem Berater bewusst sein, dass das Gespräch zwar im Augenblick beendet wird, der Kontakt jedoch aufrechterhalten werden sollte. Daher kommt der Art und Weise der momentanen Beendigung eines Gesprächs ein hoher Stellenwert zu!

8.3.1 Besonderheiten zum Gesprächsende

Das Ende eines Gesprächs kann ebenfalls durch destruktive Verhaltensweisen, wie zum Beispiel bestimmte Fragetypen oder Gesprächsstile, stark negativ beeinträchtigt werden. In der Abschlussphase ist es dringend zu empfehlen, nur konstruktive Fragetypen und Gesprächsverhaltensweisen zu praktizieren.

Am Ende einer Beratung tritt sehr oft ein besonderes Phänomen auf: Die Aussicht auf die Beendigung oder die Erwartung aud das nahende Ende eines Gespräches kann nämlich die Aufmerksamkeit und Konzentration sowohl des Beraters als auch die des Klienten sehr beeinträchtigen. Dem Berater unterlaufen kleine Fehler und Unachtsamkeiten, die den weiteren Bearbeitungsvorgang hemmen können. Eine aktuelle Berastung ist erst mit der Verabschiedung beendet.

Auf das Gesprächsende reagieren Klienten auf drei Arten. Es gibt diejenigen

- die froh sind, dass es zu Ende ist - *Erleichterung*,
- die es bedauern und keine Ende finden können - *Bedauern*,
- die die Beratung beim Optometristen als eine abgerundete Sache erleben - *wohltuende Zufriedenheit.*

Im Folgenden werden einige Varianten vorgestellt, wie das Ende eines Gespräches verlaufen kann und wie es von Klienten gestaltet und von Beratern erlebt werden kann.

Der eilige Klient ...

- entschuldigt sich, jetzt keine Zeit mehr zu haben.
- schaut mehrmals auf die Uhr.
- steht auf und geht unruhig umher.
- steht unvermittelt auf, verabschiedet sich und geht.
- ist irritiert, wenn nach längerer Fassungsberatung noch die Glasberatung sich anschließt.

Lösung:

Mit dem eiligen Klienten vereinbart man besten einen neuen festen Termin.

Der zögerliche Klient ...
- stellt detaillierte Fragen.
- findet im Gespräch überhaupt kein Ende.
- schaut bedächtig und nachdenklich.
- ist geneigt die Entscheidung zu vertagen.

Lösung:

Mit dem zögerlichen Klienten spricht man dessen Zweifel und seine Unentschlossenheit direkt an.

Der zufriedene Klient ...
- ist begeistert von einer Fassung.
- Ist erfreut über die neu erworbene Verbesserung.
- hört verstärkt und aufmerksam bestimmten Argumenten zu.
- schränkt die Fassungsauswahl ein.
- ist mit den erhaltenen Informationen zufrieden.
- hat etwas aus der Beratung gelernt.

Lösung:

Mit dem zufriedenen Klienten freut man sich gemeinsam über das gute Ergebnis und beglückwünscht ihn zu seiner gelungenen Entscheidung.

In der Praxis gibt es sicherlich noch wesentlich mehr ausgefallene und auffällige Varianten zur Gestaltung einer Gesprächsbeendigung.

Um ein Gespräch oder eine Beratung zum Ende bringen zu können, ist es für den Beratenden wichtig, die einem Abschluss zustimmenden oder die einem Abschluss ablehnenden Signale des Gesprächspartners zu erkennen bzw. sie zu kennen. Jeder in der Beratung Tätige muss sich diese Signale vorstellen können, damit die entsprechenden Abschlussereignisse überhaupt wahrgenommen, erkannt und bearbeitet werden. Mit dieser Achtsamkeit bewahrt man sich mit dem Eintritt des entsprechenden Abschlussereignisses vor unliebsamen Überraschungen.

8.3.2 Die Erlebnisse in der Abschlussphase

Mit der Beendigung eines Gesprächs oder eines Kaufabschlusses beginnt die Phase der *Nachwirkung* auf die Gesprächspartner. Die erlebte Atmosphäre, das aufgeschlossene Engagement des Beraters, das Zustandekommen der Kaufentscheidung und die Art und Weise des Gesprächsabschlusses durch den Berater hinterlassen einen nachhaltigen Eindruck. Dieser *Nachwirk-Effekt*[84] kann und wird lange anhalten, je nachdem wie zufrieden stellend das eigentliche Gespräch verlaufen ist. Durch das erworbene Produkt bzw. die erhaltene Dienstleistung erinnert sich der Gesprächspartner und Klient entweder angenehm oder ablehnend an die Beratung sowie an das Geschäft.

Nur während des Gespräches hat der Berater die Möglichkeit, seinen Gesprächspartner (Klient, Mitarbeiter) zu beobachten und eventuell in seinem Sinne zu beeinflussen. Nur in der aktuellen Beratungs- und Gesprächssituation kann der Berater in Erfahrung bringen, inwieweit der Gesprächspartner in seiner Entscheidung gediehen ist, diese praktisch unmittelbar umzusetzen oder deren Umsetzung zu vertagen.

Entschließt sich der Gesprächspartner zur unmittelbaren Umsetzung der Entscheidung (z.B. der Klient entschließt sich zum Erwerb der Fassung), tut der Berater gut daran, den Gesprächspartner in dieser Entscheidung noch einmal mit den dafür in Frage kommenden Argumenten und Erwerbsmotiven zu bestärken. Denn im Rahmen des persönlichen Umfeldes (Familie, Bekannte oder Kollegen) können Zweifel an der Richtigkeit des Entschlusses geweckt und die abgelehnte Alternative attraktiver empfunden werden. Das Bedauern nach der Entscheidung ist ein verbreitetes Phänomen, wie immer wieder in sozialpsychologischen Untersuchungen festgestellt worden ist.

Ein sinnvoller Abschluss kann erreicht werden, wenn sich der Berater der möglichen Motivationen, Ursachen und Gründe bewusst ist, die zum Abschluss führen können. Im Vordergrund stehen dabei die zu Beginn der Beratung ermittelten motivationalen Aspekte, Anlässe und Beschwerden. Nun wird mit dem Klienten zusammen geprüft, ob die Befriedigung der Ausgangsbedürfnisse oder Ausgangsbeschwerden erreicht worden ist.

Gleichgültig wie dieser Vergleich der Ausgangslage mit dem erreichten Zustand ausfällt, auf jeden Fall bietet er für den Berater wie für den Klienten die Gelegenheit des Bilanzierens und Abwägens. Zum Vorschein kommen Abschlusssignale, die entweder einen ablehnenden, negativen oder einen zustimmenden, positiven Charakter haben können.

8.3.2.1 NEGATIVE ABSCHLUSSSIGNALE

Negative Abschlusssignale können nach ihrem vorübergehenden, distanzierenden oder dauerhaften ablehnenden Charakter unterschieden werden, jedenfalls wurde das Gespräch nicht zufrieden stellend beendet. Im ersteren Fall besteht eine mögliche erneute Kontaktaufnahme, während im Zweiten das Gesprächsende besiegelt ist.

Die Kaufentscheidung und den Entschluss zu vertagen, beendet zwar momentan das Gespräch, bedeutet aber keinen notwendigen Abbruch des Gesprächs, sondern stellt dessen Fortsetzung in Aussicht. Der Kontakt sollte eigentlich nur in den seltensten Fällen abgebrochen werden.

Distanzierende Signale:

- Nach einer bestimmten Zeit kann eine gewisse Übersättigung und Überforderung beider Gesprächsteilnehmer eintreten;
- Momente der Abneigung oder Antipathie können plötzlich und ohne näheren Grund zum Tragen kommen.
- Der Klient oder Mitarbeiter benötigt eine Phase des Nachdenkens, um das Gespräch zu verarbeiten, bevor eine Entscheidung getroffen werden kann.
- Der Klient ist mit den Erläuterungen über die mit der Anamnese gewonnen Daten unzufrieden, kann darin keinen Zusammenhang sehen und sieht für sich auch keinen Nutzen.

Dauerhaft ablehnende Signale:

- Unzufriedenheit des Gesprächspartners mit den angebotenen Produkten, Dienstleistungen oder Ergebnissen macht sich breit.
- Der Berater muss Verpflichtungen nachkommen, die nicht seinen Gesprächspartner betreffen.
- Der Klient ist über den wenig vertrauten Umgang mit seinen Daten verärgert.

8.3.2.2 Positive Abschlusssignale

Positive Abschlusssignale mit einem zufrieden stellenden und zustimmenden Charakter können sein:

- Die vom Berater erlebte Achtsamkeit fördert die Sympathie.
- Der Gesprächspartner ist begeistert über das entwickelte Thema, über die aufgezeigten möglichen Lösungswege, über die präsentierten Angebote, über die erzielten Ergebnisse.
- Über die neuen Erkenntnisse seiner bisherigen Entwicklung der Sehleistung ist der Klient angetan.
- Die informative Aufklärung über mögliche Entwicklungen der visuellen Leistungsfähigkeit und des Sehens liefern eine grundlegende emotionale Zufriedenheit.
- Die persönliche Erfahrung eines neuen Seherlebnisses mit Hilfe einer Messbrille hat den Klienten begeistert.
- Bestimmte Fassungen werden immer wieder in die Hand genommen und aufgesetzt.
- Über die vorgeführten Produkte wie Fassungen, Gläser oder Accessoires äußert sich der Klient zufrieden.
- Dem Berater wird aufmerksam zugehört und ihm werden interessierte und detaillierte Fragen zu den ausgewählten Fassungen oder Gläsern gestellt.

Auf der betrieblichen Ebene finden sich ebenso Situationen, in denen stets Signale mit zustimmendem Charakter wahrnehmbar sind:

- Ein Mitarbeiter strukturiert eine Diskussionsrunde, um auch den Abschluss dieser Gesprächsrunde einzuleiten.
- Ein Mitarbeiter drängt auf die Umsetzung der erzielten Gesprächsergebnisse.

8.4 Praktische Anregungen

Im Folgenden werden vornehmlich Beispiele aus der Praxis mit weniger geglücktem Ergebnis und solchen Beispielen, die im Umgang mit den entsprechenden Beratungsphasen sinnvoll eingesetzt werden können, zitiert. Es versteht sich von selbst, dass die hier angebotenen Anregungen individuell geändert und umformuliert werden können. Wichtig erscheint bei den Umformulierungen jedoch, dass ihre Tendenz stets zum Nutzen des Klienten formuliert ist.

8.4.1 ... zum Einsteigen

Nun ja, wir können davon ausgehen, dass sich zwei Menschen, die sich begegnen und für einen längeren Zeitraum miteinander zu tun haben werden, sich gegenseitig begrüßen. Die Form, in der das geschieht, kann allerdings recht unterschiedlich ausfallen: Vom einem brummigen Gemurmel bis zum herzlichen Willkommensgruß gibt es alle Schattierungen der Begrüßung. Im Geschäftsleben sollte jedoch vorrangig die Höflichkeitsform ausgewählt werden, die den landesüblichen Gepflogenheiten entspricht. Unter Wahrung des geschäftsmäßigen Distanzkreises[85] sind kumpelhafte und saloppe Formulierungen stets zu vermeiden, auch wenn man den Klienten noch so gut kennt und mit ihm vertraut ist.

Um einem Klienten zu verdeutlichen, dass sich der augenoptische Berater für dessen Anliegen interessiert, muss er ihm auf den beiden Ebenen des sprachlichen und nichtsprachlichen Verhaltens interessiert seine Aufmerksamkeit schenken, damit sie auch vom Klienten wahrgenommen werden kann. Verschiedene Varianten eines Einstiegs können zum Zuge kommen: Zu Beginn ist eine Variante aufgeführt, die allgemein als untauglich gilt.

8.4.1.1 Untauglicher Einstieg

Untaugliche Formen zur Eröffnung eines Gesprächs sind Redewendungen, welche die eigene Person in den Vordergrund stellen. Mit Betonungen und Verweise auf seine eigenen Fähigkeiten und auf seine Erfolge bei anderen Klienten, mit direkt auffordernden dirigistischen Maßnahmen oder mit geschlossenen Fragen versucht man, seinem Gegenüber zu imponieren, was einen Klienten meistens stutzen lässt.

☞ Beispiele für weniger akzeptable Gesprächseinstiege:

"Kann ich Ihnen helfen?"
"Was kann ich für Sie tun?"
"Haben Sie ein Problem?"
"Haben Sie ein Rezept?"
"Womit kann ich dienen?"
„Wo mit kann ich helfen?"
"Fangen Sie einfach an zu reden!"
"Wie stellt sich denn Ihr Wunsch dar?"

Die Frage, warum sich derartige Unarten eingebürgert haben, lässt sich teilweise mit der Höflichkeit der Klienten und Kunden erklären, die diesen Formen nicht widersprechen, weil sie das auch nicht als ihre Aufgabe ansehen. Das Ausbleiben einer Kritik an unerwünschten Redensarten, wird daher als „Erfolg", als positive Konsequenz erlebt: Ein Berater fühlt sich dadurch in seinem Verhalten bestärkt.

8.4.1.2 Indirekter Einstieg

Es gibt für den Klienten wie für den Berater Situationen, in denen sich eine so genannte *Aufwärmphase* als indirekter Gesprächseinstieg empfiehlt.

In der von kurzer Dauer geprägten Aufwärmphase sollten erst einmal relativ neutrale Themen, die den Klienten unmittelbar betreffen können, angesprochen werden, wie z.B. das Wetter, ob der Weg gut beschrieben war, ob ein Parkplatz gefunden wurde, eine gerade stattfindende Aktion im Geschäft, oder die bereits beim Blickkontakt festgestellten Gegenstände des Klienteninteresses.

Ein indirekter Einstieg kann in der Regel darüber stattfinden, mit dem Klienten die Auslagen allgemein anzuschauen und ihn mit dem Angebot vertraut machen. Der Berater kann auch zur Lockerung der Atmosphäre dadurch beitragen, dass er aktuelle Ereignisse in und vor seinem Geschäft aufgreift.

☞ Beispiele:

"Sie sind bei dem Platzregen ordentlich nass geworden. Möchten Sie mir Ihren Mantel zum Trocknen geben?"

"Mit diesem großen Poster bekommen Sie ganz neue Wahrnehmungseindrücke vermittelt."

"Sie können in Zukunft unseren Klientenparkplatz benützen."

Als indirekten Einstieg bezeichnet man also alle Eröffnungsformulierungen, die nicht nach dem Grund des Besuchs fragen.

8.4.1.3 Zwischenform

Da es einem Gesprächspartner manchmal schwer fällt, das eigentliche ihn psychisch belastende Problem seiner beeinträchtigten Sehleistung selbst anzusprechen, hält er sich eher zurück. In diesem Falle empfiehlt es sich, den unmittelbaren Gesprächszweck nicht direkt anzusteuern. Nachdem der Klient sein Anliegen vage formuliert hat

Klientenäußerung:

"Mein Problem ist, ich brauche nun eine Brille."

Beispielserwiderungen:

"Wie haben Sie denn bemerkt, dass Ihre Sehleistung nachlässt?"

„Bei welcher Gelegenheit ist Ihnen denn aufgefallen, dass Ihre Sehleistung nicht mehr so optimal ist?“

"Was hat Sie denn veranlasst, zum Augenarzt zu gehen?"

"Welche Werte hat Ihnen der Augenarzt aufgeschrieben?"

„Welche Empfehlung hat Ihnen der Augenarzt mit gegeben?“

"Was haben Sie denn für Erfahrungen mit der jetzigen Brille gemacht?"

"Sie betreten mit dem Brilletragen jetzt wohl ein Gebiet, das Ihnen noch unvertraut ist."

8.4.1.4 Direkter Einstieg

Ein direkter Einstieg bietet sich an, wenn auf Seiten des Klienten keine Hemmfaktoren erkennbar sind, oder er selbst gleich seinen Wunsch oder sein Problem angesprochen hat.

Der direkte Einstieg ist grundsätzlich von einigen situativen und zugleich der Übergang zur Phase der persönlichen Faktoren abhängig. Er ist ausführliche Bedarfsermittlung, wenn nicht andererseits bereits ein Termin vereinbart wurde, bei dem eine zunächst notwendige und aufklärende *Anamnese* durchgeführt wird.

Beispiel:

Wenn mit dem Klienten schon telefoniert wurde und ein Termin vereinbart wurde:

"Sie hatten Ihr Problem ja schon am Telefon erwähnt und Sie sind von mir ja schon auf die möglichen Kosten hingewiesen worden."

Beispiel:

Wenn der Klient das erst Mal das Geschäft betritt und sein Rezept unaufgefordert vorlegt, so ist zunächst ihm zu danken, dass er diese Geschäft ausgewählt hat:

„Wie sind Sie auf uns gekommen?“

„Vom wem wurden wir Ihnen empfohlen?“

Anschließend sind dem Klient der zu erwartende Zeitumfang und die verschiedenen Prozeduren (Anamnese, Refraktion, Brillenauswahl, Kontaktlinsenanpassung, etc.) zu erläutern. Ebenso wie die zu erwartenden Kosten, die unabhängig von der Fassungsauswahl oder den zu bestellenden Gläsern bzw. Kontaktlinsen anfallen. Daher ist der Klient zu fragen, ob er genügend Zeit mitgebracht hat, denn die Erarbeitung der optometrischen Daten muss in Ruhe geschehen und die Augen sollten in einem erholten Zustand[86] sein.

Je nach *Setting* sind folgende einleitende Fragestellungen sinnvoll:

Beispiele:

"Was hat Sie veranlasst, zum Augenarzt zu gehen?"

"Was hat Ihnen der Augenarzt denn zu der Verordnung gesagt?"

"Wie ich sehe, haben Sie sich schon vorinformiert."

"Was möchten Sie denn an einer neuen Brille verändert haben?"

"Möchten Sie die Fassungsauswahl an Ihrer Kleidung orientieren?"

"Was kann denn mit der Fassung in Ihrem Gesicht betont werden?"

Der Gesprächseinstieg, die erste Kontaktphase ist also geprägt durch Kontaktbrücken, die dem Klienten gebaut werden. Die Bausteine bestehen aus einem freundlichen Blickkontakt, einer zuvorkommenden Haltung, einer herzlichen Begrüßung, einer ermunternden Zustimmung, einer aufmerksamen Anknüpfung an die Gedanken des Klienten.

Das Anfangsprinzip:

Die Gedanken des Klienten sind vielfältig, aber nicht unergründlich.

8.4.2 ... Zum Aussteigen

Zum Abschluss und zur Abrundung des Gespräches versichert man dem Gesprächspartner seine Sympathie und bezeugt ihm Respekt. Der Berater bestärkt ihn in seiner, wie auch immer ausgefallenen Entscheidung –was sicherlich ein gutes Sprungbrett für gute weitere Kontakte und eine intensive Klientenbetreuung sein wird.

8.4.2.1 Untauglicher Ausstieg

Untaugliche Formen, ein Gespräch zum Abschluss zu bringen, sind Redewendungen, die darauf verzichten, die Entscheidung zu bestärken, einen Zusatznutzen hervorzuheben oder die Zufriedenheit des Klienten anzusprechen. Diese Art eines Abschlusses zeugt von Lustlosigkeit und Desinteresse an der Aufrechterhaltung eines weiteren Kontaktes mit dem Gesprächspartner.

Das stereotype
„Beehren Sie uns bald wieder!"
ist die sichere Gewähr dafür, dass keine weiteren Beratungskontakte erfolgen werden.

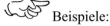

Weiterer Beispiele:
"Dann wären wir ja soweit."
"Das wär's dann wohl."
"Sonst noch was?"
"Sonst brauchen Sie heute nichts mehr?"
"Ich glaube, jetzt haben wir wohl alles."
"Womit kann ich sonst noch dienen?"
"Kann ich sonst noch etwas für Sie tun?"
"Darf ich Ihnen noch etwas zeigen?"
"Haben Sie sonst noch irgendwelche Wünsche?"

Neben dem Fragecharakter von geschlossenen Fragen, die ein erwartetes *„Nein"* suggerieren, sind vom psychologischen Standpunkt aus diese fürsorglichen Formulierungen[87] in ihrer Abstraktheit kaum anders zu interpretieren als eine Verabschiedung aus einem Geschäft, das so tut, als wäre man auf weitere Geschäftskontakte mit den Klienten nicht weiter angewiesen.

Sie sind Zeugnis davon, wie wenig Wert auf die Beziehung zum Mitmenschen gelegt wird, der als Kunde mit seiner Entscheidung für eine Brille eigentlich seine Schuldigkeit für den Umsatz des Geschäfts getan hat.

Sie sind alles andere als Ausdruck einer gelungenen Kundenbindung.

8.4.2.2 ANERKENNENDER AUSSTIEG

Wenn es darum geht, das Beratungsgespräch in seinem aktuellen Stand vollständig und verständig zusammenzufassen, so sollte berücksichtigt werden, ob sich der Gesprächspartner entschlossen oder unentschlossen zum Erwerb des Produkts gezeigt hat. Hat der Klient einen Entschluss gefasst, so bieten sich folgende Formulierungsbeispiele an:

- Freude über die gute Wahl zum Ausdruck bringen:

Beispiele:
"Ich freue mich, dass Sie so eine gute Wahl getroffen haben."
"Sie können sicher sein, eine sehr gute Entscheidung getroffen zu haben."

- Freude über die neu gewonnene Sehleistung zum Ausdruck bringen:

Beispiele:
"Sie haben sich nun wirklich für eine Fassung und Gläser entschieden, mit denen Ihr Sehkomfort deutlich verbessert wird."

- Anerkennung über die gute Abwägen zum Ausdruck bringen:

Beispiele:

"Sie haben sich für ein besonders gutes Preis/Leistungsverhältnis entschieden."

"Ich freue mich, dass Sie so ein gutes Ergebnis erzielt haben."

- Terminvereinbarung zur Nachkontrolle:

Beispiele:

„Ich bitte Sie nun mit mir einen weiteren Termin in 14 Tagen zu vereinbaren, um alle Ihre Erfahrungen zu besprechen und gegebenenfalls Korrekturen vornehmen zu können."

Ist stattdessen der Entschluss noch nicht gereift und die Entscheidung noch nicht gefallen, so könnte etwa Folgendes formuliert werden:

- Akzeptanz des Entscheidungsprozesses zum Ausdruck bringen:

Beispiele:

"Sie möchten Ihre Entscheidung gern noch überdenken."

"Ich kann es sehr wohl akzeptieren, dass Sie Ihre Entscheidung noch einmal reiflich überlegen wollen."

"Ich kann es sehr gut verstehen, wenn Sie Ihre Entscheidung nicht überstürzen wollen."

- Unterstützung im selektiven Vorgehen anbieten:

Beispiele:

"Was steht denn für Sie bisher fest?"

"Wenn ich Sie richtig verstanden habe, dann kommen für Sie nur mehr diese beiden Fassungen in Frage."

- Unterstützung mit Ergänzungsargumenten anbieten:

Beispiele:

"Ich habe das Gefühl, dass Ihnen noch einige Argumente zu einer endgültigen Entscheidung fehlen."

- Vertrauen in den Klienten setzen und Zuversicht ausstrahlen:

Beispiele:

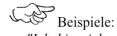

"Ich bin sicher, dass Sie für sich eine gute Entscheidung treffen werden."

Sollte der Entschluss zum Erwerb einer Brille, der nötigen Gläser, der Kontaktlinsen oder eines Visualtrainings noch nicht gefasst werden, so bietet sich dringend an, einen neuen Termin anzubieten. Denn in der Zwischenzeit kann der Klient nämlich seine Zweifel, auch wirklich die richtige Wahl zu treffen, andernorts besprechen und neue Ideen zum vereinbarten Termin wieder mitbringen.

Das Beendigungsprinzip:

Die Gedanken des Klienten waren vielfältig und sind ergründet. Was nicht ergründet wurde, eröffnet die Vielfalt im nächsten Gespräch.

8.4.2.3 ERGÄNZUNGSANGEBOT

Hat ein Gesprächspartner oder ein Klient die bisher erbrachte Leistung akzeptiert und ist, unterstützt durch die Argumentation des Beraters, selbst zu einer Entscheidung gekommen, so bietet sich die Chance zur Vermittlung von zusätzlichem Nutzen an. Die Argumentation dafür muss den Charakter der Ergänzung hervorheben, der als Hinweis und Information dankbar aufgenommen wird. Diese Information muss präsentiert und nicht erfragt werden; sie darf nicht aufdringlich sein, sondern soll den Gesprächspartner an die Problemstellung, an das Produkt oder an die Dienstleistung erinnern, die er benötigt.

Das präsentierte Ergänzungsangebot soll nach Möglichkeit das ausgewählte Produkt und die akzeptierte Dienstleistung aufwerten, das besprochene Thema hervorheben.

☞ Beispiele:

"Damit Sie Ihre Fassung/Brille nicht so leicht verlegen, bietet sich noch folgendes nützliche Trageband an, das auch farblich eine Ergänzung zu Ihrer Fassung ist."

"Zum Schutz Ihrer Gläser empfehle ich Ihnen dieses praktische, stabile und hübsche Etui."

"Damit Sie Ihre Fassung/Brille stets zur Hand haben, bietet sich noch folgendes nützliche Trageband an, das auch farblich eine Ergänzung zu Ihrer Fassung darstellt."

"Zum Schutz Ihrer Gläser empfehle ich Ihnen dieses praktische, stabile und hübsche Etui."

8.5 ÜBUNGEN ZU KAPITEL 8

Übung 1

Mit welchen Formulierungen lässt sich ein guter Einstieg in das Beratungsgespräch erreichen?

Übung 2

Notieren Sie sich Klientenäußerungen, die in der Regel zu Beginn eines Gespräches formuliert werden und versuchen Sie, sie gesprächsfördernd zu erwidern.

Übung 3

Vergegenwärtigen Sie sich bitte folgende Frage und beantworten Sie sie in Stichworten:

Was geht in Ihnen als Berater vor sich, wenn eine Gesprächspause eintritt?

Übung 4

Überlegen Sie sich zu den folgenden Klientenreaktionen zu Beginn eines Gespräches adäquate, gesprächsfördernde Erwiderungen:

a) Der Klient verfällt nach der Begrüßung in Schweigen.

b) Der Klient zeigt gleich zu Anfang seine Nervosität.

c) Der Klient kann sich sprachlich nur schwer und unklar äußern.

Übung 5

Wie reagieren Sie in einer und auf eine Gesprächspause?

Erinnern Sie sich an Gesprächspausen, die Sie in Ihrer Rolle als Berater/in (oder auch als Klient in einem anderen Bereich) erlebt haben! Versetzen Sie sich in die Situation, die während einer Gesprächspause entsteht und beschreiben Sie Ihre Erfahrung.

Übung 6

Wie könnten Sie angemessen auf Gesprächspausen reagieren?

Über Tonband oder Video-Recorder können Sie ein Beratungsgespräch, in dem es immer wieder zu längeren Pausen kommt, vorführen und sich überlegen, wie mit Pausen produktiv umgegangen werden kann.

Übung 7

Vergegenwärtigen Sie sich bitte folgende Frage und beantworten Sie sie in Stichworten: Was kann ein Klient erleben, wenn eine Gesprächspause entsteht?

Übung 8

Bemühen Sie sich, beratende Antworten zu folgender Klientenäußerung zu finden:

Der Klient schweigt, sitzt einigermaßen entspannt da, schaut lange auf eine Fassung.

Übung 9

Vergegenwärtigen Sie sich bitte folgende Frage und beantworten Sie sie in Stichworten:

Wann und warum möchten Sie als Berater eine Pause beenden?

Übung 10

Überlegen Sie sich zu den folgenden Mitarbeiterreaktionen zu Beginn eines Gespräches adäquate, gesprächsfördernde Erwiderungen:

a) Der Mitarbeiter beginnt mit einem Redeschwall.

b) Der Mitarbeiter hat überhaupt Mühe, einen Anfang zu finden.

c) Der Mitarbeiter redet allgemein und umständlich daher.

Übung 11

Vergegenwärtigen Sie sich bitte folgende Frage und beantworten Sie sie in Stichworten:

Warum könnten Sie warten, bis der Klient die Pause beendet?

Übung 12

Bemühen Sie sich, beratende Antworten zu folgender Klientenäußerung zu finden:

Eine 30-jährige Ehefrau klagt und schimpft eine Zeit lang über den miserablen Geschmack ihres Mannes, bricht dann plötzlich ab und schweigt bereits drei Minuten lang.

Übung 13

Zu folgenden Klientenäußerungen finden Sie beratende Antworten:

Der Klient verfällt in Schweigen, schaut betreten in den Handspiegel, macht ungezielte, unruhige Bewegungen, kratzt sich an der Nase, zündet sich eine Zigarette an, schaut auf die Uhr.

Übung 14

Vergegenwärtigen Sie sich bitte folgende Frage und beantworten Sie sie in Stichworten:

Wann und warum wird von dem Klienten eine Pause beendet?

Übung 15

Bemühen Sie sich, beratende Antworten zu folgender Klientenäußerung zu finden:

Der Klient sieht den Berater fragend und hilflos an, während er eine Fassung in der Hand hält und schweigt.

Übung 16

Bemühen Sie sich, beratende Antwort zu folgender Klientenäußerungen zu finden:

Eine Kundin schweigt und fängt schließlich an zu weinen.

Übung 17

Bemühen Sie sich, beratende Antworten zu folgender Klientenäußerung zu finden:

Eine Kundin wird während einer Kontaktlinsenanpassung immer ruhiger und ruhiger. Schließlich wird sie ohnmächtig.

Übung 18

Sie überlegen sich zu den folgenden Klientenreaktionen gegen Ende eines Gespräches adäquate, gesprächsfördernde und gesprächsabschließende Erwiderungen:

a) Der Klient schaut mehrmals auf die Uhr.

b) Der Klient steht auf und geht unruhig umher.

c) Der Klient findet im Gespräch überhaupt kein Ende.

Übung 19

Führen Sie einige Rollenspiele durch, in denen es seitens des Klienten zu häufigen und langen Pausen kommt. Greifen Sie im Rollenspiel nach Möglichkeit auf Realsituationen zurück, die Sie selbst erlebt haben (als Berater oder als Klient).

Übung 20

Sie überlegen sich zu den folgenden Mitarbeiterreaktionen gegen Ende eines Gespräches adäquate, gesprächsfördernde und gesprächsabschließende Erwiderungen, die klientenzentriert formuliert sind:

a) Der Mitarbeiter steht unvermittelt auf und geht.

b) Der Mitarbeiter entschuldigt sich, dass er jetzt keine Zeit mehr habe.

c) Der Mitarbeiter schaut bedächtig und nachdenklich.

8.6 Testfragen zu Kapitel 8

Aufgabe 1

Gesprächspausen entstehen nicht grundlos. Wer oder was sind die wichtigsten Ursachen?

Aufgabe 2

Benennen Sie einige mögliche Ursachen für das Bedürfnis nach Pause seitens des Klienten.

Aufgabe 3

Wann kann eine Pause eine Belastung für den Klienten bedeuten?

Aufgabe 4

Aus welchen Gründen schweigt ein Berater, wenn er dem Motto folgt: "Wenn ich nichts sage, sage ich auch nichts Falsches."

Aufgabe 5

Welcher negative Umgang mit Pausen ist am meisten verbreitet?

Aufgabe 6

Die Länge von Gesprächspausen sollte unbeschränkt sein – Legen Sie dar, ob diese Sie diese These für begründet halten?

Aufgabe 7

Was könnte die Schwellenangst bei Klienten und Klienten von Augenoptikern begründen?

Aufgabe 8

Welche wichtige Aufgabe hat ein Berater zu Beginn eines Gesprächs zu erfüllen?

Aufgabe 9

Warum ist ein guter Gesprächsabschluss wichtig?

Aufgabe 10
Wie kann man einen indirekten Gesprächseinstieg gestalten?

Aufgabe 11
Weshalb ist am Ende des Gesprächs eine Zusammenfassung des Entscheidungsstandes notwendig?

Aufgabe 12
Worauf sollte bei der Zusatzargumentation geachtet werden?

Die Lösungen zu den offenen Testfragen finden Sie durch Selbststudium an den entsprechenden Stellen in diesem Kapitel.

9 LITERATUR

„Das Wichtigste im Leben ist, mit dem Fragen nie aufzuhören."
(A. Einstein)

Antons, Karl, 1975, Praxis der Gruppendynamik. Zürich.

Bänsch, Axel, 1988, Käuferverhalten und Verkaufspsychologie, Oldenbourg Verlag, München.

Bänsch, Axel., 1988, Verkaufspsychologie und Verkaufstechnik, Oldenbourg Verlag, München.

Beck, B., 2000, Wohlstand, Markt; Staat, Verlag.

Brückner, M., 2001, Reklamieren mit Erfolg, Ullstein Verlag,

Clemer, U., 2000, Optimale Preisgestaltung, mvg-Verlag, Landsberg / Lech.

Grochowiak, K., Heiligtag, S., 2002, Die Magie des Fragens, Junfermann, Paderborn

Hoffmann, Bernt., 1983, Handbuch des Autogenen Trainings, dtv.

Kello, J., 1988, Zuhören, in: Esquire Heft 2, S. 27

Leicher Rolf, 1993, Preise besser durchsetzen, Rudolf Haufe Verlag, Freiburg.

Leicher, Rolf, 1993, In Reklamationen stecken Chancen, Sauer Verlag, Heidelberg.

Leicher, Rolf, 1993, Reklamationen, Wilhelm Heyne Verlag, München.

Leicher, Rolf, 1994, Reklamationen besser bearbeiten, Manuskript.

Mucielli, R., 1999, Klientenzentrierte Gesprächsführung, München.

Roger, Carl, 1972, Nicht-direktive Beratung, Kiepenhauer & Witsch, München.

Schulz von Thun, Friedemann, Miteinanderreden. rowolt – Verlag, Hamburg.

Rodenstock-Schulung, 1998, „Freude und Sicherheit im Umgang mit Klienten", Rodenstock Akademie, München.

Rodenstock-Schulung, 1998, Verkaufserfolg durch Klientenorientierung bei Reklamation, Einwänden und Preisnennung“, Rodenstock Akademie, München.

Stahl, Thies, 1992, Neurolinguistisches Programmieren (NLP), PAL, Mannheim.

Steins, Evelyn., 1989, Augenoptische Fachbetriebe auf der Teststrecke, in: Deutsche Optiker Zeitung 5/89 DOZ-Verlag, Heidelberg.

Watzlawick Paul, 1969, Menschliche Kommunikation. Bern.

Watzlawick Paul, 1969, Menschliche Kommunikation. Bern.

Weisbach, Christian, 1992, Professionelle Gesprächsführung, Beck - Verlag dtv.

Welker, Thomas, 2007, Psychologische Grundlagen in der Augenoptik (in Vorbereitung)

Welker, Thomas, 1988, Eine andere Optik zur Gesprächsführung, in Deutsche Optiker Zeitung, 1/1988, Heidelberg.

Welker, Thomas, 1991, Psychologie für den Augenoptiker, Hannes Gertner Verlag München.

Welker, Thomas, 1993, OptiTrain® - Instrumente zur Beratung, Lernsoftware, Bode-Verlag, Pforzheim.

Westphal, R., 1998, Einwände kreativ nutzen, Metropolitan Verlag.

Neuberger, Oswald, 1994, Miteinander reden, Herausgegeben vom Bayerischen Staatsministerium für Arbeit und Soziales.

Leydhecker, W., Grehn, F., 1996, Der Augen-Ratgeber, Thieme Verlag, Stuttgart.

Wardetzki, Bärbel, 2001, Kränkungen, München.

10 STICHWORTVERZEICHNIS

„Was man nicht versteht,
besitzt man nicht."
(J. W. Goethe)

B

D

E

I

K

M

N

O

P

R

S

T

U

V

W

Z

11 Anmerkungen

„Anmerkungen sind wie Flöhe,
einmal wahrgenommen,
gehen sie einem nicht mehr aus dem Kopf."

[1] Roger, Carl, 1972, Nicht-direktive Beratung. Kiepenhauer & Witsch, München.

[2] Welker, Thomas, 1988, Eine andere Optik zur Gesprächsführung, in: Deutsche Optiker Zeitung (DOZ) Heft 1, Heidelberg.

[3] Betriebliche Verhaltensanregungen werden meist in der Form eines Verhaltenscodex relativ eindeutig, manchmal sehr starr festgelegt. Sie enthalten in der Regel wenig Spielraum für die Individualität des Einzelnen. Dem Einzeln wird nahe gelegt, sein Verhalten an denjenigen Maßstäben zu orientieren, deren Rahmen es ihm ermöglicht seinen Verdienst zu realisieren. Sehr oft tragen sie zur Einschränkung der Entwicklung der eigenen Persönlichkeit bei.

[4] Welker, Thomas, Allgemeine Grundlagen einer Psychologie in der Augenoptik (in Vorbereitung, 2007).

[5] Vgl. auch Welker, Th., Allgemeine Grundlagen der Psychologie in der Augenoptik, Kapitel 1 Einführung im voraussichtlich 2007)

[6] vgl. Kapitel Kommunikation, Abschnitt Grundsätze der Kommunikation.

[7] Vgl. a. Wawetzki, Barbara., 2001, Kränkungen und verletzte Gefühle,

[8] Abwehrmechanismen sind psychische Dimensionen, die vom Menschen genutzt werden können im a) positivem Sinne, um diejenigen Impulse zu kanalisieren oder zu kontrollieren, die zu einer ausgeprägten psychischen Erkrankung führen können,
b) negativen Sinn, um das Ich des Menschen vor dem Unbewussten (Ängste, schlechtes Gewissen) oder

aus der Umwelt (Über-Ich-Drohungen, reale Gefahren) zu beschützen. Abwehrmechanismen sind Funktionen des Ichs (der eigenen Person), mit denen es die Angst mildern, abweisen oder sich ersparen will.

Die Abwehr bewirkt einen Kompromiss zwischen Wunsch und Realität. Das Ich des Menschen verändert (modifiziert) die Impulse aus dem Unbewussten, die nach sofortiger Befriedigung drängen, und erlaubt auf diese Weise eine Form verdeckter Befriedigung.

Formen der Abwehr können sein:

Identifikation – Ein psychischer Vorgang, durch den Mensch eine Eigenschaft des anderen in sich aufnimmt,

Verdrängung – Nicht akzeptable Wünsche (v.a. Triebwünsche) werden vom Bewusstsein abgedrängt bzw. unterdrückt,

Regression – Zurückschreiten in eine zurückliegende Entwicklungsstufe der Kindheit,

Projektion – Hinausverlegung eigener Vorstellungen und Wünsche in die Außenwelt,

Konversion – Nicht realisierbare Triebenergie wandelt sich auf Grund eines psychischen Konflikts in körperliche Symptome um,

Kompensation – ein unbewußtes Verhalten, um z. B. das Gefühl einer Minderwertigkeit auszugleichen

Rationalisierung – Logische Erklärung einer Handlung, eines Gefühls, deren eigentlich triebhaftes Motiv unerkannt bleiben muss,

Substitution – Verschiebung einer Vorstellung durch eine andere weniger belastende Vorstellung,

Sublimierung – Umwandlung von sexueller Energie in sozial höher bewertete Aktivitäten,

Übertragung – siehe Text

Vergessen und Verleugnen – Eine Abwehrform, mit der sich das Subjekt weigert, die Realität einer traumatisierenden Wahrnehmung anzuerkennen und im Gedächtnis zu halten,

Abreagieren – Affektive Entladungen in Handlungen, die nicht mit dem der Affektivität zugrunde liegenden Motiv zu stehen scheinen,

Ungeschehenmachen - Psychologischer Mechanismus mit dem Bemühen, so zu tun, also ob gewisse Gedanken, Worte, Handlungen nicht geschehen wären.

[9] Watzlawick Paul, 1969, Menschliche Kommunikation. Bern.

[10] Watzlawick Paul, 1969, Menschliche Kommunikation. Bern.

[11] In diesem Zusammenhang ist ein Hinweis zur Vorstellung und Beherrschung der Körpersprache notwendig: Da der Spielraum, die "Körpersprache" zu interpretieren, ungefähr so groß ist, wie die Anzahl der Leute, die sie interpretieren, ist diesen interpretativen Versuchen mit äußerster Vorsicht zu begegnen. Gegenüber allen Bestrebungen, Bemühungen und auch

entsprechenden Angeboten, die "Körpersprache" (genauer: die nonverbale Kommunikation) ohne den Zusammenhang zur verbalen Kommunikation zu lernen, zu enträtseln, um sie dann schließlich in allen möglichen Arten von Beratungsgesprächen anwenden zu können, sind dringend Skepsis und Zurückhaltung angebracht.

[12] Schulz von Thun, Friedemann, Miteinanderreden. Rowolt Verlag Hamburg.

[13] Der Einfachheit halber und wegen der leichteren Erlernbarkeit wurde das Modell vom Autor als SIBA-Modell beschrieben.

[14] **Lösungen der Testaufgaben zum Kapitel Kommunikation und soziale Interaktion:**
Die offenen Fragen Aufgabe 1 bis Aufgabe 12 sind durch Selbstkontrolle an den entsprechenden Textstellen zu überprüfen
Aufgabe 13 – Antwort a
Aufgabe 14 – Antwort d
Aufgabe 15 – Antwort c
Aufgabe 16 – Antwort d
Aufgabe 17 – Antwort d
Aufgabe 18 – Antwort c

[15] Für die Bezeichnung „Rückmeldung“ gibt es eine Reihe synonymer Beschreibungen: Rückkoppelung, -wirkung und nicht zuletzt die inzwischen eingedeutschte Formulierung „Feedback“.

[16] Kello, J. 1988, zit. aus Esquire Heft 2, S. 27.

[17] Antons, K., 1975, Praxis der Gruppendynamik, Zürich.

[18] In den Abstufungen des Bewusstseins werden sieben unterschiedliche Grade unseres Bewusstseins unterschieden im Zusammenhang mit Verhalten und neurophysiologischen Grundlagen: hier werden die Vigilanzstufen im subjektiven Erleben wiedergegeben

a) *Exzessive Vigilanz*, wie bei heftigen Gefühlsregungen; die Aufmerksamkeit ist diffus und kann schlecht fixiert werden, außerdem liegt eine mangelhafte Umweltanpassung vor – starker Affekt.

b) *Aufmerksam gespannte Vigilanz*: wache Bewusstheit i.e.S. mit selektiver Aufmerksamkeit bei flexibler Anpassungsfähigkeit; Konzentration im ausgeschlafenem Zustand – normaler Wachheitszustand.

c) *Nicht angespannte „flottierende“ Aufmerksamkeit*, im Denken freie Assoziation; absinkende Bewusstheit der Außenwelt – Schläfrigkeit, Meditation.

d) Bewusstheit in *Form von Tagträumereien*: die Reize der Außenwelt werden nur sehr schwach wahrgenommen, mit Gedankenabläufen, die eine Vorstellung häufig in Form anschaulicher optischer Bilder – Zustand des Einschlafens.

e) Fast vollständiger *Verlust der Bewusstheit der Außenreize*; der Inhalt des Bewusstheit besteht in Trauminhalten – Leichter Schlaf.

f) *Vollständiger Bewusstseinsverlust*, an diesen Zustand gibt es keine Erinnerung; motorische Reaktionen sind im allgemeinen noch nachweisbar – Tiefer Schlaf.

g) Vom Standpunkt der Bewusstheit gibt es keinen Unterschied gegenüber f), Reaktionen auf Reize extrem wenig bis völlig fehlend – ein dem Koma ähnlicher Zustand. (Hoffmann, B. Handbuch des Autogenes Trainings, dtv)

[19] Intervention (lat. interventio) bedeutet Dazwischenkommen, Eingreifen, Vermittlung.

[20] Weisbach, C.-R., 1992, Professionelle Gesprächsführung, Beck – Verlag dtv.

[21] Die Laissez-faire-Gesprächs- und Führungsstil zeichnen sich dadurch aus, dass im Grunde wenig bis gar kein Einfluss genommen wird auf den Gesprächspartner, man lässt ihn einfach gewähren; man verhält sich ihm gegenüber eher nachlässig oder gleichgültig.

[22] Hinweise zu den Übungen 1-8. Diese Episode wurde entnommen aus der Broschüre von O. Neuberger, Miteinander reden, Herausgegeben vom Bayerischen Staatsministerium für Arbeit und Soziales.

[23] **Lösung** zu den Übungen in Kapitel (3)

Methoden der Rückmeldung: Feedback und Aktives Zuhören

Übung 8:

1 = ?: Von Verweigerung war nicht die Rede, vielleicht wurde nur der Termin übersehen.

2 = ?: Auch ohne Vorschlag kann er eine routinemäßige Gehaltserhöhung bekommen haben.

3 = ?: Von Verärgerung war nicht die Rede, vielleicht hat er ein besseres Angebot einer anderen Firma erhalten.

4 = ?: Über den Kündigungsgrund ist nichts bekannt.

5 = F: Die Aussage ist falsch, denn der Vorgesetzte hatte den Mitarbeiter nicht vorgeschlagen.

6 = F: Bedauert wurde die Kündigung und nicht der Weggang.

7 = ?: Es ist unklar, ob gegen das Vorgehen des Vorgesetzten diskutiert wurde.

8 = ?: Es steht nicht fest, ob die Kollegen sich mit dem Mitarbeiter unterhielten. Im Text steht nichts davon.

9 = ?: Im Text steht nichts davon, wer alles an der Diskussion beteiligt war.

10 = ?: Ob der Mitarbeiter erfahren war, ist unbekannt.

11 = F: Die Aussage ist falsch, weil bekannt ist, was der Vorgesetzte gemacht hat.

12 = F: Die Aussage ist falsch, weil die Kollegen die Kündigung des Mitarbeiters bedauerten.

13 = R: Diese Aussage steht fast wörtlich im Text.

[24] Die Antworten auf die offenen Testfragen finden Sie alle im text dieses

Kapitels; zur Bestätigung Ihrer Selbstkontrolle des gelernten suchen Sie die entsprechenden Stellen wieder auf.

[25] vgl. Kapitel Methoden der Rückmeldung – *Feedback und aktives Zuhören.*

[26] Laissez-faire ist eine aus dem französischen entnommene Formulierung in den 60-ziger Jahren des letzten Jahrhunderts und bedeutet im eigentlichen Sinne „geschehen lassen", „machen lassen". Man meinte damals damit eine besonders die Entwicklung des Kindes in den Vordergrund gestellte Erziehungshaltung im Gegensatz zum autoritären Erziehungsstil.

[27] Analoge Bezeichnungen von Gesprächsstilen können sein:

Umsatzorientierter Gesprächsstil	Kundenorientierter Gesprächsstil
Streitgespräch	Entspannungsgespräch
Autoritärer Gesprächsstil	Demokratischer Gesprächsstil
Lokomotion	Kohäsion
Zielerreichung	Gruppenerhaltung
Aufgabenorientierung	Mitarbeiterorientierung
Sachlich-kooperativer Stil	Mitmenschlich-kooperativer Stil
"boss-centred"	"subordinate-centred"
Direktiver Gesprächsstil	Non-direktiver Gesprächsstil
Betonung der Zielbestimmung	Betonung menschlicher Beziehung
Strukturierender Gesprächsstil	Motivierender Gesprächsstil
"*instrumental leadership*"	"*social-emotional leadership*"
Moderativer Gesprächsstil	Partizipierender Gesprächsstil
Themenorientierter Stil	Sozio-emotionaler Gesprächsstil
Sachzentrierter Gesprächsstil	Klientenzentrierter Gesprächsstil

[28] Roger C. R., 1972, Die klientenzentrierte Gesprächstherapie, München.

[29] Carl Roger wurde am 08. Januar 1902 in Oak Park, einer Vorstadt von Chicago als viertes von sechs Kindern geboren. Wegen seiner sehr strengen Erziehung entwickelte er sich zu einem eher zurückgezogenen, disziplinierten unabhängigen jungen Mann. An der Columbia University studierte er klinische Psychologie und erhielt den Ph. D. Titel (deutsch: Doktor der Psychologie). 1951 veröffentlichte er sein wohl wichtigstes Werk „Client-Centred Therapy" (dt. Titel: Die klientenzentrierte Gesprächspsychotherapie). Bis zu seinem Tod 1987 hielt er unzählige Vorträge und therapierte. Er gilt als der wohl bedeutendste Forscher auf dem Gebiet der klientenzentrierten Gesprächsführung.

Auf seinen Erfahrungen, Erkenntnissen und Theorien basieren einige wissenschaftliche Werke.

[30] Roger C. R., 1972, Die nicht-direktive Beratung, München.

[31] Mucielli, Das nicht-direktive Beratungsgespräch, Otto Müller Verlag, Salzburg.

[32] Der Begriff Exploration wird in der Psychologie für die Ermittlung normaler psychischer Vorgänge verwendet. Dazu gehören die Exploration als *Interview,* mit dem a) Tatbestände oder persönliche Daten ermittelt, b) Unklarheiten, Widersprüche und Lücken einer diagnostischen Untersuchung beseitigt, c) Interessen, Werthaltungen, Einstellungen, Probleme und Wünsche untersucht werden.

[33] Subtil – zart, fein; sorgsam, genau; schwierig. Im Zusammenhang mit der Gesprächsgestaltung meint subtil, etwas unfällig einfließen lassen ins Gespräch.

[34] Briefing: ein aus dem amerikanischen kommender Begriff, bedeutet Kurzkonferenz, die i.d.R. nicht länger als 30 bis 40 Minuten dauern soll, meist wird daraus eine längere Angelegenheit, die dafür aufgewendete Arbeitszeit muss nachgeholt werden.

[35] Vgl. Kapitel Methodik des Fragens und Antwortens, in welchem explizit auf die Fallen der Klientenfragen eingegangen wird.

[36] Vgl. Weber W., 1976, Wege zum helfenden Gespräch. München; vgl. Weisbach & Eber-Götz, Zuhören und Verstehen. Hamburg. 1979.

[37] "Abwehr" ist eine im Menschen angelegte psychische Dynamik, um Unliebsames, Unangenehmes nicht wahrzunehmen, um sich damit nicht auseinandersetzen zu müssen. Abwehr kann andererseits das Bestreben bedeuten, aus erhöhtem Kontrollbedürfnis heraus seine eigene Person in den Vordergrund zu stellen.

[38] Mit „Diagnose“ ist hier nicht das Erstellen einer Diagnose nach den Heilkunde-Richtlinien gemeint.

[39] Verschubladeln ist eine Konnotation, d.h. eine assoziative Begleitvorstellung eines Wortes, und leitet sich von der Tatsache ab, dass jemand auf Grund seiner Eigenart sehr schnell in eine bestimmte Schublade gesteckt wird – und da bleibt er dann aus der Sicht seines Gesprächspartners auch drinnen.

[40] Temperamentstypen nach Hippokrates: aus der Antike stammende 4-Temperamenten-Lehre:
Sanguiniker (temperamentvoll),
Phlegmatiker (Trägheit),
Choleriker (aufbrausend),
Melancholiker (Zurückhaltung).

[41] Kretschmer, ein Psychiater aus der Mitte des letzten Jahrhunderts hat in seiner Konstitutionstypenlehre die bekannten Körperbautypen mit den geistigen und psychischen Fähigkeiten des Menschen in Zusammenhang gebracht. Er begründet damit die Typenlehre, mit der er die Gesamt-

heit der Menschen nach Soma und Psyche unterscheidet; eine heute wissenschaftlich nicht mehr haltbare Theorie, die aber wegen ihrer vereinfachenden Zuordnungsprinzipien immer noch populär ist. Diese Typen sind:

Leptosomer asthenischer Typus (auch Schizothym bezeichnet): Menschen mit schmalem Körperbau, mager mit langem Brustkorb, schmalen Schultern und grazilem Muskel- und Knochenaufbau, daher auch die grazilen Bewegungen.

Pyknischer Typus: stämmiger Körperbau, gedrungene Figur, mittelgroß, weiches breites Gesicht, welches auf kurzem Hals zwischen den Schultern sitzt, ausgeprägter Fettbauch.

Athletischer Typ: breite ausladende Schultern, derber, hoher Kopf, stattlicher Brustkorb, straffer Bauch, Rumpfform verjüngt sich nach unten, plastisch hervortretendes Muskelrelief.

[42] Stein, aus DOZ, 1988, a.a.O.

[43] Der Gebrauch des Personalpronomens Wir kann in dreierlei Weise erfolgen:

a) In der herrschaftlichen Form der Mehrheit als pluralis majestatis; es hat vereinnahmenden, vertraulichen Charakter und verweist auf ein Abhängigkeitsverhältnis (z.B. das Krankenschwester-Wir).

b) Der Plural „Wir“ wird auch gebraucht, um die Bescheidenheit einer Person zum Ausdruck zu bringen, sie hebt sich nicht heraus, sie ordnet sich ein.

c) Auf der individuellen Ebene, wenn zwei Personen etwas miteinander gemeinsam beschließen und dies in der Wir-Form kundtun. In diesem Fall spricht man von dem pluralis subjectivus.

[44] Minsel, W. R, 1975, Praxis der Gesprächspsychotherapie. Graz.

[45] Vgl. Welker, Thomas, 2007. Organisationspsychologie in der Augenoptik, (in Vorbereitung)

[46] Gordon, Th., 1972, Gruppenbezogene Führung und Verwaltung. In Rogers: Die Klientenzentrierte Gesprächspsychotherapie. München, S. 298.

[47] Paraphrasierung bedeutet, einen Text oder einen Sachverhalt mit umschreibenden Worten zu verdeutlichen; paraphrasieren: mit anderen Worten ausdrücken oder umschreiben.

[48] Hinweise mit lernkonformen Lösungsangeboten zu einigen Aufgaben des Kapitels Klientenzentrierte Gesprächsführung:

zur Übung 2

Der Klient mit seiner entsprechenden Fehlsichtigkeit wird sich zunächst erst nach hinten lehnen bzw. sich wegbewegen wollen, weil der auf ihn zuweisende „Gegenstand“ Brille nicht klar erfasst, selbst nicht kontrolliert werden kann und daher bedrohlich erlebt wird. Allerdings gibt es auch die umgekehrte Reaktion:

Manche Klienten beugen sich vor und versuchen den deutlich erkennbaren Gegenstand Brille zu greifen. Eine gute Lösung wäre, dem Klienten die folgende von Ihnen eingeleitete Aktion verbal mit einer Bitte verbunden anzukündigen.

zur Übung 3

Beispiel

"Nehmen Sie bitte Platz!"

Besser:

„Möchten Sie bitte hier Platz nehmen?“

Beispiel

"Setzen Sie mal diese interessante Fassung auf!"

Besser:

"Was meinen Sie zu dieser interessanten Fassung? Möchten Sie sie einmal aufsetzen?“

Beispiel

"So schlimm wird das Problem schon nicht sein."

Besser:

„Sie sind ziemlich besorgt, dass Sie im Augenblick keinen Ausweg finden“

Beispiel

"Nichts wird so heiß gegessen, wie es gekocht wird..."

Besser:

„Es fällt Ihnen schwer, sich vorzustellen, dass die Lösung relativ einfach sein könnte“

Beispiel

"Warum haben Sie denn dem Klienten nicht die teuere Fassung verkauft?"

Besser:

„Wie ist es denn zu diesem Vertragsabschluss gekommen?“

Beispiel

Klient: "Ich möchte etwas, das zu mir passt."

Augenoptiker: "Das Material ist also egal? Das heißt, wir können alles nehmen."

Besser:

Augenoptiker: "Was meinen Sie, was alles in Frage kommen könnte, vom Fassungsmaterial über Farben und Formen und zu welchen Anlässen?"

zur Übung 5

Die verschiedenen Erwiderungen zeigen eine Reihe von Unarten, die *kursiv* hervorgehoben sind. Einige Gesprächsstörer fallen im Gesprächsverlauf sicherlich nicht weiter auf und lassen sich auch nicht immer vermeiden, andere Erwiderungen hingegen kommen sicherlich nicht vor; doch zur Aufdeckung der destruktiven Gesprächsäußerungen werden sie hier beschrieben:

1. Wieso soll man sich auch nicht im Alter noch das gönnen, was einem gefällt?

"Man", "das", "einem" sind Generalisierungen, die unpersönlich wirken. Von "gefallen" war in der Klientenäußerung nichts zu lesen; deshalb kann die Antwort als Versuch charakterisiert werden, sie umzufunktionieren oder zu externalisieren. Insgesamt ist diese Erwiderung eine Interpretation der Klientenäußerung.

2. Selbst im Alter sollten Sie weniger auf den Preis, sondern mehr auf das Aussehen einer Brille achten. Sie sollten sich mit der Brille wohl fühlen. Ich zeige Ihnen mal Fassungen in jeder Preislage.

Der zweimalige Gebrauch von "sollten" verweist auf eine dirigistische Maßnahme. "Das Aussehen" ist ein von außen eingeführtes Thema: externalisieren, und zudem allgemein formuliert: generalisieren. Das "Ich zeige" betont die eigene Rolle und Tätigkeit: fixieren.

3. Wir haben Brillen in allen Preisklassen, wichtig ist nur, dass sie Ihnen gut steht!

Wer ist das "Wir"? Die Erwiderung kommt vom Standpunkt des Geschäftes und wirkt unpersönlich. Hier liegt eine Identifikation und Generalisierung vor. Mit "wichtig ist nur" wird eine dirigistische Vorschrift erlassen, die die Klientenäußerung ins Gegenteil verkehrt und der Externalisierung Nachdruck verleiht.

4. Wie alt wollen Sie denn noch werden?

Diese Erwiderung ist insgesamt fehl am Platz, sie ist auch rhetorisch ungeschickt. Sie hat den Charakter einer Suggestivfrage (vgl. die Kapitel über den Umgang mit Fragen).

5. Gerade in Ihrem Alter ist es doch wichtig, dass Sie eine gute Brille haben, mit der Sie gut sehen und die Ihnen gefällt.

"In Ihrem Alter" ist eine diagnostische Bemerkung, die zur Hervorhebung und Überredung ("wichtig") angebracht wird, damit sich der Klient auf das external eingeführte Thema ("gefallen") einlässt.

6. Machen Sie sich mal keine Sorgen mit Ihrem Alter, Sie werden noch lange leben.

Mit der diagnostischen Bemerkung ("Ihrem Alter") wird beschwichtigt (bagatellisiert)"keine Sorgen". Auch die überflüssige prophetische Botschaft sei erwähnt.

7. Also, ich finde das ganz toll, ich habe auch eine Großmutter in so hohem Alter, die ist auch noch ganz schön rüstig.

Die ganze Erwiderung ist eine Interpretation mit einem stark bewertenden moralisierenden Einschlag ("ganz toll"), um zur Beschwichtigung die eigene "Großmutter" (Externalisieren) anzuführen.

8. Machen Sie es doch wie ein älterer Klient von uns, der sich erst kürzlich eine ganz tolle Fassung zugelegt hat.

"Machen Sie es doch..." ist eine dirigistische Bemerkung, die zwar aufmuntern soll, aber das Problem der Klientenäußerung nicht trifft. "Uns" ist der unpersönliche Wir-Standpunkt.

9. Aber wer wird denn im Alter geizen!

Die ganze Erwiderung ist ein rhetorisch moralisierender Aufruf.

10. Unter meinen preiswerten Fassungen werden Sie sicherlich ein Brille finden, die Ihrem Wunsch entspricht.

Diese Erwiderung gehört zu den konstruktiven Gesprächsweisen, da sie den zum Ausdruck gebrachten Wunsch respektiert und den Klienten in den Mittelpunkt stellt. Ob das in der Klientenäußerung erwähnte Alter eine Rolle spielt, muss sich erst im weiteren Verlauf des Gespräches herausstellen. Dass die Fassung schließlich auch dem Klienten gefallen soll und das Aussehen des Klienten beeinflusst, muss sicherlich auch angesprochen werden, ist aber in diesem aktuellen Moment nachrangig, da die angesprochenen Preisvorstellungen im Vordergrund stehen.

zur Übung 9

Klient:

"Mir gefällt diese Brille sehr gut, aber komme ich mit der Brille bei meinem Bekanntenkreis gut an?"

Ihre Erwiderung könnte vielleicht so aussehen:

„Sie möchten, dass diese Fassung auch Ihren Bekannten gefällt?"

„Das Urteil Ihres Bekanntenkreises ist Ihnen wichtig?"

„Sie möchten diese Fassung auch Ihrem Bekanntenkreis gegenüber vertreten können?"

[49] Vgl. Welker, Th., 1993, Beraten und Verkaufen - eine Lernsoftware für Augenoptiker, NOJ - Verlag Pforzheim.

[50] Verb-Fragen sind Fragen, die mit einem Zeitwort beginnen; zum Beispiel Können, Möchten, Wollen, etc..

[51] Angela und Silke sind zwei Studierende, die im Rahmen eines Referates zum Thema der Fragetechnik in dieser Form die Reflexion der Wirkungen der unterschiedlichsten Fragen einführten. Ein Dankeschön an dieser Stelle, dass sie ihre Idee zur Verfügung stellten.

[52] Empathie bedeutet das einfühlsame Verstehen eines Menschen.

[53] Vgl. die Abschnitte im Kapitel zur Kommunikation, insbesondere zur Filterung der Informationen durch den Empfänger.

[54] Es mag sonderlich klingen, wenn alle fünf Sinne angesprochen werden sollen: Eine Fassung anschauen (den visuellen Sinn aktivieren) und anfassen (den haptativen Sinn aktivieren) lassen ist selbstverständlich, doch die Fassung riechen (den olfaktorischen Sinn aktivieren) und schmecken (den Geschmackssinn aktiveren) lassen, mutet zunächst seltsam an. Wenn man jedoch bedenkt, aus welchen edlen Holzmaterialien Fassungen hergestellt werden, spielt die Duftnote eine gewichtige Rolle. Nicht anders verhält es sich beim Geschmackssinn: Ist die Fassung beim Klienten erst einmal in Gebrauch, fängt der eine oder andere Klient an, auf den Bügelenden herumzukauen – als Geste der „Nachdenklichkeit“. Auch der Klang der Fassung spielt eine Rolle: Wie hört es sich an, wenn eine Brille abgelegt wird – wie billiges Blech oder wie ein kostbarer Juwel.

[55] **Hinweise zu den Übungen von Kapitel 6**

Erläuternde Hinweise zu den in den Übungen ausgewählten Einwandbehandlungen.

Hinweis zur Übung 1

Mit dieser Erwiderung wird die „Ja-Aber“ - Methode benützt. Sie bestätigt den hohen Preis der Gläser und widerspricht ihr zugleich mit dem Argument der Markengläser. Eine bessere Variante wäre:

"Ja, da haben Sie völlig recht, mit dem hochwertigen Markenglas von .... erwerben Sie alle Vorzüge eines optimalen Brillenglases.“

Hinweis zur Übung 2

Hier wird die Bumerang-Methode verwendet. Der vermeintliche Nachteil eines hohen Preises wird positiv zum Vorteil für den Klienten gewendet - was er mit den teueren Gleitsichtgläsern gewinnt.

Hinweis zur Übung 3

Dem Einwand der Kundin wird stattgegeben und zugleich mit einer Aufforderung zu neuen Überlegungen verknüpft.

Hinweis zur Übung 4

Hier wird zwar dem Einwand recht gegeben, doch wichtiger ist hier, dass die offensichtliche Gegensätzlichkeit dadurch überwunden werden kann, wenn die Gemeinsamkeit mit dem Klienten wiederhergestellt wird.

Hinweis zur Übung 5

Mit dieser Erwiderung wird erstens der Klienteneinwand mit eigenen Formulierungen weiterführend bestätigt und zweitens wird die Demonstrationsmethode verwendet. Sie lässt den Klienten selbst erleben, wie eine kleinere Fassung wirkt.

Hinweis zur Übung 6

Mit dieser Erwiderung wird dem Einwand Recht gegeben. Zugleich wird das Gespräch mit einer offenen W-Frage fortgeführt, damit der Klient seine Vorstellungen näher zum Ausdruck bringen kann.

[56] Lösungen zu den Selbstkontrollaufgaben von Kapitel 6

Aufgabe 1 - Antwort d ist richtig
Aufgabe 2 - Antwort e ist richtig
Aufgabe 3 - Antwort b, d ist richtig
Aufgabe 4 - Antwort a, b, e ist richtig
Aufgabe 5 - Antwort b, d ist richtig

Kommentar zur Aufgabe 6:

a) Da bin ich auch Ihrer Ansicht, denn je nach dem, ob Sie es mit einem Vorwand oder mit einem echten Einwand zu tun haben, werden Sie unterschiedlich reagieren müssen.

b) Sie mögen zwar jetzt der Ansicht sein, dass diese Unterscheidung nicht richtig ist, doch werden Sie sicherlich nach der Bearbeitung der Lektionen den Unterschied von Vorwand und Einwand erkennen und für nützlich halten.

c) Falsch! ... Ob Vorwand oder Einwand – wirklich überflüssig? Sie werden aufpassen müssen, dass ein Klient mit Ihnen nicht „Schlitten fährt“!

d) Wieso, bitte schön? ... Weil Sie sich in der Beratung etwas anstrengen müssen, auf die jeweilige Art eines Einwands zu reagieren. Je mehr Ihnen das aber gelingt, desto weniger wird ein Klient Sie aufs Glatteis führen können.

Kommentar zur Aufgabe 7:

a) Hier kann ich Ihnen nicht zustimmen ... Ich würde dieses Klientenverhalten als einen erfreulichen Zufall beurteilen, nicht jedoch als typisch.

b) Hier stimme ich Ihnen zu ... Gerade zu Beginn der Präsentation ist der Klient in der Regel noch nicht entscheidungswillig - dafür müssen Sie im Verlauf des Gesprächs noch einiges leisten.

c) Hier stimme ich Ihnen zu ...

d) Stimmt! ... Der Erfolg Ihres Beratungsgesprächs hängt davon ab, wie gut und gezielt Sie mit möglichen Einwänden und Vorbehalten Ihres Klienten umgehen, sie aufgreifen und entkräften können.

Kommentar zur Aufgabe 8:

a) Ihre Wahl ist nicht korrekt ... Sie sollten sich in der Tat überlegen, wie Einwände auftreten können. Mehr erfahren Sie dazu in den Abschnitten "Der Vorwand und der echte Einwand".

b) Ihre Wahl ist nicht korrekt ... Wenn Sie mit Einwänden richtig umgehen wollen, dann ist es wichtig, die Regeln zu beherrschen. Mehr erfahren Sie dazu im Abschnitt "Die 10 Prinzipien".

c) Ihre Wahl ist korrekt ... Es ist tatsächlich nebensächlich für den Umgang mit einem Einwand, wie ein Klient bekleidet ist. Wichtig ist als allererstes, was der Klient für Einwände vorträgt.

d) Ihre Wahl ist nicht korrekt ... Sie können nicht darauf verzichten, sich zu überlegen, welche Ursachen die Einwände haben und wie Sie auf sie reagieren können.

Kommentar zur Aufgabe 9:

a) Gut so! ...

b) Warum nicht? ... Sind Sie wirklich der Ansicht, Sie könnten die Ursache eines Einwands vernachlässigen?

c) Ich weiß zwar nicht, welcher Hälfte der Aussage Sie zustimmen können, doch sollten Sie nach der Bearbeitung der Lektionen überzeugt sein, dass auch die andere Hälfte wichtig ist.

d) Warum eigentlich? ... Bedeutet es etwa für Sie einige Mühen, in der Beratung sich mit den Ursachen oder der Art des Einwands auseinanderzusetzen?

Kommentar zur Aufgabe 10:

a) Richtig ...

b) Richtig ...

c) Falsch ... Einwände werden meist in Frageform vorgetragen.

d) Richtig ... Achten Sie darauf, dass man Sie nicht aufs Glatteis führt. Andrerseits besteht auch die Möglichkeit, dass Sie einen echten Einwand als fadenscheinig abqualifizieren und es deshalb versäumen, ihn zu entkräften.

Kommentar zur Aufgabe 11:

a) Richtig ...

b) Richtig ...

c) Richtig ...

d) Stimmt nicht! Ernsthafte Einwände sind die Vorstufe zur Kaufentscheidung.

Kommentar zur Aufgabe 12

a) Diese Haltung einem Einwand gegenüber ist sehr tauglich ... Die Argumentation gegen einen Einwand ist sachlich und nutzenorientiert.

b) Diese Haltung einem Einwand gegenüber ist sehr tauglich ... Anhand der Einwände können die eigenen Leistungen, die eigenen Angebote und die Dienstleistungen als zusätzliche Informationsquelle dienen und somit besser auf die Anforderungen, Wünsche und Probleme des Klienten abgestimmt werden.

c) Diese Absicht einem Einwand gegenüber ist sehr untauglich ... Der Versuch, Einwände zu widerlegen, führt zu Widerspruch und die hinter dem Einwand steckende Frage bleibt unbeantwortet.

d) Diese Haltung einem Einwand gegenüber ist sehr tauglich ... Viele Einwände sind in der Regel ungeklärte Fragen. Oft entpuppt sich ein Einwand als Interesse an der Sache, was dem Klienten jedoch unklar ist.

[57] Dieser Epoche machende Spruch ist ein deflationistisch orientierter Wer-

beslogan des Metro-Unternehmens Saturn in den Jahren 2003 bis 2006.

[58] Typische Erfindungen der Verkaufspsychologie nicht nur in der Augenoptik ist die von der Neurobiologie längst widersprochene Annahme, man müsse einem Klienten den zu erwerbenden Gegenstand in die nicht-dominante Hand gegeben. Dadurch würde die Kaufbereitschaft des Klienten gesteigert, weil die der nicht-dominanten gegenüberliegende Hirnhälfte der Sitz der Emotionen sei. Eine andere Annahme geht in die gleiche Richtung und behauptet, man müsse einem Klienten die Brillenfassung immer zuerst in die Hand geben, weil damit sein Spieltrieb reaktiviert und der Besitztrieb aktiviert werden würde. Eine Ausführung über die Psychodynamik und die möglichen zu Grunde liegenden tiefenpsychologischen Aspekte können hier nicht näher erläutert werden. Zumindest kann aber auf die recht einfache Tatsache hingewiesen werden, dass mit der Berührung durch die Hand oder Hautoberfläche eine taktile Stimulation ausgelöst wird, die zur subjektiven Beantwortung der Frage führt: „Wie fühlt sich dieser Gegenstand an?“

[59] Vgl. auch das Kapitel zur Kommunikation, insbesondere den Abschnitt zur „Anatomie einer Nachricht“.

[60] Das Über-Ich ist nach der psychoanalytischen Lehre jene Instanz der drei psychischen Instanzen („ES“, „ICH“, „ÜBER-ICH“), welche für die höheren Wertmaßstäbe und Moralvorstellungen sorgt, nach denen sich auch ein Individuum orientieren können sollte, wenn diese Wertvorstellungen mit einem gesunden Ich einhergeht.

[61] Vgl. auch die Ja-Aber-Methode im Abschnitt „Einwandbehandlung“.

[62] Affinität bedeutet im ursprünglichen Sinne besondere Nähe, Zugewandtheit. Im psychologischen Sinne bedeutet Affinität die Art und Weise wie bestimmte Gefühle andere Gefühle auslösen, wie bestimmte Reize nur bestimmte Personen anziehen.

[63] Diminuitivworte (verkleinern) sind Worte, mit denen Sachverhalte verkleinert, verniedlicht oder verharmlost werden können. Man möchte eine Sache nicht so dramatisch erscheinen lassen.

[64] „Das Leben des Brian“ – aus dem Drehbuch, veröffentlicht von Monty Python, 1992, Das Leben des Brian, Haffmann Verlag Zürich.

[65] Ein Verhalten wird Aufrecht erhalten wenn es zu einer positiven Konsequenz führt, also belohnt wird; ein Verhalten wird unterlassen, wenn es zu einer negativen Konsequenz führt, also bestraft oder nicht beantwortet wird. (Nähere Erklärungen finden sich in Welker, Th., 2007 (in Vorbereitung), Psychologie für den Optiker, Allgemeine psychologische Grundlagen.

[66] Reklamation = Widersprechen, Protestieren; Reklame = Werbung, auf sich aufmerksam machen.

[67] Dass der Einzelhandel der Augenoptik und der Optometristen eine Sonderrolle spielt, hat der Gesetzgeber in seinem Beschluss bestätigt, die Meisterpräsenz im Geschäft nicht aufzuheben.

[68] Der heute gültige kaufmännische Terminus ist dem französischen „réclame" entlehnt und bedeutet soviel wie das Zurückrufen, das „Ins-Gedächtnis-Rufen". Das Verb "reklamieren" bedeutet im engeren Sinne "dagegenschreien", laut Neinrufen, widersprechen, Einwendungen machen.

[69] Vgl. vorherige Anmerkung.

[70] Hans Kaspar, 2000. mvg-Verlag.

[71] Trochlearisparese: Drehung des Augens etwas nach oben infolge einer Lähmung des Nervus trochlearis (N IV). Es entstehen dabei schräg stehende Doppelbilder, die kompensiert werden durch eine Schiefhalshaltung.

[72] Der Interaktionskreis zwischen Augenoptiker und Klient ist näher beschrieben in Welker, Th., 2007 (in Vorbereitung), Psychologie in der Augenoptik, Allgemeine Grundlagen, Pabst Science Publishers Verlag, Lengerich.

[73] Vgl. Roth, G., 2001, Denken, Fühlen, Handeln. Suhrkamp Verlag.

[74] Zu diesem Ergebnis führte eine Repräsentativuntersuchung einiger Industrie- und Handelskammern in den 70er Jahren des letzten Jahrhunderts. Die Bedeutung der möglichen Wirkungen einer misslungenen Reklamation dürfte heute noch stärker sein, da die Informationsmöglichkeit über das moderne Medium Internet gegeben ist.

[75] Die Lösungen für die offenen Fragen von Aufgabe 1 bis Aufgabe 13 finden Sie an den entsprechenden Textstellen des Kapitels
Aufgabe 14 - Antwort d ist richtig
Aufgabe 15 – Antwort d ist richtig
Aufgabe 16 - Antwort a, b, c ist richtig
Aufgabe 17 - Antwort a, b, d, e ist richtig
Aufgabe 18- Antwort a, b, c, d und e ist richtig
Aufgabe 19 - Antwort a, b, c, d ist richtig

[76] Watzlawik, P., (1975), Menschliche Kommunikation.

[77] Siehe Kapitel Kommunikation und soziale Interaktion, Abschnitt Kommunikative Grundsätze.

[78] Pygmalion – Ein Bildhauer aus der griechischen Mythologie: Er hatte eine Abneigung gegen das weibliche Geschlecht und lehnte die Ehe ab, jedoch entbrannte er in Liebe zu einer von ihm geschaffenen idealisierten Frauenstatue. Auf sein Flehen hin hauchte Aphrodite der Statue Leben ein, worauf sich P. mit ihr vermählte. Der Pygmalion-Effekt kennzeichnet die positive oder negative Ausstrahlung eines Ereignisses

auf andere Bereiche. Bekannt geworden ist dieser Effekt nach der Rosenthal-Studie, nach der die von Lehrern gegenüber dem Schüler gehegten Erwartungen, Einstellungen, Überzeugungen und Vorurteile das vom Schüler gezeigte Verhalten tatsächlich beeinflussen.

[79] Die Bezeichnung *Schwellenangst* bezeichnet in der Psychologie das Phänomen einer Angst, die dadurch entsteht, dass ein Gebiet, ein Bereich betreten oder auch Gedanken zugelassen werden, die unbekannt, ungewohnt oder gar als fremdartig erlebt werden.

[80] Entsprechend der Maslowschen Bedürfnishierarchie ist das Sehen ein physiologisches Grundbedürfnis. (vgl. a. Welker, Th., 2007 (in Vorbereitung,), Allgemeinen psychologischen Grundlagen in der Augenoptik, Pabst Science Publishers, Lengerich.

[81] Nach neueren Erkenntnissen der Neurobiologie und Hirnphysiologie spricht man im Zusammenhang mit der visuellen Wahrnehmung in den ersten Sekunden von einem so genannten Momentangedächtnis, welches nicht sonderlich in der Lage ist, die ersten Eindrücke zu speichern. Insofern ist der erste Eindruck nicht der entscheidende, sondern die Art des Empfangs, die Art des Willkommenseins mit Herzlichkeit, Wärme und Wertschätzung sind die eigentlichen Kriterien für einen bleibenden Eindruck.

[82] Die Arten von Pausen – Struktur von Pausen unter Leistungsaspekten siehe Welker, Th., 2007, Organisationspsychologie in der Augenoptik, Pabst Science Publishers, Lengerich.

[83] Gelernte Hilflosigkeit beschreibt jenes Phänomen, welches ein Individuum erlebt, wenn es sich unangenehmen Situationen nicht entziehen kann und spontan auf diese Erfahrung „hilflos“ reagiert. Wird in ähnlichen unangenehmen Situationen wieder ein ähnliches „hilfloses“ Verhalten erlebt, lernt das Individuum allmählich in anderen unangenehmen Situation ebenfalls mit Hilflosigkeit zu reagieren, d. h. es ist schließlich nicht mehr in der Lage, mit anderen Reaktionen solche Situationen zu meistern.

[84] Mit dem *Nachwirk-Effekt* bezeichnet man die subjektiven Erlebnisse eines Menschen, die sich aufgrund der vorhergehenden erlebten Ereignisse und Situation einstellen und ergeben

[85] Siehe Kapitel „Klientenzentrierte Gesprächsführung“ das Prinzip von Nähe und Distanz.

[86] Eine Refraktion unmittelbar nach einem Arbeitstag am Bildschirmarbeitsplatz liefert verfälschte Werte, da die Dauer der Arbeit vor dem Bildschirm zur Myopisierung beitragen kann. In diesen Fällen empfiehlt es sich, nur das Beratungsgespräch mit einer Anamnese durchzuführen und am nächsten Morgen die notwendige Refraktion,

oder eben alle Abschnitte auf den nächsten Tag zu verlegen.

[87] Diese Formulierungen wurden im Übrigen auf meinen Reisen gesammelt, die mich auch durch willkürlich ausgewählte Augenoptikgeschäfte in den Jahren 1986 bis 2005 führten.